# 基礎からしっかり学ぶ
# C#の教科書

― 第3版 ―

C# 10 対応

WINGSプロジェクト　髙江賢 著　山田祥寛 監修

日経BP

# はじめに

　C#言語が発表されてから、21年が過ぎました。この年月の中で、C#は着実に進歩し、数多くの場面で使われるようになりました。はじめてプログラミング言語に触れるという方にも、C#は最適な言語です。

　ただ残念なことに、C#を敬遠しがちな経験者も少なからず存在します。言語としては、とても魅力的ですので、どうか食わず嫌いにはならずにトライしてほしいと思います。

　本書は、C#を基礎から学びたいという方々を対象に、文法を中心に解説しています。サンプルのソースコードも数多く掲載していますので、皆さん自身の手でソースコードを入力して、ご自分の目で出力される結果を確認してみてください。

　最近は、インターネットから放たれる大量の情報を活用することで、プログラミング言語もお手軽に習得できる環境になっています。コピー＆ペーストするだけで、プログラミングをマスターした気分になれるかもしれません。今では、地道にソースコードと向き合うことは、遠回りとさえ思えるでしょう。しかし、自分で考えながらソースコードを入力していくことは、皆さんの足腰を鍛えるランニングのようなものです。小手先のテクニックではない、本物の知識が血肉となって身につくはずです。

　本書が、はじめてC#を学ぶ方々、そしてより高度なレベルを目指す方々の、良きコーチ役となることを願っています。

　なお、本書に関するサポートも含むサイト「サーバサイド技術の学び舎 - WINGS」を以下のURLで公開しています。FAQ情報、オンライン公開記事など、タイムリーな情報を充実した内容でお送りしておりますので、あわせてご利用ください。

　　　　https://wings.msn.to/

　本書の執筆にあたっては多くの方々にお世話になりました。的確なアドバイスと激励をいただいた監修の山田祥寛氏と奥様の奈美氏をはじめ、第1章を執筆していただいた矢吹太朗氏、丹念に原稿をチェックしていただいた日経BPの編集諸氏、そして、最愛の家族。この本に関わってくださったすべての方に心から感謝いたします。

2022年3月吉日
髙江　賢

# 本書の使い方

## 実施環境について

本書は次の環境で執筆および動作検証を行っています。

- Windows 11 Pro バージョン 21H2 を標準セットアップした状態
- ファイルの拡張子を表示している状態
  Windows 11 の場合はエクスプローラーを起動し、[表示] メニューの [表示] にある [ファイル名拡張子] にチェックを入れます。
- 画面解像度を 1920 × 1080 ドットに設定した状態
- Microsoft Visual Studio Community 2022 Version 17.0.5
  詳しくは第2章で説明します。

お使いのパソコンの状態によっては、画面の表示が本書と異なる場合があります。

## 表記について

本書では次のように表記しています。

- ウィンドウ名、メニュー名、ボタン名など、画面上の文字は [] で囲んで示します。
  例：[ファイル] メニューの [新しいプロジェクト] をクリックします。
- キーボードで入力する文字は、色文字で示します。
  例：Sample1 と入力します。
- コード（プログラム）は紙面の都合で改行している場合があります。本書のサンプルプログラムもダウンロードしてご確認ください。

## サンプルプログラムについて

本書に掲載されているサンプルプログラムは、日経BP の Web サイトからダウンロードできます。ダウンロードする手順は次のとおりです（ファイルのダウンロードには日経ID および日経BOOK プラスへの登録が必要になります。登録はいずれも無料です）。

1. Web ブラウザーを起動して、次の URL にアクセスします。
   https://nkbp.jp/S80140
2. 表示されたページにある「サンプルファイルのダウンロード」をクリックします。

3. ダウンロード用のページが表示されたら、説明や動作環境を確認してダウンロードします。

4. ダウンロードしたZIPファイルを展開（解凍）します。Windows 11の標準機能で展開する場合は、ダウンロードしたZIPファイルを右クリックして［すべて展開］をクリックし、展開先のフォルダーを指定して展開します。

　サンプルプログラムは章ごとのフォルダーに分かれて保存されています。本文中のサンプルコードの上に該当するファイル名が記載されています（ファイル名が記載されていないものについては、サンプルプログラムはありません）。第2章と第13章については、プロジェクト名のフォルダーに、プロジェクトに含まれるファイルが保存されています。

　サンプルプログラムをVisual Studioで実行するには、次のように操作します。

1. ダウンロードしたファイルを解凍します。解凍するとフォルダーが作成されます。そのフォルダーには、ソリューションファイルと、各章のプロジェクトフォルダーが含まれています。

2. VCSSample2022.slnをダブルクリックします。Visual Studioが起動して、ソリューションが読み込まれます。

3. ソリューションエクスプローラーで、実行したいプロジェクト名のフォルダーを右クリックし、表示されたメニューから［スタートアッププロジェクトに設定］を選択します。

4. ソリューションエクスプローラーで、実行したいプロジェクト名のフォルダーを右クリックし、表示されたメニューから［プロパティ］を選択します。

5. 表示されたプロパティ画面の［アプリケーション］タブで、［スタートアップオブジェクト］に、実行したいファイルの、Mainメソッドが含まれる名前空間とクラスを指定します。たとえば第3章のPrintNum.csを実行したいときは、次のようにChap3_PrintNum.PrintNumを選択します。

▲スタートアップオブジェクトの指定

6. Visual Studio のメインメニューから［デバッグ］-［デバッグなしで開始］を選択します。
プログラムがコンパイルされ、実行されます。

# 目　次

# 第1章

# プログラミングの基礎
## ～プログラミングの世界に触れる

　本書の主題はプログラミング言語であるC# の基本的な使い方を解説することにありますが、この章ではその前提となる知識を確認します。1.1節ではプログラミングとは何かを説明します。1.2節ではMicrosoft .NET Framework を紹介します。1.3節ではソフトウェア開発（プログラミングを含む開発）について知っておくべきことをまとめます。

 ## 1.1　プログラムとは

　本書の目的はプログラミング言語の使い方を解説することです。プログラミングとはプログラムを書く行為のことですが、そもそもプログラムとは何でしょうか。ここでは、そのような最も基礎的な事柄を確認します。

### 1.1.1　プログラミング

　**プログラム**とは、コンピューターが行う情報処理を明確に記述したものです。コンピューターはさまざまな場面で利用されていますが、それらはすべてプログラムを実行しています。プログラムを書くことを**プログラミング**、プログラムを書く人のことを**プログラマ**といいます。また、プログラムの具体的な記述のことを**コード**、コードを書くことを**コーディング**といいます。プログラミングには、そのための言語が用意されており、**プログラミング言語**と呼ばれます。プログラミング言語の基本的な使い方を解説するのが本書の目的です。

　日本語や英語のような自然言語による記述とプログラミング言語による記述の最大の違いは、プログラミング言語の記述においては曖昧さが許されないということにあります。プログラムは意図したとおりに動かなかったり、読む人によって解釈が異なる可能性があったりしてはいけません。このことは、曖昧な部分があっても使える自然言語と比べると難しく思えるかもしれませ

んが、そうではありません。曖昧さが許されないということは、プログラマが自分の意図を完全
に表現し、伝えることができることを意味しているのです。

　多くのコンピューターは、プログラムを変えることによってさまざまな用途に利用できるようになっ
ています。たとえば、ワードプロセッサのプログラムを実行すればワードプロセッサとして利用できま
すし、Webブラウザーのプログラムを実行すればサイトの閲覧ができます。このようなことが可能な
のは、プログラムを記憶する機能と、記憶したプログラムを実行する機能をコンピューターが持って
いるためです。このことを図示すると図1-1のようになります。このようなしくみによってさまざまな目
的に利用できるようにする方法は、**プログラム内蔵方式**と呼ばれます。今日使われているコンピュー
ターの多くは、プログラム内蔵方式のコンピューターです。これに対して、利用するプログラムを限
定し電子回路として固定しているのが**組み込み機器**ですたとえば冷蔵庫の大部分はコンピューター
で制御されていますが、そのプログラムは固定されているため、冷蔵庫のコンピューターを別の目的
に利用することはできません。

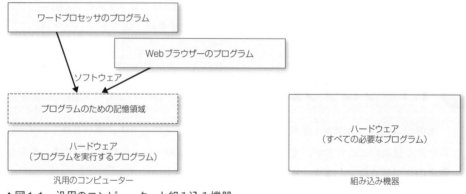

▲図1-1　汎用のコンピューターと組み込み機器

　さまざまな目的に利用できる汎用のコンピューターのすべてのプログラムが交換可能だという
わけではありません。プログラムを記憶して実行するという機能自体もプログラムで実現されて
いますが、この部分は交換可能ではなく、冷蔵庫のプログラムと同じように電子回路として固
定されています。このような変更することのできない部分を**ハードウェア**と呼びます。それに対し、
変更することのできる部分に当てはまるものを**ソフトウェア**と呼びます[1]。

　実は、ワードプロセッサやWebブラウザーのようなプログラムは、図1-1のような形ではなく
図1-2のような形で実行されます。これらのプログラムとハードウェアの間には、オペレーティ
ングシステム（**OS**）と呼ばれる特殊なプログラムがあるのが一般的です。記憶領域（メモリ）
へのアクセスや、外部機器（キーボードやマウス、ディスク、ディスプレイ等）との間の入出

---

[1] ハードウェアとソフトウェアの区別は厳密なものではありません。Field Programmable Gate Array（FPGA）のような、電子回
路自体を書き換えながら動作させることのできる機器もあります。組み込み機器用のプログラムをソフトウェアと呼ぶこともあります。

力のように、ワードプロセッサやWeb ブラウザーに限らず、さまざまなプログラムが共通して利用するような機能はOS によって提供されるのです。そのため、ワードプロセッサの開発者はハードウェアの詳細を気にすることなくプログラムを書くことができます。もちろん、OS やデバイスドライバー（外部機器にアクセスするためのプログラム）の開発者はワードプロセッサの開発者よりもハードウェアについて詳しく知っていなければなりません。広く普及しているOS にはWindows やGNU/Linux、FreeBSD などがあります（ここで挙げたOS のうち、Windows 以外のものは、Unix 系OS としてまとめられます）。ハードウェアのために専用のOS が用意されることもありますが、通常は1つのハードウェアで複数のOS を利用できます。たとえば、Windows を利用できるコンピューターの大部分で、GNU/Linux やFreeBSD を利用することができます。

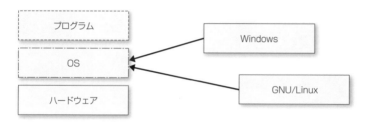

▲図1-2　OS の上で動作するプログラム

## 1.1.2　アプリケーション

　プログラミングの対象は大きく分けて2つあります。**アプリケーション**と**ライブラリ**です[2]。

　アプリケーションは単体で動かせるようなプログラムです。ワードプロセッサや表計算ソフトはアプリケーションの一種です。ライブラリはアプリケーションに組み込んで使うプログラムです。単体で動かすことはできません。たとえば、ワードプロセッサも表計算ソフトも、画面に情報を表示したりファイルを操作したりする機能が必要です。このような共通の機能をアプリケーションごとに用意するのは面倒なので、ライブラリという形式にまとめておいて、それぞれから利用できるようにするのです。

　本書では、主に既存のライブラリを利用しながらアプリケーションを作成することを通じて、プログラミング言語について学びます。ライブラリは.NET というソフトウェアの開発／実行環境によって提供されるものを主に利用します。

　アプリケーションは、Graphical User Interface（**GUI**）のものと、Character-based User Interface（**CUI**）のものに分けることができます。GUI は画面に配置したグラフィカルな要素をマウスなどのポインティングデバイスで操作するインターフェイスで、直観的に使えるという特

---

*2) OS やデバイスドライバーもプログラミングの対象ですが、これらはC 言語やC++ のような比較的低級な言語でのみ開発可能で、単にアプリケーションやライブラリを開発する場合とは、異なる知識が要求されます。ここでは話を単純にするために、OS やデバイスドライバーは与えられたものとしています。

徴があります（図1-3）。CUIはキーボードからの文字入力によって操作するインターフェイスです（図1-4）。

▲図1-3　GUIの電卓で計算

▲図1-4　CUIの電卓で計算

　一般的な傾向として、WindowsやmacOSでよく利用されるのはGUIアプリケーションで、Unixでよく利用されるのはCUIアプリケーションです。本書では主にWindows用のCUIアプリケーションを作成しながらプログラミング言語について学びます。Windows環境にもかかわらずGUIではなくCUIアプリケーションを作成するのは、GUIよりもCUIアプリケーションのほうが単純なため、プログラミング言語そのものに集中することができるからです。

　アプリケーションは、それを利用するのに必要なコンピューターの構成によって分類することもできます。**スタンドアロン型**のアプリケーションは、図1-5の左のような単独のコンピューター上で利用するアプリケーションです。OSに付属するものを除いて、この形式のアプリケーションは、利用する前に導入作業（**インストール**）が必要です。あるOS（たとえばWindows）の上で動作するアプリケーションを、別のOS（たとえばmacOS）上で動作させることは基本的にはできません。

▲図1-5　スタンドアロン型とクライアントサーバー型のアプリケーション

　**クライアントサーバー型**のアプリケーションは、図1-5の右のように、**クライアント**がサーバーに何らかの「要求」を行い、それに対してサーバーが「応答」することによって情報処理が行われるアプリケーションです。この代表的な例が、**Web アプリケーション**です。Web アプリケーションにおけるクライアントはユーザーが利用するコンピューター上で動く **Web ブラウザー**、サーバーはインターネット上にある **Web アプリケーションサーバー**です。Web ブラウザーは、パーソナルコンピューターはもちろん、スマートフォン等のモバイル機器や、一部のゲーム機やテレビなどにも搭載されています。そのため、インストール作業が不要で、スタンドアロン型のアプリケーションよりもはるかに多くの場面で利用できるという利点があります。その一方で、Web ブラウザーが提供する機能が限られていることやネットワークの遅延などのために、スタンドアロン型のアプリケーションに比べて使い勝手が悪いという欠点があります。

　Web アプリケーションは、主にユーザーとのインタラクションを担うプレゼンテーション層（Web ブラウザー）と、情報処理の大部分を担うファンクション層（Web アプリケーションサーバー）からなる **2階層**（2層）システムです。ただし、アプリケーションが利用するデータを**データベースサーバー**という Web アプリケーションサーバーとは別のサーバーで管理させることが多く、そのようなシステムは **3階層**（3層）システムと呼ばれます。

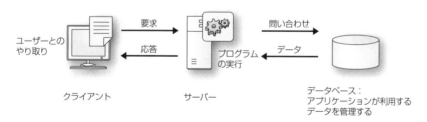

▲図1-6　3階層システム

　**リッチインターネットアプリケーション**（Rich Internet Application：RIA）は、図1-7のように、サーバー側だけでなくクライアント側でもプログラムが動くことによって、使い勝手が悪いという2階層システムの欠点を克服する Web アプリケーションです。Web ブラウザー上で

JavaScript というプログラミング言語で書かれたプログラムや、従来の HTML の機能を大幅に向上させた HTML5 *3 などが利用されています。

クライアント：
ユーザーとのやり取りの他にも
さまざまな処理を行う

▲図1-7　リッチインターネットアプリケーション

## 1.1.3　コンパイラとインタープリター

　コンピューターが実行できるのは**マシン語**と呼ばれるプログラミング言語で書かれたプログラムだけです。それ以外の言語で書かれたプログラムは、実行前にマシン語に翻訳しなければなりません。この項ではその翻訳方法について説明しますが、そのプロセスをイメージしやすいように、まずは、マシン語のプログラムがどういうものなのか見てみましょう。

　マシン語は具体的には次のようなものです。これは「a=1、b=2 として、c=a+b を計算する」という情報処理をマシン語に変換したものです（「＝」は、数学では等しいことを表しますが、プログラミングでは多くの場合、**代入**を表します。たとえば「a=1」という記述は、「a が 1 と等しいこと」ではなく、「a の値を 1 にすること」を表しています）。

▼マシン語のプログラム

```
C7 45 F8 01 00 00 00
C7 45 EC 02 00 00 00
8B 45 F8
03 45 EC
89 45 E0
```

　コンピューターが実行できるのは、このような形式で与えられたプログラムだけです。おそらく多くの人にとって、これは数字とアルファベットの意味不明な羅列でしかないでしょう。そこで、これを**アセンブリ言語**と呼ばれる、もう少しわかりやすい形式に翻訳します。次のようになります *4。

---

＊3）仕様としてのHTML5は、2021年から「HTML Standard」または「HTML Living Standard」という呼称に変わりました。

＊4）ここで紹介している「アセンブリ言語」は、.NET においてアプリケーションやライブラリを管理する単位である「アセンブリ」とは無関係です。

▼アセンブリ言語のプログラム

```
mov        dword ptr [a],1
mov        dword ptr [b],2
mov        eax,dword ptr [a]
add        eax,dword ptr [b]
mov        dword ptr [c],eax
```

「add で足し算をしている」ことは何となくわかりますが、行っている処理の単純さに比べると、このプログラムはまだわかりにくいです。

同じ処理を、**C 言語**というプログラミング言語で書くと次のようになります（C++ やC#、Java などのプログラミング言語でも、まったく同じになります）。

▼C 言語で「a=1、b=2 として、c=a+b を計算する」

```
int a=1;
int b=2;
int c=a+b;
```

「int」やセミコロン（;）が何を意味するのかがわからなくても、「a=1、b=2 として、c=a+b を計算する」という処理をするプログラムだということは納得できるでしょう。

このように、人間にとって理解しやすいプログラミング言語を**高級言語**（あるいは**高水準言語**）と呼びます。それに対して、マシン語のようにコンピューターの実際の処理に近い言語を**低級言語**（あるいは**低水準言語**）と呼びます（「高級」や「低級」という表現には善悪のニュアンスは含まれていないことに注意してください）。

コンピューターの動作を完全にコントロールしたいような場合にはアセンブリ言語やマシン語が使われますが、そのようなことはきわめてまれで、通常は高級言語でプログラムを書きます。高級言語のほうが人間にとってわかりやすいので、当然のことです。そうすると、何らかの方法で高級言語のプログラムをマシン語に翻訳しなければなりません。翻訳には大きく分けて2つの方法があります。**コンパイラを使う方法**と**インタープリターを使う方法**です。

コンパイラは高級言語をマシン語に変換するプログラムです。厳密に言えば、高級言語をアセンブリ言語に変換するのがコンパイラで、アセンブリ言語をマシン語に変換するのは**アセンブラ**という別のプログラムなのですが、多くの場合、両者を併せてコンパイラと呼びます。コンパイラを使うような高級言語のことを**コンパイラ型言語**と呼びます。C 言語やC++、Java、C#、Visual Basic などはコンパイラ型言語です*5。

インタープリターも高級言語をマシン語に変換するプログラムですが、コンパイラと違って、プログラムをマシン語に変換するのはプログラムの実行時です。インタープリターを使う言語の

---

*5）Java やC#、Visual Basic はもう少し複雑で、コンパイラがプログラムを直接マシン語に変換するわけではありません。1.2.2項を参照してください。

ことを**インタープリター型言語**と呼びます。JavaScript や Perl、Python、Ruby、PHP などはインタープリター型言語です[6]。

　それぞれの動作を図にまとめました。コンパイラ型言語のプログラムが「実行前」にコンパイラによってマシン語に翻訳されるのに対し、インタープリター型の言語のプログラムは、「実行時」にインタープリターによってマシン語に翻訳されます。その翻訳にかかる時間の分だけ、インタープリター型言語のプログラムは、コンパイラ型言語のプログラムより実行時間が余計にかかります（変換時間に比べて他の処理時間が圧倒的に長くなるような場合には、全体の実行時間の違いはあまりなくなるでしょう）。

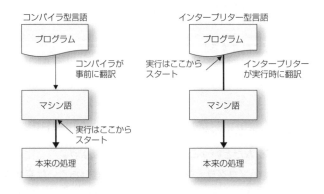

▲図1-8　コンパイラ型言語とインタープリター型言語

　コンパイラ型言語とインタープリター型言語の違いを以下の表にまとめました。実行時間については先に説明したとおりです。コンパイラ型言語では、プログラムを書いてもすぐに実行することはできず、まずコンパイルするという作業が必要になります。本書で扱うような規模の小さいプログラムの場合には、コンパイルは一瞬で終わるのであまり気になりませんが、大規模なソフトウェアの場合には、コンパイルにかなりの時間がかかります。インタープリター型の言語ではそのようなことはなく、そのために開発がしやすくなる場合があります。

▼表1-1　コンパイラ型言語とインタープリター型言語の違い

|  | マシン語に変換される時期 | 長所 | 短所 |
|---|---|---|---|
| **コンパイラ型** | 実行前 | 実行速度が速い | 実行前にコンパイル作業が必要 |
| **インタープリター型** | 実行時 | プログラムを書いたらすぐに実行でき、柔軟性がある | 実行速度が遅い |

　両者の本質的な違いは、その柔軟性にあります。インタープリターで実行されるプログラムは、実行時に新たにプログラムを生成し、インタープリターを使ってマシン語に翻訳して実行するこ

---

＊6）インタープリター型と呼ばれる言語であっても、コンパイル機能を持っているものがあります。後で述べるように、両者の本質的な違いは、実行時に変換機能を利用できるかどうかにあります。

とができます。コンパイラ型言語でこのようなことをしようとするなら、結局はインタープリター
を自分で実装することになるでしょう。

　インタープリター型で、変数の型（3.1節を参照）が実行時に決まるような言語（**動的型付け言語**）
を**スクリプト言語**と呼ぶことがあります。動的型付け言語を使うと、プログラマは型を意識する
必要がなくなるため、プログラムをすばやく書くことができます。静的型付け言語は動的型付け
言語に比べて柔軟性で劣りますが、それを補うためのさまざまな手法が知られています。本書で
は詳しく紹介しませんが、オブジェクト指向（後述）におけるプログラミングの定石としてよく
知られているデザインパターンの多くは、静的型付け言語に動的型付け言語の柔軟性を与える
ものになっています。C++やVisual Basic、C#はこのような性質を持たない**静的型付け言語**です。

　スクリプト言語は、プログラムをすばやく書ける（動的型付けのため）、そしてプログラムを簡単に実
行できる（インタープリター型のため）という性質により、簡単なデータ処理から大規模なアプリケー
ションまで、さまざまな場面で利用されています。C++ やVisual Basic、C# で簡単なデータ処理
を行うということはあまりないので、これらの言語よりもスクリプト言語のほうが適用範囲は広いと
言っていいでしょう。代表的なスクリプト言語にはPerl、Python、Ruby、PHP などがありま
す[7]。

## 1.1.4　オブジェクト指向

　プログラムを書くということの本質の1つに**抽象化**という概念があります。抽象化とは、物事
の背後にあるしくみを隠して、それらを意識する必要がないようにすることです。「時計」を例
に説明しましょう（図1-9）。そのしくみについての深い理解なしには、時計を作ることはできま
せん。しかし、時計を使う段階においては、その内部に触る必要はないようにしておくべきでしょ
う。時計は、時刻を知るためのインターフェイスと時刻をセットするためのインターフェイスが
用意されていればよいのであって、その実装の詳細は重要ではないのです。

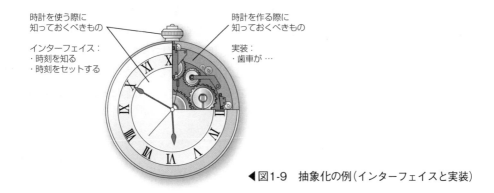

◀図1-9　抽象化の例（インターフェイスと実装）

---

＊7）「スクリプト言語」という用語にはここで紹介した以外にもさまざまな定義があり、含まれる言語も定義によって変わります。

　プログラムの場合も同様です。コードを書いているときは、そのすべてを把握していなければなりませんが、それがある程度の規模になったら抽象化し、内部を知らなくても使えるようにします。抽象化という観点から言えば、プログラミングとは「コードを書く」、「書いたコードを抽象化する」、「抽象化されたものを利用するコードを書く」という作業の繰り返しです。

　プログラミングにおける抽象化の一例に、**オブジェクト**があります。これは広く普及している、とても強力な考え方です。プログラムの中で幾何学図形をモデル化することを例に、オブジェクトとは何かを説明しましょう。

　図1-10を見てください。長方形の集合です。これらの長方形を「タテ」と「ヨコ」の辺の長さという**属性**[8]と、「面積を計算する」、「描く」という**操作**からなるものだと考えましょう。長方形をオブジェクトとして扱うということは、属性と操作（**メソッド**とも呼ばれる）を長方形ごとにまとめてとらえることを意味します。長方形だと認識した時点で「オブジェクト」になっていると思うかもしれませんが、それは一般用語のオブジェクトであって、プログラミングにおけるオブジェクトではありません。プログラミングにおけるオブジェクトとは、ここで示したように属性と操作をひとまとめにしたもののことです[9]。

▲図1-10　長方形の集合

　図1-10の左の長方形を指すのに「タテXcm、ヨコYcm」のような詳細は必要ありません。単に「長方形A」と言えばよいのです。これが抽象化です。抽象化には、この例のタテとヨコのような詳細を隠蔽する過程が必然的に伴いますが、この過程は**カプセル化**と呼ばれます（7.2節を参照）。この例では属性が2つしかないため意義がわかりにくいかもしれませんが、属性が大量にあるオブジェクトを想像すれば、抽象化のためにはカプセル化が必要不可欠だということが納得できるでしょう。この段階でタテとヨコの長さがわかっていなくても「長方形A」を扱えるように、オブジェクトは内部の詳細がカプセル化されていても扱うことができます。

　個々の長方形ではなく、すべての長方形を包含するようなひな形を考えましょう。それが**クラス**です。ひな形であるクラスに対して、それを基にした特定の長方形は**インスタンス**と呼ばれます（図1-11）。

---

＊8）C#やVisual Basic、C++/CLIは、**フィールド**と**プロパティ**という2種類の属性をサポートします（6.1節を参照）。

＊9）「オブジェクト」という用語には、ここで用いているような意味の他に「コンピューターのメモリに格納されたデータ」という意味もあります。

クラス

| 長方形 |
| --- |
| タテ |
| ヨコ |
| 面積を計算 |
| 描く |

インスタンス

| A：長方形 | B：長方形 | C：長方形 |
| --- | --- | --- |
| タテ＝1 | タテ＝2 | タテ＝1 |
| ヨコ＝2 | ヨコ＝1 | ヨコ＝3 |
| 面積を計算 | 面積を計算 | 面積を計算 |
| 描く | 描く | 描く |

▲図1-11　クラスとインスタンスの関係

　ここで新たに、正方形をモデル化することを考えましょう。長方形と同様に、正方形にも「タテ」や「ヨコ」といった属性と、「面積を計算する」、「描く」といった操作があると考えます。正方形クラスにおいて、これらのすべてを再定義する必要はありません。既に定義されているクラス（長方形）との差異だけを定義すればよいのです（この場合の差異は「タテとヨコが同じ」という条件だけです）。このような考え方を**継承**といいます。この例では、長方形を継承したのが正方形で、長方形は正方形の**スーパークラス**、正方形は長方形の**サブクラス**と呼ばれます。スーパークラスとサブクラスの関係は、**親クラス**と**子クラス**、あるいは**基底クラス**と**派生クラス**とも呼ばれます。

　長方形と正方形の関係は図1-12のようになります。これは**UML クラス図**と呼ばれる、クラスの関係を表現するための標準的な図です。UML クラス図においては、1つの長方形でクラスを表します。長方形は3つの領域に分けられ、上段にクラス名、中段に属性、下段にメソッドを書きます。継承関係は、サブクラスからスーパークラスに向けて描く白抜きの矢印で表現します。

| 長方形 |
| --- |
| タテ |
| ヨコ |
| 面積を計算 |
| 描く |

| 正方形 |
| --- |

▲図1-12　長方形と正方形のUML クラス図

　オブジェクトとクラス、継承という概念を用いてプログラミングすることを、**オブジェクト指向プログラミング**（object-oriented programming：**OOP**）といいます。OOP は広く普及したプログラミング手法で、多くのプログラミング言語でサポートされています。「サポートされている」というのは、「実現可能である」ということではありません。たとえば、オブジェクト指向のアイデアをC 言語で実現することは可能ですが、C 言語自体がオブジェクト指向のための特

別な機能を提供しているわけではありません。オブジェクト指向をサポートしている言語には、そのための特別な機能があらかじめ備わっているのです。

　オブジェクト指向に基づいてプログラムを構成するような言語は、**オブジェクト指向プログラミング言語**と呼ばれます。C# や Visual Basic、Java はオブジェクト指向プログラミング言語です。C++ もオブジェクト指向プログラミング言語と呼ばれることがありますが、この呼び方には少し問題があります。C++ はオブジェクト指向をサポートしてはいますが、オブジェクト指向以外の考え方に基づいてプログラムを書くこともできるからです[*10]。

　オブジェクト指向についての理解を深めるための例として、四角形だけでなく、図1-13のような円も扱えるようにすることを考えましょう。

▲図1-13　円の集合

　円は長方形と正方形のいずれとも継承関係を結ぶことはできませんが、図1-14のように長方形と円を**一般化**した「図形」というスーパークラスを新たに作成することで、全体を1つの体系にまとめることができます。

　図形クラスが持つメソッド（「面積を計算する」、「描く」）は、サブクラス（「円」と「長方形」）で再度、定義します。このように、スーパークラスのメソッドをサブクラスで再定義することを**メソッドのオーバーライド**といいます。

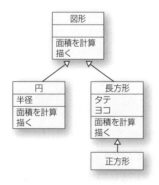

▲図1-14　幾何学図形のクラス図

---

[*10]　C++ を設計および実装した Bjarne Stroustrup 氏は、C++ をオブジェクト指向プログラミング言語ではなくマルチパラダイム言語と呼んでいます。

今、「円、長方形、正方形」のどのインスタンスなのかが不明な図形Xの面積を計算したいとしましょう。面積を計算する基本的な方法は円と長方形ではまったく違いますが、そのことを気にする必要はありません。単に「Xの面積を計算する」というプログラムを書けば、Xのクラスに合ったオーバーライドされたメソッドが適切に実行されるのです[11]。これは、使い方（インターフェイス）を共通にして実装（機能を組み込むこと）を変える、**ポリモーフィズム（多態性）**と呼ばれる考え方の一例です[12]。Xが円か長方形かによって面積の計算方法を変えるのは当たり前のことでしょう。しかし、コンピューターにとってこれは当たり前のことではなく、プログラミング言語によってサポートされることはとても重要なことなのです。

ここで作成した幾何学図形のクラス階層に「ひし形」を導入すると困難に直面します（図1-15）。正方形は長方形であると同時にひし形でもあるので、両方のクラスと継承関係を結ぶべきですが、多くのプログラミング言語は**多重継承**（複数のクラスを継承すること）をサポートしていないので、それはできません。これは、オブジェクト指向が現実を適切にモデル化できないことの一例です。

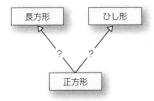

▲図1-15　ひし形を導入する際の困難

## 1.1.5　オブジェクト指向以外の考え方

プログラミングには、オブジェクト指向以外にもさまざまな考え方があります。ここではその一部を紹介します。以下では、よく利用されているプログラミング言語の例として、Lisp、Scheme、Prolog、SQL、Mathematicaを挙げています。プログラミング言語とこれらの考え方は1対1に対応するわけではありません。複数の考え方をサポートするプログラミング言語もあります。

**手続き型プログラミング**（命令型プログラミング）は、コンピューターの情報処理を順番に記述していくプログラミング手法で、多くのプログラミング言語（この項で登場するものではSQL以外すべて）でサポートされています。オブジェクト指向プログラミングの際にも、多くの

---

＊11）ここで導入した「図形」のようなスーパークラスは、C++やVisual Basic、C#、Javaでは必要ですが、このようなクラスがなくてもインターフェイスを共通にすることができるプログラミング言語もあります（Smalltalkなど）。C++では、テンプレートと呼ばれる機能を利用することで、「図形」クラスなしでポリモーフィズムを実現することもできます。

＊12）プログラミングにおいて多態と呼ばれるものには、ここで紹介した継承によるものの他に、パラメーターによるもの（8.1節）と多重定義によるもの（8.2節）、型の上位変換によるものなどがあります。

場合、そのメソッドの詳細は手続き的に記述します。つまり、C++ や Visual Basic、C# も手続き型プログラミングをサポートしています。

**宣言型プログラミング**は、情報処理の具体的な手続きではなく、必要な結果を記述していくプログラミング手法で、Prolog や SQL、Mathematica などでサポートされています。結果を得るための具体的な手続きを書く手間が省けるので、プログラミングは簡単になります。

**関数型プログラミング**は、すべての情報処理を関数の評価で記述するプログラミング手法で、Lisp や Scheme、Mathematica でサポートされています。関数型プログラミングの採用によって、オブジェクト指向に伴う困難[*13]の一部を回避できる場合があります。

オブジェクト指向を含めて、プログラミングにおいて採用されている概念を理解するための最も良い方法は、それをサポートしている言語で実際にプログラムを書いて動かしてみることです。本書で学ぶプログラミング言語は、手続き型とオブジェクト指向をサポートしているので、これらの考え方に触れることができるでしょう。宣言型や関数型の考え方に触れてみたい場合には、上で紹介したような本書で扱うのとは別のプログラミング言語を学ぶとよいでしょう。たくさんの考え方を知っていれば、解きたい問題に応じて最適な考え方を選ぶことができるようになります。

**コードリーディング**（ソースコードを読むこと）も、プログラミングを学ぶ際に欠かせない訓練です。幸運なことに、学習のための簡単なプログラムだけではなく、実際に使われている実用的なプログラムで、そのソースコードが公開されているものがたくさんあります。それらはまさに生きた教材なので、そこからたくさんのことを学ぶことができるでしょう。言語仕様を学習することと、実用的なプログラムを読むことの間にはかなりのギャップがありますが、それは経験によって埋めるものです。初めはよくわからなくても、書くことと読むこととを繰り返すうちに、だんだん慣れていくでしょう。

# 1.2　.NET Framework

この節では、Windows 環境で動作する.NET Framework と、それを利用するプログラミング言語の Visual Basic .NET（以降は「Visual Basic」と表記）、C#、C++/CLI について説明します。

## 1.2.1　.NET Framework の意義

1.1.2項で説明したように、私たちが利用するアプリケーションにはさまざまな形態があります。.NET Framework 以前の Windows 環境では、図1-16の上のように、アプリケーションの形態ごとに開発および実行環境が違っていました。そのため開発者は、開発するアプリケーションの

---

＊13）時間的に変化するオブジェクトによって世界をモデル化すると、事象の順序の制約を満たしたり、複数の情報処理の同期を取ったりするのが困難になりますが、関数型プログラミングではそのようなことはありません。

形態が変わるたびに新しい技術を学ばなければなりませんでした。複数の技術を知っていたとしても、それを組み合わせて利用するのが難しいという問題もありました。

　.NET Framework はこの問題に対する1つの解です。**共通言語ランタイム**(Common Language Runtime：**CLR**) と呼ばれるプログラムの実行環境と、オブジェクト指向に基づいたライブラリ（**クラスライブラリ**）からなる.NET Framework を導入することで、図1-16の下のように、すべての形態のアプリケーションを統一された環境で開発および実行できるようになります。

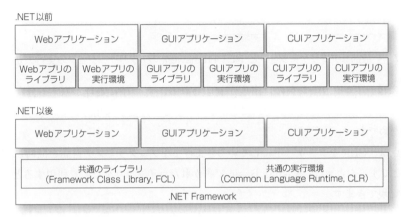

▲図1-16　.NET Framework の基本的なアイデア

　.NET Framework は、初期バージョンの1.0から、さまざまな機能を追加しながら進化を続け、本書の執筆時点の最新バージョンは4.8となっています。.NET Framework の大きな特徴として、1台のコンピューター内に、CLR の複数のバージョンが共存できるということが挙げられます。この特徴のために、.NET Framework は「あるバージョンのライブラリで動いていたアプリケーションが、ライブラリを更新すると動かなくなる」というソフトウェア開発においてよく起こる問題が発生しません。.NET Framework 2.0用に開発されたアプリケーションは、.NET Framework の最新バージョンでも利用することができるのです。

## 1.2.2　共通言語ランタイム

　共通言語ランタイム（Common Language Runtime：CLR）は、Microsoft が実装した.NET Framework のアプリケーションの実行環境です。図1-17のように、一般的なアプリケーションは Windows 上で直接実行されますが[14]、.NET Framework のアプリケーションは Windows 上で動作する CLR の上で実行されます。

---

＊14）Windows を介さずに直接コンピューターを操作する場合もあります。

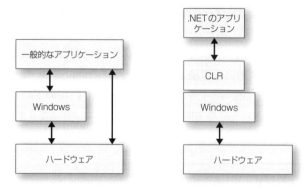

▲図1-17　一般的なアプリケーションと .NET Framework のアプリケーションの実行方法の違い

　この方法には、プログラミングの自由度が制限される、実行時に処理が増える分だけ性能が低下する、という欠点があります。それにもかかわらずこの方法が採用されているのは、次のような利点のためです。

　第1の利点は、CLR をターゲットにしているさまざまなプログラミング言語を同時に使うことができることです。たとえば、Visual Basic で書かれたライブラリを C# で利用するといったことが簡単に実現できます。

　第2の利点は、一度書いたプログラムは、CLRが動作するコンピューターならどこでも実行できることです。たとえば、x86 アーキテクチャ上の CLR で動いたプログラムは、macOS や Linux 上の CLR でも動作します。CLR の一部は**共通言語基盤**（Common Language Infrastructure：**CLI**）という名前で欧州電子計算機工業会（European Computer Manufacturer's Association：ECMA）で標準化されています[*15]。

　第3の、そして最大の利点は、プログラムの堅牢性とセキュリティを高められることです。CLR は JIT コンパイル（後述）の際に、「コードの検証」と呼ばれる処理によって、実行しようとしているプログラムが安全であることを確認し、安全と見なしたコードしか実行しません。これによってプログラムが不適切なメモリアクセスをしないことが保証されます。

　CLRはある種のコンピューターと見なすこともできるので、**仮想マシン**とも呼ばれます[*16]。コンピューターとは言っても、その上で Windows が動作するようなものではありません。「仮想マシン」という用語はWindowsやGNU/Linuxのような一般的なOSが動作する仮想化されたコンピューターを指すことも多いですが、どちらの意味で使っているかは文脈から判断できるでしょう。ちなみに、その上で一般的な OS が動作する仮想マシンは、プログラム開発のための実験的な環境が必要なときに有用です。

---

＊15）Standard ECMA-335（http://www.ecma-international.org/publications/standards/Ecma-335.htm）

＊16）「仮想」という日本語には「〜のようだが、実際は違う」という否定的な意味がありますが、元の用語である「virtual」は「実質上の」という肯定的なものです。

.NET Framework のプログラムの実行過程は図1-18のようになります。C# や Visual Basic、C++/CLI で書かれたプログラムは、コンパイラによって**共通中間言語**（Common Intermediate Language：**CIL** または **IL**）と呼ばれる言語に翻訳されます。CIL は実行時に CLR によってマシン語に変換されます（Just in Time：**JIT コンパイル**）。CIL は CLR によって管理（manage）されるという意味で**マネージコード**（managed code）とも呼ばれます。CLR を介さずに直接実行されるものは**ネイティブコード**あるいは**アンマネージコード**と呼ばれます。

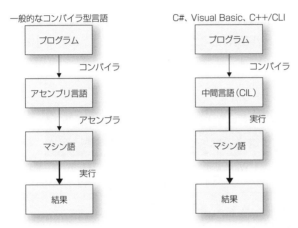

一般的なコンパイラ型言語

プログラム → コンパイラ → アセンブリ言語 → アセンブラ → マシン語 → 実行 → 結果

C#、Visual Basic、C++/CLI

プログラム → コンパイラ → 中間言語（CIL）→ 実行 → マシン語 → 結果

▲図1-18　C#、Visual Basic、C++/CLI のプログラムの実行過程

### 1.2.3　Framework Class Library

.NET Framework は **Framework Class Library**（**FCL**）というライブラリを備えています。「Class」という語が入っているのは、このライブラリが1.1.4項で説明したオブジェクト指向の考え方に基づいて作られているためです。

プログラマは、FCL の要素を組み合わせることによって、さまざまなアプリケーションを比較的容易に構築することができます。以下はその一部です。

● **WPF、Windows フォーム**：Windows 上で実行される GUI アプリケーション
● **コンソールアプリケーション**：コンソール上で実行されるアプリケーション
● **ASP.NET**：Web ブラウザー経由で利用する Web アプリケーションフレームワーク

### 1.2.4　.NET Core と Xamarin

.NET Framework は、もともと Windows のみで動作する実行環境でしたが、Microsoft は2014年に、.NET Framework の一部を「.NET Core」という名前で、**オープンソース**[*17] とし

---

＊17）誰でも自由に利用できるよう、広く一般に公開されたプログラムのソースコード。

て公開しました。その後、Linux や macOS で動作する、.NET アプリケーションの開発・実行
環境である「.NET Core」と「ASP.NET Core」がリリースされました。

　また、2016 年に Microsoft が Xamarin 社を買収したことにより、Visual Studio には、
**Xamarin** という開発プラットフォームが無償で同梱されるようになっています。この Xamarin
は、iOS や Android といったスマートフォン環境のアプリ開発を、C# 言語で開発できるもので
す。これは、.NET Framework 互換環境（CLI の実装）である **Mono** という開発・実行環境を、
iOS や Android に対応させることによって実現しています。

　次の表は、.NET Framework、.NET Core（バージョン 5 以降は「Core」が付かなくなりました）、
Xamarin の各 .NET 実装（それぞれの環境に応じた .NET 実行環境）と、対応する OS、作成
可能なアプリケーションをまとめたものです。

▼表1-2　.NET 実装と OS、アプリケーション

| .NET Framework | .NET（.NET Core） | Xamarin（Mono） |
|---|---|---|
| .NET Standard<br>（.NET 3.1 までの .NET 実装で利用されるライブラリの仕様） | | |

| 対応OS | Windows | | |
|---|---|---|---|
| | | Linux | |
| | | macOS | |
| | | | iOS |
| | | | Android |

| 作成可能なアプリケーション | WPF（Windows 環境のみ） | | スマホアプリ、<br>macOS デスクトップアプリ |
|---|---|---|---|
| | Windows フォーム（Windows 環境のみ） | | |
| | UWP（Windows 環境のみ） | | |
| | コンソール | | |
| | ASP.NET | ASP.NET Core | |

　表にある **.NET Standard** とは、各 .NET 実装で使用される基本のライブラリ、BCL（Base
Class Library）の統一仕様のことです。各 .NET 実装では、この .NET Standard の仕様に基
づいて実装した BCL が含まれています。ただし、.NET 5 以降のバージョンでは、.NET 自体が
統一されたものとなりますので、.NET Standard は、共通仕様とは言えなくなりました。

　とはいえ、.NET 5 および .NET 6 でも .NET Standard はサポートされており、非推奨に
なったわけではありません。.NET Core 3.1 以前で共通のコードを使用する場合などは、.NET
Standard をターゲットにして開発を行うことができます。

## 1.2.5　.NET Framework から .NET Core、そして .NET に

　.NET Framework は、2019 年 4 月 18 日にリリースされたバージョン 4.8 をもって、大きなアッ
プデートは終了となりました。C# も、.NET Framework 4.8 では、バージョン 7.3 までしかサポー
トされません。ただし、バグやセキュリティに対する修正、Windows OS への搭載は、継続さ
れる見込みです。

.NET実装は、2019年にリリースされた.NET Core 3.0、3.1を経て、2020年11月10日に「.NET 5.0」という名前で、Windows、Linux、macOS、iOS、Androidの環境に対応する統合された.NET実装が公開されました。さらに、2021年11月8日には、.NET 6がリリースされました。.NET 6は、.NETとしては初めてLTS（Long-term Support、長期サポート）となり、3年間のサポートが保証されます。

また.NET 6では、最新のC#バージョン10.0に対応しています。さらに、Windows環境に限られるものの、WPF（Windows Presentation Foundation）とWindowsフォームも引き続き利用することができます。今後、新規にC#のアプリケーションを開発するなら、.NET 6を積極的に利用すべきでしょう。

## 1.2.6　.NETのプログラミング言語

.NET環境での主要なプログラミング言語には、**C#** と **Visual Basic**、**C++/CLI** があります。

C#とVisual Basicの間には大きな違いはありません。例として、コンソールに1から10までの整数を表示するプログラムを、Visual BasicとC#で書いてみましょう（今の段階でこのコードを完全に理解する必要はありません）。

▼Visual Basicの例

```
Sub Main()
    For i As Integer = 1 To 10
        System.Console.WriteLine(i)
    Next
End Sub
```

▼C#の例

```
static void Main(string[] args)
{
    for(int i = 1; i <= 10; ++i)
    {
        System.Console.WriteLine(i);
    }
}
```

このコードを自然言語に翻訳すると次のようになります。

　　Mainという処理は次のとおり
　　　　　　以下を10回繰り返す。繰り返しの回数をiとする
　　　　　　　　画面にiと出力する

　あらためて先に示したVisual BasicとC#のコードを見ると、書いてあることはほとんど同じで、書き方だけが違うということがわかります。この「書き方」のことを**構文**（あるいは**シンタックス**）といいます。Visual BasicとC#は、構文の細かい違いを別にすれば実質的に同じ言語と言え*18、どちらかを選ぶ強い理由はありません。C#の構文は、C言語やC++、Javaと似ているので、これらの言語に慣れている人や、後でこれらの言語を学びたい人はC#を使うとよいでしょう。Visual Basicの構文は、Microsoft Officeの機能を拡張するための言語であるVisual Basic for Application（VBA）と似ているので、VBAを使ったことがある人や使う予定のある人は、Visual Basicを選択するとよいでしょう。「初心者向け」を暗示するその名前を理由に、Visual Basicを避ける必要はありません。

　C++/CLIは国際標準（ISO/IEC 14882:2003）のC++（以降は「標準C++」と表記）を拡張した言語です。.NET Frameworkだけを利用するアプリケーションを作るということに関して言えば、他の2つの言語とあまり変わりません。C++/CLIが他の2言語と大きく異なるのは、CLRを介さずにWindowsの上で直接動くアプリケーションやライブラリを作成できるという点です（図1-19）。C++/CLIはマネージとアンマネージの両方を扱うことができます。そのため、.NET Frameworkが登場するより前に作られたようなアンマネージのソフトウェア資産を利用するのに、C++/CLIは最適な言語です。C++/CLIはアンマネージを扱うことを前提に作られた言語であるため、マネージだけを扱うVisual BasicやC#と比べて言語仕様が複雑で、習得するのにも時間がかかります。新たにプログラミング言語を学ぼうとしていて、既に標準C++を知っているわけでなく、マネージのことだけわかればよいという場合には、C++/CLIではなくVisual BasicやC#を選ぶべきでしょう。

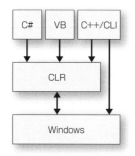

▲図1-19　C#、VB と C++/CLI の違い

　C++/CLIのための開発環境であるVisual C++は、標準C++もサポートしているので、標準に準拠したアプリケーションを開発することもできます。そういう場合には、.NET Framework

---

＊18）本質的な違いがまったくないというわけではありません。たとえば、低レベルな記述を可能にする**unsafe**というしくみは、C#にはありますが、Visual Basicにはありません。

1

が提供するさまざまな機能は放棄しなければなりませんが、作られるコードは**ポータブルな**（作成したアプリケーションを GNU/Linux や macOS といった Windows 以外の OS でも動かすことができる）ものになります。C++ には長い歴史があるため、**Standard Template Library**（STL）や **Boost**[19] といった標準的なライブラリが整備されており、.NET Framework のクラスライブラリがなくても十分に強力です[20]。ポータビリティや実行速度を重視する場合には、C++/CLI ではなく、標準 C++ のコードを書くとよいでしょう。

　どのプログラミング言語を選ぶとしても、それを唯一のものにする必要はありません。複数の言語を扱えれば、プログラミングや思考の幅が広がり、仮にその言語が利用できなくなってしまったときのダメージも小さくて済むでしょう[21]。

 # 1.3　ソフトウェア開発

　1.1 節ではプログラムとは何か、1.2 節ではどのような環境でプログラムを作成および実行するかを説明しました。この節では、ソフトウェア開発手法、つまり具体的にどのようにプログラムを作成するかについて説明します（ここでは、**ソフトウェア**はコンピュータープログラムと同じものだと考えてください）。

## 1.3.1　ソフトウェア開発プロセス

　ソフトウェア開発において、通常、最初からプログラムを書くということはありません。本書で扱うような、単純な目的のための小さいソフトウェアなら、いきなりプログラムを書いても問題ないかもしれません。しかし、現実に開発しなければならないソフトウェアではそうはいきません。プログラムを書く前に、どのようなプログラムを書くのかを明確にしておく必要があります。開発するソフトウェアが自分で使うためのものでない場合は特に、そもそもの目的から考えなければならないでしょう。

　ソフトウェアの開発は、次のようなステップからなるのが一般的です。

1. **業務分析**：どのような作業が必要なのかを考える。
2. **要求定義**：必要な作業のうち、何をコンピューターで行うかを決める。
3. **設計**：ソフトウェアの作り方を決める。
4. **コーディング**：実際にコードを書く。
5. **テストとデバッグ**：プログラムの動作をテストし、デバッグする。

---

[19] https://www.boost.org/

[20] STL や Boost の一部は CLR 上でも動くようになっています。それらの中には FCL によって既に提供されている機能もあります。標準を重視するなら STL や Boost を、.NET を重視するなら FCL を採用するとよいでしょう。

[21] たとえば、Visual Basic 6.0 とそれ以後の Visual Basic の間に互換性はありません。標準 C++ を .NET Framework 用に拡張した Managed Extensions for C++ とその後に登場した C++/CLI と間にも互換性はありません。

　これらをどのように実行していくかを定めたものが**開発プロセス**です。さまざまな開発プロセスが提案されていますが、ここでは**ウォーターフォール型開発プロセス**と**反復型開発プロセス**、**アジャイルソフトウェア開発**を紹介しましょう。

　ウォーターフォール型開発プロセスでは、これらのソフトウェア開発のステップを1回ずつ実行します。滝の流れのように後戻りをしないで進めるため、ウォーターフォールと呼ばれます。この手法には2つの問題があります。第1に、要求定義の段階で必要な機能をすべて列挙できない可能性や、開発の途中で要求が変わる可能性があります。第2に、開発が進んだ段階で技術的な問題が表面化する可能性があります。いずれの場合においても、やり直すにはかなりのコストがかかります。

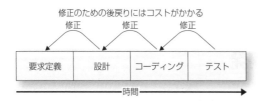

▲図1-20　ウォーターフォール型開発プロセス

　反復型開発プロセスでは、要求定義からテストまでのステップを繰り返し実行します。繰り返しの最初の段階では、要求を確定させずにソフトウェアを作ります。それを中間成果物として、ユーザーからフィードバックを得て、要求定義に反映させます。これによって要求の変化に対応します。中間成果物で表面化する技術的な問題なら、対処も容易なはずです。このように、反復型開発プロセスならウォーターフォール型開発プロセスの問題を回避することができます。

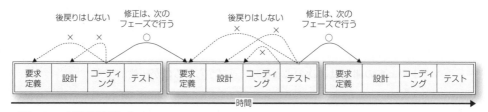

▲図1-21　反復型開発プロセス

　アジャイルソフトウェア開発は、次のような原則[22]に基づく開発方法論です。

- プロセスやツールよりも、個人や協調が大切
- 包括的な文書よりも、動くソフトウェアが大切
- 顧客との契約交渉よりも、顧客との協調が大切
- 計画に従うよりも、変化に対応することが大切

---

＊22）アジャイルソフトウェア開発マニフェスト（https://agilemanifesto.org/iso/ja/manifesto.html）

2番目の原則のため、アジャイルソフトウェア開発においては、ウォーターフォール型や反復型開発のような、コーディングに先立つ要求定義と設計のステップがなくなり、実際に動くソフトウェアを作りながら要求定義と設計を詰めていくことになります。

## 1.3.2　コーディングとテスト、チューニング

設計が終わったら**コーディング**となりますが、実際にコードを書く前にしなければならないことがあります。**コーディング規約**の確認です。複数人で開発するときには、全員がある程度共通のスタイルでコードを書く必要があります。1人で開発するときでも、適切なスタイルを決めてそれに従ってコードを書く習慣を付けておくと、後で自分のコードを読み直したり修正したりするのが容易になります。本書では、2.7節でスタイルの重要な要素の1つである名前付けの規約について説明します。

問題があることがわかっているときにデバッグをするのは当然ですが、問題がないと思われるときにもしなければならないことがあります。**テスト**です。プログラムが処理すべき問題をあらかじめ用意しておいて、開発中のソフトウェアをテストするのです。

必要な機能を実装する前に、まずそれをテストするコードを書く**テストファースト**という開発手法もあります。この手法には、テストを書くことによって要求や設計が明確になる（あるいは問題点が明らかになる）という利点があります。テストを先に書いた方がエラーの検出および削除にかかる時間が短くなるという報告もあります。どんな問題に対しても必ずテストを用意できるというわけではありませんが、用意できる状況なら、その手間を惜しむべきではありません。

クラスを対象にしたテストを**単体テスト（ユニットテスト）**と呼び、そのためのさまざまなツールが開発されています。

ソフトウェアがテストを通過しても、実行速度が遅すぎる、メモリやディスクなどの資源を消費しすぎるなどの問題が残ることがあります。そのような場合には、パフォーマンスの調整（**チューニング**）が必要になります。

チューニングは、設計からコーディングまでのさまざまなレベルで行います。設計のような上位レベルに修正を施すと、その影響はソフトウェア全体に及び、大量のコードを書き換えなければならなくなる可能性があります。そのため、設計の段階では性能についてよく考慮しなければなりません。

その一方で、コーディングの初期段階では性能を追求すべきではありません。この段階で性能を追求すると、コードが複雑でわかりにくくなり、バグも入り込みやすくなります。性能を追求するのは、コーディング後のテストで性能を悪化させている原因（**ボトルネック**）が特定されてからでよいでしょう。その際のチューニングに役立つテクニックはたくさんありますが、本書では扱いません。

複数人で開発を行う際には、だれがソースコードの最新版を持っているのかわからなくなったり、複数人が同時にソースコードを更新しようとした結果、成果の一部が失われてしまったりする危険を回避する手段を用意しておかなければなりません。**バージョン管理システム**と呼ばれる

システムを導入することで、このような問題は簡単に解決できます。このシステムには次のような機能があります。

- 同じファイルを複数人が同時に更新しようとすると警告を発する。
- 手元のすべてのファイルを簡単に最新状態にする。
- ソフトウェアを簡単に以前の任意のバージョンに戻す。
- 開発中のソフトウェアをバックアップする。

3番目と4番目の機能は、1人で開発している場合にも有用です。

実際の開発の現場では、バージョン管理にバグ追跡（発見されているバグを管理する）やWiki（情報共有のための書き換え可能なWebページ）を付加したようなシステムがよく利用されます。

## 第1章　練習問題

**1** 次の文章の［　　　］の中に入る正しい単語を記入してください。

プログラムを書くことを［ ① ］、プログラムを書く人のことを［ ② ］といいます。また、プログラムの具体的な記述のことを［ ③ ］、［ ③ ］を書くことをコーディングといいます。［ ① ］には、そのための言語が用意されており、［ ① ］言語と呼ばれます。

**2** プログラミングの対象は、大きく分けて2つあります。1つはアプリケーションですが、もう1つは何でしょうか。

**3** 画面に配置したグラフィカルな要素をマウスなどのポインティングデバイスで操作するインターフェイスと、キーボードからの文字入力によって操作するインターフェイスのことを、それぞれ英字3文字で何と呼ぶでしょうか。

**4** C# は、動的型付け言語と静的型付け言語のどちらでしょうか。

**5** 開発プロセスとして、間違っているものをすべて挙げてください。

①ウォーターフォール型　②リファクタリング　③反復型　④手続き型
⑤アジャイルソフトウェア開発

# 第2章

# C# の基礎
## ～はじめてのプログラムを書く

　この章では、C# とはどういうもので、C# のプログラムとはどういうものなのかを説明します。また、実際にプログラムを作成して実行する手順についても説明します。

## 2.1　C# とは？

　C# は「シーシャープ」と読みます。Microsoft が 2000 年に発表した新しいプログラミング言語で、.NET Framework 環境で動作するアプリケーションを作るために設計されました。名前に「C」という文字が含まれているように、C# の構文は C/C++ 言語をベースにしています。また文法の面では、一見すると Java に似ていますが、Delphi という言語から多くの仕様を引き継いでいます。

　開発においては、C# はあまり制約がなく、.NET 実装で提供される機能を利用して、Windows アプリケーションをはじめ、さまざまなアプリケーションを作ることができます。C や C++ のように細かい制御も行え、それでいて Visual Basic のような高い生産性が期待できます。

　Microsoft 独自の言語として生まれた C# は、2005 年には日本工業規格（JIS）の「JIS X 3015 プログラム言語 C#」として制定されるまでになっています。また、C# の言語仕様は、標準化団体「Ecma International」を通じて公開、標準化されています。

　今では C# は、業務用システムの開発言語やプログラミングの教育用言語として広く普及しています。

## 2.2　C# の特徴

　C# には多数の特徴があります。ここでは基本的なポイントとして、3つを挙げてみます。

### 2.2.1　.NET 対応

　まず、第1章で説明した、各.NET 実装（.NET Framework、.NET Core など）に対応していることです。対応というより、.NET 実装と一体になっていると理解したほうがよいかもしれません。C# の言語仕様の拡張に伴い、.NET 実装も改良／更新されてバージョンが上がっています。C# のバージョンと、Microsoft が提供している開発ツールの Visual Studio、.NET 実装のそれぞれがどのバージョンに対応しているかは、次の対応表を参照してください。

　Visual Studio については、あらためて 2.4 節で説明します。

▼表2-1　Visual Studio と対応する.NET 実装、CLR、C# のバージョン

| Visual Studio | C# | CLR (Windows) | .NET Framework | .NET |
|---|---|---|---|---|
| 2002 | 1.0 | 1.0 | 1.0 | - |
| 2003 | 1.1 | 1.1 | 1.1 | |
| 2005 | 2.0 | 2 | 2.0 | |
| | | | 3.0 | |
| 2008 | 3.0 | | 3.5 | |
| 2010 | | | | |
| 2012 | 4.0 | 4 | 4 | |
| 2013 | 5.0 | | 4.5 | |
| 2015 | 6 | | 4.6 | .NET Core 1.0 |
| | | | | .NET Core 1.1 |
| 2017 | 7.0、7.1 | | 4.7 | .NET Core 2.0 |
| | 7.2 | | | .NET Core 2.1 |
| | 7.3 | | 4.8 | .NET Core 2.2 |
| 2019 2022 | 8.0 | - | 対応しない | .NET Core 3.0 |
| | | | | .NET Core 3.1 |
| | 9.0 | | | .NET 5 |
| | 10.0 | | | .NET 6 |

　基本的には、.NET 実装の各バージョンには上位互換性（下位バージョン対応のアプリケーションが実行できること）があります。なお、.NET Framework では、CLR のバージョンが同じもののみ、上位互換性が保証されています。また、CLR が同じバージョンの .NET Framework は、同一環境に1つしかインストールできません。

### 2.2.2　オブジェクト指向プログラミング

　2つ目のポイントは、C# が**オブジェクト指向**という考え方で作られていることです。単にオブジェクト指向をサポートしているだけではありません。.NET 実装のクラスライブラリそのものがオブジェクト指向をベースにして作られているので、オブジェクト指向抜きに C# を理解することはできないとも言えます。

　オブジェクト指向によるプログラミングは、現在の開発手法においては標準的なものになっています。もちろんオブジェクト指向プログラミングは万能ではなく、デメリットもあるため、あまり普及していない開発分野もあります[*1]。

　オブジェクト指向については、本書の他の章で詳しく解説します。

### 2.2.3　Java と C++

　C# は、C++ と Java に似ています。表現を変えると、C# とは、C++ と Java の優れた点を取り入れた言語と言えるでしょう。表面的な文法は Java を踏襲している面があり、不要となったメモリ領域を自動的に破棄するしくみ（ガベージコレクション）のように、言語の内部構造においても似ている点があります。

## 2.3　C# で開発できる主なアプリケーション

　C# で作成できるアプリケーションには、主に次のようなものがあります。本書のサンプルコードは、基本的にコンソールアプリケーションを想定しています。

### 2.3.1　コンソールアプリケーション（CUI アプリケーション）

　第1章で紹介した CUI の電卓（図1-4）のように、起動時にウィンドウが表示されるのではなく、Windows のコマンドプロンプトで動作するアプリケーションです。キーボードからの文字入力と、コンソールと呼ばれる画面への文字出力がベースになります。マウスで操作したり画像を表示したりはしませんが、その分、プログラムはシンプルな構成になります。

---

＊1）たとえば、家電製品の内部に組み込まれているシステムなどの「組み込みシステム」や、メモリやハードウェアの制約の大きいシステムでは、C/C++ 言語が主流です。

### 2.3.2　ウィンドウアプリケーション（GUI アプリケーション）

コンソールアプリケーションに対し、ウィンドウ表示とマウス操作によるGUI で動作するアプリケーションは、ウィンドウアプリケーションと呼ばれます。.NET 環境では、Windows フォームやWPF というフレームワークを利用すれば手軽に開発できます。

### 2.3.3　Web アプリケーション

Web サーバー上で動作するアプリケーションで、ユーザーはWeb ブラウザーを通して操作します。.NET環境では、ASP.NET CoreやASP.NET Core Blazorといったフレームワークを利用して、ウィンドウアプリケーションのような感覚で対話的なWeb ページを作成することができます。

## 2.4　C# のプログラム

本書は、文法の説明が中心です。でも、ただ読むだけでは本当の理解はできません。できるだけサンプルコードをキーボードから入力して、試してみてください。実際にコードを入力して動作させることで、基礎からしっかり習得できるはずです。

### 2.4.1　統合開発環境「Visual Studio Community 2022」のインストール

開発を進める環境として、本書ではMicrosoft が提供している**統合開発環境**「Visual Studio」を前提にしています。統合開発環境（Integrated Development Environment：**IDE**）とは、コンパイラやテキストエディター、デバッガーなどの開発ツールをひとつのアプリケーションにまとめて利用できるようにしたものです。

本書の執筆時点でVisual Studioの最新バージョンであるVisual Studio 2022では、従来の.NET Framework だけでなく、C# 10.0に対応した.NET 6用のアプリケーションを開発できます。Visual Studio 2022には、機能や開発規模に応じて、Community、Professional、Enterprise の各エディションがあります。Community は一部の機能に制限がありますが、だれでも無料で利用できる開発環境です。本書のサンプルプログラムは.NET 6用のアプリケーションであり、Visual Studio Community 2022でコンパイルと動作を確認しています。

ここでは、Visual Studio Community 2022のインストール方法を紹介します。他のエディションなど、Visual Studio の詳細については、Visual Studio の公式サイト（https://visualstudio.microsoft.com/ja/）を参照してください。

**❶ インストーラーをダウンロードする**

Visual Studio の公式サイトで、［Visual Studio のダウンロード］をマウスでポイントして、［Community 2022］をクリックします。

▲図2-1 ［Community 2022］を選択

❷ **ダウンロードしたインストーラーを実行する**
ダウンロードしたインストーラー（ファイル名は、vs_community__6c6e807f94714a49aa656
aacf28dc230.exe などになり、環境によって異なる場合があります）を起動します。ユーザー
アカウント制御のダイアログボックスが表示された場合は、［はい］を選択します。その後ラ
イセンス条項の確認ダイアログボックスが表示されますので、［続行］を選択します。

❸ **ワークロードから機能を選択する**
しばらくすると、ワークロード画面になります。ワークロードでは、開発する目的に応じたイ
ンストールセットが選択でき、インストールするコンポーネントをカスタマイズすることができ
ます。本書のサンプルコードを実行するには、［.NET デスクトップ開発］をクリックして選択
します。

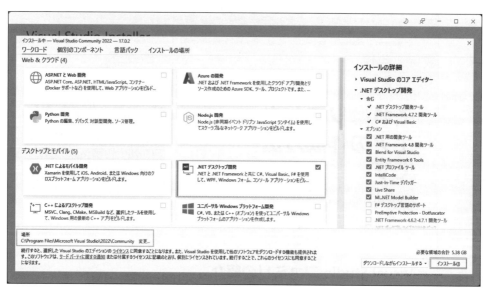

▲図2-2　ワークロードの選択

❹ インストール場所を指定する

　必要に応じてインストール場所を変更し、［インストール］ボタンをクリックします。すると必要なファイルがダウンロードされて、ファイルのコピーが始まります。

　インストーラー画面の［インストール後に起動する］というチェックボックスにチェックを入れたままの場合、インストールが完了すればVisual Studio が起動します。

　なお、初めて起動するとき、Microsoft アカウントでサインインするためのダイアログボックスが表示される場合があります。サインインは必須ではありませんが、Visual Studio の開発環境をカスタマイズしたり、最適化したりするには、サインインが必要です。インストールの詳細については、次の公式ドキュメントを参照してください。

「Visual Studio のインストール」
https://docs.microsoft.com/ja-jp/visualstudio/install/install-visual-studio?view=vs-2022

## 2.4.2　はじめてのプログラム

　プログラミング言語の解説書に登場する最初のプログラムとして多いのが、画面に「Hello, World」と表示するプログラムです。本書では、少し形を変えてみました。この後で説明する手順に従って、次のサンプルコードによるアプリケーションを作ってみましょう。

［サンプル］First.cs
```
// 名前を入力して表示するプログラム#1
```

```
class First
{
    static string program_ver = "sample #1";

    static void Main()
    {
        System.Console.WriteLine(program_ver);
        System.Console.Write("お名前は？≫ ");
        string? name = System.Console.ReadLine();
        System.Console.WriteLine($"ようこそ、{name}さん !");
    }
}
```

### 2.4.3　アプリケーション作成手順

　それでは、Visual Studio Community 2022 を起動して、先ほどのサンプルコードを実際に入力して動かしてみましょう。

#### ❶ Visual Studio Community 2022 を起動する
　Windows の［スタート］メニューから［Visual Studio 2022］を選択します。

#### ❷ 新しいプロジェクトを作成する
　起動時には次のようなメニュー画面が表示されます。画面右の項目から［新しいプロジェクトの作成］を選択します。Visual Studio では、**プロジェクト**という単位で、アプリケーションを作成するソースファイルをまとめて管理します。また**ソリューション**は、そのプロジェクトをまとめたものです。

▲図2-3　新しいプロジェクトを作成

❸ テンプレートを選択する

画面右のテンプレートの一覧から［コンソールアプリ］を選択します。**テンプレート**は、目的のアプリケーションを開発するためのひな形のプロジェクトです。［次へ］ボタンをクリックすると、プロジェクト名を入力する画面になります。プロジェクト名は好きな名前にすることができます。ここでは［プロジェクト名］ボックスに Sample と入力して［作成］をクリックします。

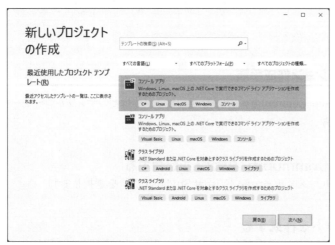

▲図2-4　テンプレートを選択

▲図2-5　プロジェクト名を入力

　次に、フレームワーク（.NET のバージョン）の選択画面になります。ここでは［.NET 6.0］のまま［作成］をクリックします。

▲図2-6 .NET のバージョンを選択

❹ **プロジェクトにコードファイルを追加する**

ソリューションエクスプローラーに「Sample」が追加されていることを確認してください。ソリューションエクスプローラーには、ソリューションに含まれるプロジェクトなどのファイル一覧が表示されます。プロジェクトのファイルを編集するには、ソリューションエクスプローラーからファイルを選択します。

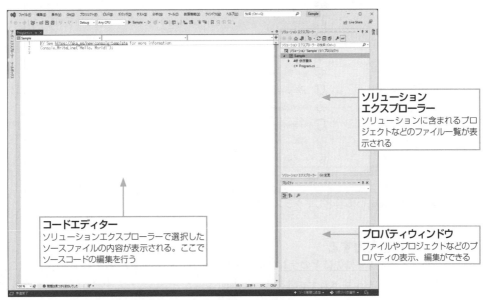

**ソリューションエクスプローラー**
ソリューションに含まれるプロジェクトなどのファイル一覧が表示される

**コードエディター**
ソリューションエクスプローラーで選択したソースファイルの内容が表示される。ここでソースコードの編集を行う

**プロパティウィンドウ**
ファイルやプロジェクトなどのプロパティの表示、編集ができる

▲図2-7 コンソールアプリのテンプレートを使った初期画面

テンプレートとして「コンソールアプリ」を選択した場合は「Program.cs」というコードファイルが自動的に生成され、コードエディター上にその内容が表示されます。**コードエディター**は、ソースコードを編集するためのVisual Studio のテキストエディターです。

　Program.cs をそのまま使ってもよいのですが、ここでは基本から理解するためにいったんそのファイルを削除して、新しいファイルを追加することにします。ファイルを削除するには、ソリューションエクスプローラーで[Program.cs]をクリックして選択し、[編集]メニューの[削除]をクリックするか Delete キーを押します。確認メッセージが表示されたら [OK] をクリックします。

次にソリューションエクスプローラーで [Sample] をクリックして選択した後、[プロジェクト]メニューの[クラスの追加]をクリックします。表示された画面には[Visual C# アイテム]の[クラス] が選択されているはずです。クラスのファイル名も好きな名前でかまいません。ここでは [名前] ボックスに First.cs と入力します。[追加] をクリックすると、空のクラスファイルがコードエディター上に表示されます。

▲図2-8　新しい項目としてクラスを追加

## ❺ コードを入力する

コードエディターに先ほどのサンプルコードを入力します（図2-9）。なおFirst.cs には、あらかじめコードが生成されていますが、Delete キーなどでいったんすべて削除してからコードを入力してください。日本語以外の文字は、原則として半角文字です。C# では大文字と小文字が区別されるので注意してください。

コードエディターでは、コードを入力している途中に入力候補が表示されることがあります。これは**インテリセンス**（IntelliSense）と呼ばれる機能です。その場合、入力候補から矢印キーで項目を選択して `Tab` キーを押すと、その項目が入力されます（マウスでクリックして入力することもできます。また、候補から選択せずにそのまま手動で入力することもできます）。

行の左端に空いている空間は、**字下げ**または**インデント**と呼ばれ、プログラムの構造をわかりやすく見せるためのものです。コードエディターでコードを入力していくと、改行時に自動的にインデントが挿入されます。消去してしまった場合は半角スペースまたは `Tab` キーでタブを入力してください。また、改行もそのまま入力してください。改行は実際の処理には関係ありませんが、こちらもコードを見やすくするために意味のあるまとまりごとに挿入します。

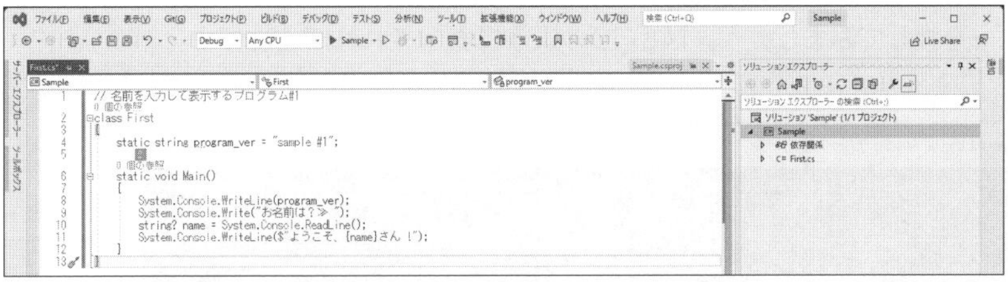

▲図2-9 コードを入力

## ⑥ ビルドする

すべて入力したら、［ビルド］メニューの［ソリューションのビルド］をクリックして、プログラムをビルドします。**ビルド**とは、ソースコードのコンパイルやライブラリのリンクなどを行い、最終的な実行可能ファイルを作成することです。図2-10のように、［出力］ウィンドウに、ビルドの状況が表示されて、最後に「ビルド: 1 正常終了」と表示されれば成功です。［出力］ウィンドウには、このようなさまざまなステータスが表示されます。［出力］ウィンドウが開かなかったときは、［表示］メニューの［出力］をクリックしてください。もしエラーが表示された場合は、サンプルコードをよく見て修正し、もう一度、ビルドしてください。

▲図2-10 ビルド正常終了

### ❼ プログラムを実行する

エラーがなければ、［デバッグ］メニューの［デバッグなしで開始］をクリックして、プログラムを実行します。コマンドプロンプトが表示されて、次のようになったでしょうか。

▲図2-11　実行直後の入力待ち状態

キーボードからの入力待ち状態になっています。ここで、自分の名前をキーボードで入力し、Enter キーを押してみましょう。図2-12のように表示されれば成功です。

▲図2-12　文字を入力した後の実行結果

なお、ここでは説明のためにビルドと実行の手順を分けましたが、実際にはコードの入力後、手順❻を省略して手順❼の［デバッグ］メニューの［デバッグなしで開始］（または Ctrl + F5 キー）でプログラムを実行してもかまいません（ビルドされていない場合はビルドされた後に実行されます）。

## 2.5　C# プログラムの書き方と構造

ここからは、先ほどのサンプルコードの内容を説明します。まずは大まかにプログラム構造のイメージをとらえてください。それでは、1行目から順に見ていきましょう。

### 2.5.1　コメント

First.cs の1行目は、コメント行です。

```
// 名前を入力して表示するプログラム#1
```

プログラムの中に、注釈や覚え書きを**コメント**という書式で記すことができます。これがなく

てもプログラムの動作に支障はありません。しかし、実際のシステム開発においては、コメントは重要です。後になってからプログラムを修正する際、元のプログラムを書いた人とは違う人が対応する場合があります。自分以外のプログラマがプログラムを正しく理解するためには、コメントが欠かせません。

　このように書いた場合、「//」の後ろから改行するまでがコメントと見なされます。行末でコメントの終わりが判断されるので、複数行にわたるコメントは書けません。

　このサンプルコードにはありませんが、コメントには、もう1つ「/* ～ */」という書き方があります。

```
System.Console.Write("お名前は？≫ "); /* 文字列を出力 */
```

　「//」と違って、この書き方では、次のように複数行にわたるコメントも可能です。

```
/* このように行を
   またいでもOK */
```

　「/* ～ */」では、コメントの最後を明示的に示す必要があり、忘れるとエラーになります。

　「//」や「/*」の直後には、1文字程度スペースを空けておくと見やすくなります。見やすさを常に意識することもプログラミングにおいて大切なことです。これはコメントだけでなく、他の部分についても言えます。

## 2.5.2　クラス

　サンプルコードの2行目の「class First」は、「First」という**クラス**の宣言を意味しています。**宣言**とは、簡単に言うと「プログラムの構成要素を定義すること」です（宣言については第3章で説明します）。クラスは**class キーワード**を使って宣言し、その次の行から始まる「{」と「}」で囲まれた部分にクラスの中身を記述します。クラスについては第1章で概念を説明しました。また、第6章から具体的なプログラムについて説明しています。

　ここでは、クラスという固まりが必ず必要であることだけを頭に入れておいてください。C# は、クラスという単位でプログラムを構成しているのです。

## 2.5.3　ブロック

　「{」から始まり「}」で終わる部分のことを**ブロック**と呼びます。ブロックは複数の要素がまとめられたものであり、C# の基本の要素となっています。

```
class First
{
    (中略)
}
```

これはクラスのブロックを表しています。サンプルコードを見ると、クラスのブロック内にさらにブロックがあることがわかるでしょう。ブロックは**入れ子**にすることが可能です。

### 2.5.4　メンバー

クラスの中に含まれる要素のことを、総称して**メンバー**と呼びます。メンバーは大別すると、データの部分と処理の部分とに分かれます。サンプルコードでは、データの部分として**フィールド**（または**メンバー変数**）と呼ばれる要素があります。次の部分です。

```
static string program_ver = "sample #1";
```

その次の「static void Main()」から始まるブロックは、**メソッド**と呼ばれます。これが処理内容を記したメンバーとなっています。

フィールドとは、クラスまたは構造体で宣言される**変数**です（構造体については第10章で説明します）。変数はデータの入れ物であり、サンプルコードでは「program_ver」という変数に「sample #1」という文字列を入れています。変数については第3章で説明します。ここでは、データを保持するものというイメージをつかんでおいてください。

Main メソッドの「メソッド」とは、一連の処理を記述したブロックのことです。ここでは Main という少し特殊なメソッドを宣言しています。通常のメソッドには自由に名前を付けることができますが、この Main はあらかじめ名前が決められた、特別な処理を行うメソッドとなっています。

特別な処理というのは、この Main メソッドからプログラムの処理が開始されるということです。プログラムの開始位置のことを、**エントリポイント**と呼びます。プログラムには、エントリポイントとなる Main メソッドが必ずなければなりません。

サンプルコードの Main メソッドの中身を説明しましょう。メソッドの宣言は**static** というキーワードから始まっています。これはメソッドが**静的メソッド**であることを示します。静的メソッドについては6.5節で説明しますが、今は Main メソッドには static キーワードが必要であると覚えておいてください。

Main メソッドのブロックの最初の行では、System 名前空間にある Console クラスの WriteLine というメソッドを使って、変数program_ver に入っている文字列を画面に表示しています。

```
System.Console.WriteLine( program_ver );
```

次の行では、System 名前空間にある Console クラスの Write というメソッドを使って、「お名前は？≫」という文字列を表示します。

```
System.Console.Write( "お名前は？≫ " );
```

その次の行では、System 名前空間にある Console クラスの ReadLine というメソッドを使って、キーボードからの文字入力を待ちます。

```
string? name = System.Console.ReadLine();
```

最後の行では、System 名前空間にある Console クラスの WriteLine というメソッドを使って、キーボードから入力された文字と「ようこそ、　さん！」を合成した文字列を表示します。

```
System.Console.WriteLine( $"ようこそ、{name}さん ！" );
```

各行の最後には、セミコロン（;）が付いています。これは文の最後を示す記号で、コメントやブロックの最後を除いて、必ず付ける必要があります。

これ以外の書式については、「フリーフォーマット」と呼ばれるほど、C# では自由に記述できます。単語の区切りにタブやスペースがいくつ入っていても、改行がいくらあってもかまいません（これは C や Java も同様です）。ただし、書式が自由なため、プログラムを書く人の好みによってまちまちな書式になる場合があります。1 人で趣味としてプログラムを書くならそれでもよいかもしれませんが、業務として開発を行う際には問題となります。開発の前に、どのような書式にするかを話し合っておくのが望ましいでしょう。

個々の処理内容の詳細については、この後の章で解説していきます。ここでは、上記のような処理が書かれているというイメージをつかんでおいてください。

C# プログラムの構造を図にすると、次のようになります。

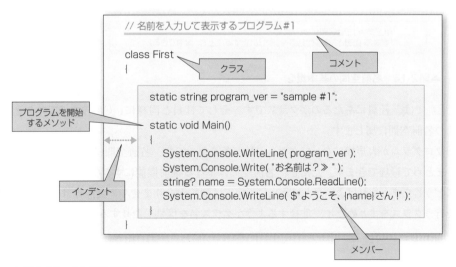

▲図2-13　C# プログラムの構造

## 2.6　名前空間の基本

　さて、先ほどの処理内容の説明の中で「名前空間」という言葉が出てきました。「名前空間」と聞くと物理的な広がりを想像するかもしれませんが、もちろん論理的な概念です。これはC#ではとても基本的なもので、クラスを「名前」という観点のみで分類し、管理するしくみです。

　たとえば、ある会社に同じ名前の社員「山田」さんがいたとします。単に「山田さん」と言ったら、どちらの山田さんのことなのかわかりません。しかし、それを「営業部の山田さん」、「開発部の山田さん」と言えば、特定することができます[*2]。これと同じようなしくみをC# でも取り入れており、営業部や開発部といった「くくり」のことを「名前空間」と呼んでいます。つまり、社員は「営業部」や「開発部」という名前空間に属していると考えます。

▲図2-14　名前空間の基本概念

　C# では、社員にあたるのがクラスです。そして社員と同様に、C# のすべてのクラスは何らかの名前空間に属します。

　プログラムが大規模になってクラスの数が多くなっても、名前空間によって、クラスを効率よくまとめて管理できます。ただし、名前空間は単なる識別機能にすぎないので、どのようなクラスどうしをまとめればよいかという点については制約がありません。実際には、同じような処理を行うクラスをまとめたり、重複するようなクラス名を区別したりするために使われます。

---

＊2）これは考え方を理解するためのたとえであり、同じ部署に同じ姓の人がいる場合はないものとします。

### 2.6.1　グローバル名前空間

サンプルコードを見てください。「First」クラスはどの名前空間に属しているのでしょうか。実は、明示的に名前空間を指定していません。その場合は、コンパイラ側で既定の名前空間が追加されます。この既定の無名の名前空間を、**グローバル名前空間**と呼びます。

### 2.6.2　System 名前空間

**System 名前空間**は、.NET のクラスライブラリに含まれている名前空間です。ライブラリに含まれる大半のクラスが属しています。System 名前空間の下には Text、IO、Drawing などの多数の名前空間があり、階層的に管理されています。サンプルコードでは、Console がこの名前空間に含まれるクラスです。

### 2.6.3　using ディレクティブ

クラスが属しているすべての名前空間で表した名称を、**完全修飾名**と呼びます。たとえば、サンプルコードの次の行は、完全修飾名による指定です。

```
System.Console.Write( "お名前は？≫ " );
```

名前空間にあるクラスは、階層になっている構造をドット（.）でつないで指定し、参照します。また、クラスのメソッドも同様の方法で指定します。

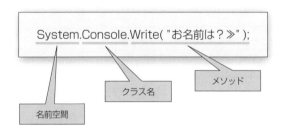

▲図2-15　名前空間とクラス名はドットでつなぐ

本来、クラスは完全修飾名でなければ区別できませんが、.NET のクラスライブラリの深い階層のクラスの場合、とても冗長な記述になってしまいます。そこで、**using ディレクティブ**を使用します。**ディレクティブ**とは、主にコンパイラに処理方法を指示する文のことです。

次のように using ディレクティブを記述すると、それ以降 System という名前空間の記述を省略することができ、完全修飾名を記述する必要がなくなります。

```
using System;
```

　using ディレクティブを使って、先ほどのサンプルコードを書き換えてみましょう。実行結果は同じになります。

[サンプル] Second.cs

```csharp
using System;

namespace FirstNameSpace
{
    // 名前を入力して表示するプログラム#2
    class Second
    {
        static string program_ver = "sample #2";

        static void Main()
        {
            Console.WriteLine(program_ver);
            Console.Write("お名前は？》 ");
            string? name = Console.ReadLine();
            Console.WriteLine($"ようこそ、{name}さん !");
        }
    }
}
```

　このサンプルでは、最初のコードに**namespace キーワード**を使って「FirstNameSpace」という名前空間も付け加えています。つまり、Second クラスは FirstNameSpace 名前空間に属することになります。これが C# のプログラムにおける基本の構造です。

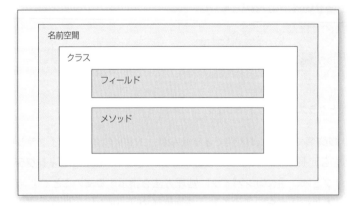

▲図2-16　C# プログラムの基本構造

### 2.6.4 最上位レベルのステートメント

ここで、2.4.3項で新しいプロジェクトを作成したときの、Program.cs の内容を思い出してください。大変シンプルで、名前空間も、main 関数もありません。コメントを除くと、たった1行です。これはどういうことでしょうか。

```
// See https://aka.ms/new-console-template for more information
Console.WriteLine("Hello, World!");
```

実は、C# 9.0 から導入された**最上位レベルのステートメント**という機能により、省略した書き方ができるようになったのです。このように、いきなりコードを書くと、クラスと Main メソッドが自動的に作成されるようになりました。

ただし、このような書き方ができるファイルは、プロジェクトで1つだけです。プロジェクトに、複数のエントリポイントがあるような構成では利用できません。

本書のサンプルコードでは、Main メソッドが複数含まれていますので、この機能は使用していません。

最上位レベルのステートメントは、ちょっとしたプログラムを試したい場合などは、便利な機能でしょう。

## 2.7　名前付けの規約

名前空間に限らず、クラスや変数名などは、プログラムの中で自分で名前を付けなければなりません。このような名前が必要なものを**識別子**と呼んでいます。

識別子の書き方にはルールがあります。基本的には、名前の先頭をアンダースコア（_）もしくは半角アルファベットで始める必要があり、それ以降の文字には数字も使うことができます。

識別子はどのような名前にしてもかまいませんが、たいていはデータや処理の内容がわかるような名前にします。ただし、C# として特別な意味のある単語は、そのままでは使えません。たとえば、この後の章で説明する「データ型」や「アクセス修飾子」を表すキーワード、「制御文」で使用されるキーワードなどがあります。そのような、あらかじめ用途が限定されている特殊なキーワードのことを**予約語**といいます。サンプルコードの次の単語は予約語です。

using　class　static　void　string

その他にも多数の予約語がありますが、すべてを覚えておく必要はありません。誤って使ってしまっても、C# のコンパイラがエラーとして検出してくれます。なお、前述したようにC# のプログラムでは大文字と小文字が区別されるため、次の名前は別のものとして認識されます。

Alphabet　alphabet　ALPHABET

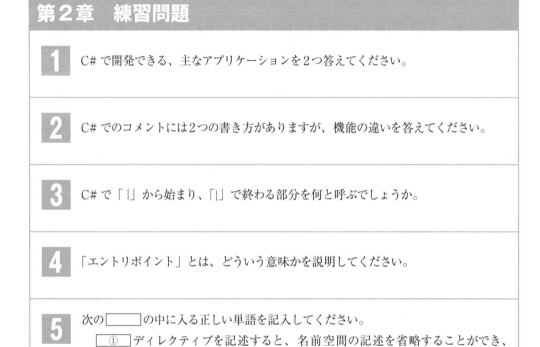

## 第2章　練習問題

**1** C# で開発できる、主なアプリケーションを2つ答えてください。

**2** C# でのコメントには2つの書き方がありますが、機能の違いを答えてください。

**3** C# で「{」から始まり、「}」で終わる部分を何と呼ぶでしょうか。

**4** 「エントリポイント」とは、どういう意味かを説明してください。

**5** 次の　　　　の中に入る正しい単語を記入してください。
　　① ディレクティブを記述すると、名前空間の記述を省略することができ、　② を記述する必要がなくなります。
　クラスや変数名などは、自分で ③ を付けなければなりません。このような ③ が必要なものを、　④ と呼んでいます。

# 第**3**章

# 変数とデータ型
## 〜さまざまなデータを扱うには

　この章では、プログラムでさまざまなデータを扱うために欠かせない変数とデータ型について
説明します。

## 3.1　変数とデータ型とは

　数学の世界でいう変数では、XやYなどの文字を使って、いろいろな値を表します。その場合、
XやYが物理的に存在するわけではなく、あくまでも概念です。プログラムの変数とは、その
概念を実体として実現したものです。

　プログラムでは、さまざまな値やデータを扱うため、そのデータを置いておくための入れ物や
場所が必要となります。プログラミング言語では、そのような特別な領域を**変数**と呼びます。また、
変数にデータを置くことを**代入**といいます。

　変数という名のとおり、そこに入っているデータは代入によってさまざまな値に変えることが
できます。ただし、値を変える必要がない場合や、変更してほしくない場合は、値を変更でき
ないデータにすることができます。そのようなデータのことを**定数**と呼びます。

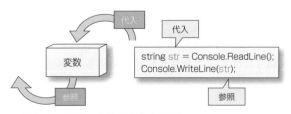

▲図3-1　変数への値の代入と参照

　コンピューターでは、あらゆるデータを数値に置き換えて処理を行っています。ただし、すべてのデータが同じ種類の数値というわけではありません。整数や小数の場合もあれば、文字を示すコード番号の場合もあります。また、数値の性質によって、変数として格納する方法を変える場合もあります。そのような数値の種類やデータの格納方式のことを**データ型**、または単に**型**と呼びます。

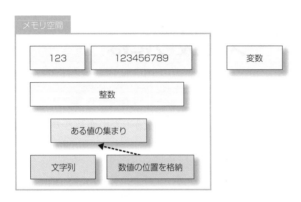

▲図3-2　データ型の概念

## 3.1.1　変数の宣言

　C# のプログラムでは、いきなり変数を使うことはできません。あらかじめ、どのようなデータ型の変数を使うのかを、**宣言**しておく必要があります。宣言の構文では、まずデータ型を書き、その後に変数の名前を書きます。

**［構文］変数の宣言**

データ型　変数の名前 ;

　変数の名前は、2.7 節の名前付けの規約で説明したように、使用できる文字の種類に制限があるだけで、基本的にはどのような名前でもかまいません。ただし通常は、一貫性のあるルールに従って名前を付けることが求められます。Microsoft Docs [1] の「名前付けのガイドライン」[2] には、推奨されるルールが記されています。

　このガイドラインでは、変数については**Camel 形式**と呼ばれる、先頭の文字は小文字にして、その後に連結する単語の区切りには大文字を使う形式が推奨されています。たとえばbackColor、errorLevel などです。

---

＊1）Microsoft Docs（https://docs.microsoft.com/ja-jp/）は、エンドユーザーや開発者のために、Microsoftが公開しているドキュメントのサイトです。

＊2）https://docs.microsoft.com/ja-jp/dotnet/standard/design-guidelines/naming-guidelines

　それでは、変数の宣言の具体例を示します。整数の変数を使いたい場合、次のように宣言します（本書は文法の説明が主な目的なので、特別な意味がない限り、サンプルで使う変数名には1文字程度の短い名称を使用します）。

```
int a;
```

　これは、int型（32ビットの符号付き整数）の変数aを宣言したことになります。int型については3.2節で説明します。

## 3.1.2　変数の表示

　それでは、変数を使ってみましょう。int型のローカル変数（メソッドの中で一時的に使用する変数のこと。詳しくは3.3節で説明します）を宣言してから値を代入し、2.5節のサンプルコードで使用したWriteLineメソッドを使ってその値を表示してみます。WriteLineメソッドでは、文字だけでなく数値も表示することができます。

［サンプル］PrintNum.cs
```
static void Main()
{
    int a;
    a = 10;
    Console.WriteLine(a); // 出力値:10
}
```

　変数に値を代入するには「=」を用います。数学では「=」は等しいという意味ですが、C#では「=」は代入を意味し、=の左辺に右辺の値が代入されます。なお、等しいことは「==」で表します。これらについては、第4章で詳しく説明します。

　ローカル変数の場合、変数を宣言しただけでは、中に値が何も入っていません。そのため、先ほどのコードから変数aに値を代入する行を削除すると、変数aの値を表示しようとしたときに、図3-3のようにエラーが発生します。変数には必ず値が必要です。

［サンプル］PrintNumErr.cs
```
static void Main()
{
    int a;
    Console.WriteLine(a);
}
```

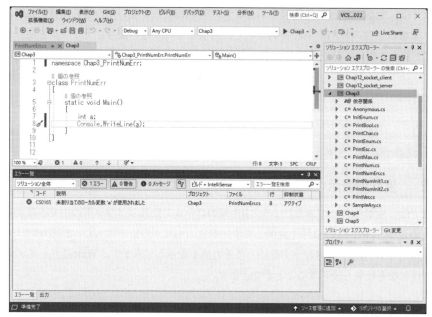

▲図3-3　未割り当てエラー

　代入は、宣言と同時に行うこともできます。初めて変数に値を代入することを特に**初期化**と呼び、その値のことを**初期値**と呼びます。

**[構文] 初期化と同時の変数宣言**

データ型　変数の名称 ＝ 初期値；

　次のサンプルコードでは、宣言と同時に初期化を行っています。

[サンプル] PrintNumInit1.cs

```
static void Main()
{
    int a = 10;
    Console.WriteLine(a); // 出力値:10
}
```

　また、コンマ (,) で区切ることによって、同じデータ型の複数の変数を宣言することができます。

[サンプル] PrintNumInit2.cs

```
static void Main()
{
    int a = 10, b = 20;

    Console.WriteLine(a); // 出力値:10
```

```
        Console.WriteLine(b); // 出力値:20

        int c, d;
        c = a; // 同じデータ型の変数で初期化することもできる
        d = b;

        Console.WriteLine(c); // 出力値:10
        Console.WriteLine(d); // 出力値:20
}
```

### 3.1.3 　定数の宣言

　定数を宣言するには、変数に const というキーワードを付けます。また定数は、宣言と同時に必ず初期化する必要があります。次のコードでは、short 型の定数を宣言しています。

```
const short c;          // これはエラーとなる
const short d = 10;
```

　定数は値を変えられないため、次のように値を変更しようとするとエラーになります。

```
const short d = 10;
d = 20;        // これはエラーとなる
```

　定数は、プログラムで何度も使うような値や、誤って変更してはいけない値に用いられます。定数であることがすぐわかるように定数名がすべて大文字で書かれることがよくありますが、Microsoft のガイドラインでは、先頭の文字と連結されている各単語の最初の文字を大文字にする Pascal 形式が推奨されています。たとえばConstNumber のような名前です。

> **Column　ハンガリアン記法**
>
> 　変数にどのような規則で名前を付けるかについては、昔から議論され続けています。その中でよく挙げられる「ハンガリアン記法」とは、変数名やクラス名に特別な接頭文字または接尾文字を付けて、名前を見ただけでデータ型などの情報がわかるようにする書き方です。
> 　ハンガリアン記法という名称は、これを考案した Charles Simonyi というプログラマがハンガリー出身ということに由来します。以前の Microsoft では、この記法を少し狭く解釈して変数名にデータ型を表す接頭文字を付ける記法を採用していました。たとえば、整数を示す「n（number）」を付けて「int nWinMode」とするような記述です。そのため、かつては Windows でのプログラム開発において、この記法が一般的に広まっていました。
> 　しかし最近では、この記法に批判的な意見が多いことや、Microsoft が .NET Framework でこの記法を廃止したことなどにより、Microsoft 方式のハンガリアン記法は使われない傾向にあります。本書でもこの記法は用いていません。

**3.2　組み込みデータ型**

　値の性質を表すデータ型には、C# であらかじめ用意されている**組み込み型**と呼ばれるものと、ユーザーが自由に定義できる**ユーザー定義型**があります。組み込み型は基本的な要素であることから、**基本型またはプリミティブ型**とも呼ばれます。

　まずは、基本となる組み込み型にはどのようなものがあるか見ていきましょう。組み込み型の種類を次の表にまとめました。

▼表3-1　組み込み型の種類

| 形式 | | | 名称 | サイズ | 扱える範囲 | .NET 型 | 既定値 |
|---|---|---|---|---|---|---|---|
| 数値型 | 整数型 | 符号付き | sbyte | 8 | $-2^7 \sim 2^7 - 1$ | System.SByte | 0 |
| | | | short | 16 | $-2^{15} \sim 2^{15} - 1$ | System.Int16 | 0 |
| | | | int | 32 | $-2^{31} \sim 2^{31} - 1$ | System.Int32 | 0 |
| | | | long | 64 | $-2^{63} \sim 2^{63} - 1$ | System.Int64 | 0L |
| | | 符号なし | byte | 8 | $0 \sim 2^8 - 1$ | System.Byte | 0 |
| | | | ushort | 16 | $0 \sim 2^{16} - 1$ | System.UInt16 | 0 |
| | | | uint | 32 | $0 \sim 2^{32} - 1$ | System.UInt32 | 0 |
| | | | ulong | 64 | $0 \sim 2^{64} - 1$ | System.UInt64 | 0 |
| | 実数型 | 浮動小数点型 | float | 32 | $\pm 1.5 \times 10^{-45} \sim \pm 3.4 \times 10^{38}$ | System.Single | 0.0F |
| | | | double | 64 | $\pm 5.0 \times 10^{-324} \sim \pm 1.7 \times 10^{308}$ | System.Double | 0.0D |
| | | 10進データ型 | decimal | 128 | $\pm 1.0 \times 10^{-28} \sim \pm 7.9 \times 10^{28}$ | System.Decimal | 0.0M |
| 論理型 | | | bool | 8 | true または false | System.Boolean | false |
| 文字型 | | | char | 16 | $0 \sim 2^{16} - 1$ | System.Char | '\0' |
| 文字列型 | | | string | | | System.String | null |

　コンピューターでは、数学のように限りなく大きな数が扱えるわけではありません。データの範囲が広がるほど、値を保管しておくのに必要な領域も増えてしまうため、限界があります。

　C# では、領域を効率よく使えるように、値を扱う前に、細かく分類されたデータ型を宣言します。また、あらかじめデータ型が決まることによって、計算処理が最適化されたものになります。

　表中の「サイズ」は、そのデータ型が必要とする領域の大きさを示しています。「.NET 型」は、.NET の System 名前空間で定義されている型の名称です。C# の組み込み型は実際にはこの型の**エイリアス**（別名）であり、たとえば次の2つはどちらも int 型の宣言となります。

```
int a = 10;
System.Int32 b = 20;
```

　変数を使用するには必ず初期化が必要ですが、前述したローカル変数と一部の変数を除いて、初期値を明示的に書かなければ**既定値**（デフォルト値）を指定したことになります。表中の既

定値は、初期値の設定を省いたときに、自動的に初期化される値です。既定値に付加されている文字については、この後で説明します。

### 3.2.1 数値型

数値を表すデータ型には、**整数型**と**実数型**があります。さらに整数型は、符号の情報をデータに含めるかどうかで分けられます。実数型はデータを格納する内部のしくみによって分けられます。

整数型には、正か負の符号情報も含んでいる型（sbyte、short、int、long）と、正のデータのみの型（byte、ushort、uint、ulong）があります。sbyte の「s」は「signed（符号付き）」を示し、ushort、uint、ulong の「u」は「unsigned（符号なし）」を示しています。

これらのデータ型のサイズは、8ビットから64ビットです。1ビットで2つの状態を表すことができるので、8ビットなら2の8乗まで表現することができます。ただし、符号の情報にも1ビットが必要なため、符号付きの場合は、表現できるデータの範囲が1ビット分だけ少なくなります。

実数型は、小数点がある数値を表すデータ型です。どれも符号が付いています。

**float** 型と **double** 型は、**浮動小数点**と呼ばれる方式で値を格納します。内部的には符号部、仮数部、指数部に分かれており、2進数で小数点を表現します。この方式では、10進数の小数を正確に表現できない場合があり、誤差（丸め誤差）が発生する可能性があります。ただし、大きな値を少ない領域で格納できるという利点があります。

それに対して **decimal** 型は、内部的にも10進数のまま、整数と小数点の位置で値を格納する方式になっています。そのため、有効桁数の範囲内という条件はありますが、誤差は生じません。ただし、他のデータ型に比べてサイズがとても大きくなります。財務や金融計算など、比較的大きな桁数で誤差が許されないプログラムでは、decimal 型が使用されます。

整数を**リテラル**[*3]で指定する場合、10進数や、0～F を使った**16進数**、C# 7から可能となった、0と1を使った**2進数**で表します。次の2つは同じ整数値を代入しています。

```
int a = 1234;    // 10進数
int b = 0x4D2;   // 16進数
```

16進数は、値の先頭に「0x」（ゼロとエックス）または「0X」という**プレフィックス**（接頭文字）を付けて表記します。「x」は「heXadecimal（16進数）」を意味します。16進数のA～F は、小文字で指定しても問題ありません。

2進数の場合は、値が0と1のみとなり、先頭に「0b」（ゼロとビー）または「0B」を付けて表記します。「b」は「binary number（2進数）」を意味します。

なお C# 7からは、区切り文字に「_」（アンダースコア）を使って、数値のリテラルをグループ化することができます。たとえば、1_234_567は、1234567と同じ数値となります。この機能

---

[*3] プログラムの中で、直接数値や文字を記述したデータのことを**リテラル**と呼びます。

は、長くなりがちな2進数のリテラルには最適で、次のように4ビットごとに区切ってわかりやすく表記できるようになります。

```
int b = 0b00011001;
int c = 0b0001_1001;  // 16進数なら0x19
```

　区切り文字は、個数に制限はありませんが、末尾には付加できません。またC# 7.2からは2進数と16進数のプレフィックスの直後にも書けるようになりました（C# 7.0、7.1では不可）。

```
int c = 0b_0001_1001; // C#7.2からOK、C#7.0〜7.1はNG
```

　実数をリテラルで指定するには、小数点を使った10進数の表記と、指数表記があります。指数表記は10の累乗を示す「e」もしくは「E」を使った表記で、たとえば「123000.0」は「1.23×10の5乗」なので、「1.23e5」と表記します。なお、実数リテラルは10進数しか扱えません。

```
double a = 0.12;
double b = 1.23e5;  // 指数表記(=123000)
```

　C# のコンパイラは、小数点があるか指数表記であるリテラルをdouble 型と見なし、それ以外は数値の大きさによってint、uint、ulong、long と見なします。
　データ型を自動で決められると困る場合は、「U」や「F」などの**サフィックス**（接尾文字）を数値の最後に付けることによって、明示的に指定することもできます。
　次の表に、サフィックスの種類と例を示します。

▼表3-2　サフィックスとデータ型

| サフィックス | データ型 | 例 |
| --- | --- | --- |
| U | uint | uint i = 123U; |
| L | long | long i = 123L; |
| UL（またはLU） | ulong | ulong i =123UL; |
| F | float | float f = 1.0F; |
| D | double | double d = 1D; |
| M | decimal | decimal d=1.0M; |

　サフィックスは小文字でも大文字でもかまいませんが、小文字だと数字と紛らわしい場合があるので（L の小文字と数字の1 など）、大文字で表記するとよいでしょう。

### 3.2.2 論理型（bool 型）

bool 型は、「真（true）」または「偽（false）」という2つの状態を表すデータ型です。bool 型に代入できるのは **true** または **false** のキーワードか、4.1.1項で説明する「式」のうち結果を bool として評価できるものだけです。

```
bool i = true;
bool j = false;
bool k = 1;    // エラーとなる
```

次のサンプルコードでは、変数 x と y の値が等しいかどうかの結果を表示します。

［サンプル］PrintBool.cs

```
static void Main()
{
    int x = 10;
    int y = 5;
    bool b = (x == y);             // xとyが等しいか

    Console.WriteLine(b);          // 出力値:False
}
```

### 3.2.3 文字型（char 型）

char 型は、1文字のデータを表します。文字はそのままでは数値データとして扱えないため、C# では、さまざまな国の言語を表現できる国際的な **Unicode** という文字体系を用いて、文字を数値データに変換しています。正確には、**UTF-16**という16ビット単位の文字コードに符号化（エンコード）して、すべての文字を表現しています。

char 型のサイズと値の範囲は ushort 型と同じですが、C# のコンパイラは char 型のデータなら文字コード、ushort 型なら通常の数値データと判別します[*4]。

文字データは、次のコードのようにシングルクォーテーション（'）で囲んで文字リテラルとして指定するか、4桁の16進数の文字コード値で指定します。

```
char a = '漢';    // 変数aには文字「漢」の文字コードが代入される
char b = 'a';     // 変数bには文字「a」の文字コードが代入される
```

文字コードをコード値で指定する場合は、先頭に「¥u」または「¥x」を付けることで、16進数の文字コードであると見なされます。この円マーク（¥）を使った表記については、次の項で説明します。

--------------------------------------------------------------------------------

＊4）C# での char 型のサイズは2バイトです。C/C++ のように1バイトではないことに注意してください。

［サンプル］PrintChar.cs

```
static void Main()
{
    char a = '\u6F22';          //  '漢'の文字コード(6F22)を代入
    char b = '漢';

    Console.WriteLine(a);       //  出力値:漢
    Console.WriteLine(b);       //  出力値:漢
}
```

### 3.2.4　エスケープシーケンス

　改行やバックスペースなどの制御文字は、文字として表記できません。また、シングルクォーテーションのように特別な意味を持つ記号を、そのまま文字として扱いたい場合もあります。

　そのようなときは、**エスケープシーケンス**と呼ばれる表記を用います。日本語の環境では、次のように円マーク（¥）を使って指定します。英語の環境ではバックスラッシュ（\）になります。この¥マークのことを**エスケープ記号**と呼びます。

▼表3-3　エスケープシーケンスの種類

| エスケープシーケンス | 説明 | 文字コード値 |
|---|---|---|
| ¥' | シングルクォーテーション | 0x0027 |
| ¥" | ダブルクォーテーション | 0x0022 |
| ¥¥ | 円マーク | 0x005C |
| ¥0 | ヌル文字* | 0x0000 |
| ¥a | ビープ音 | 0x0007 |
| ¥b | バックスペース | 0x0008 |
| ¥f | フォームフィード | 0x000C |
| ¥n | 改行 | 0x000A |
| ¥r | キャリッジリターン | 0x000D |
| ¥t | 水平タブ | 0x0009 |
| ¥v | 垂直タブ | 0x000B |
| ¥uXXXX | Unicode文字（XXXXの部分は4桁の16進数） | |

＊）ヌル（NULL）とは「何もない」という意味です。C#には何も値がない空の状態を示す null というキーワードがありますが、ヌル文字はそれとは異なります。C言語などでは文字列の終端を示すのに数値の0を使用するため、数値の0を特殊な文字型として扱うために¥0を使用します。

### 3.2.5　文字列型（string型）

　string型は、これまで説明してきた組み込みデータ型とは少し違うタイプのデータ型です。文字列とは、複数の文字コードが並んだデータです。そのためstring型に格納されるのは、これまでの組み込みデータ型のような単独の数値だけではありません。これについては3.5節で説明します。ここでは、使い方を中心に見ていきましょう。

　文字列リテラルは、ダブルクォーテーション（"）でデータを囲んで指定します。これは2.5節のサンプルコードでも使用しました。

　文字列リテラルには、char型と同様にエスケープシーケンスを含めることができます。

［サンプル］PrintEsc.cs

```
static void Main()
{
    string s = "改行も¥nできます";
    Console.WriteLine(s);
}
```

　このサンプルコードを実行すると、次のように改行されて表示されます。

```
改行も
できます
```

　C#には、もう1種類の文字列リテラルがあります。それは**逐語的文字列リテラル**と呼ばれる、書いたままの状態を文字列リテラルとする書式です。逐語的文字列リテラルでは、エスケープシーケンスも無視されます。文字列リテラルの先頭に@マークを付けることで指定します。

　たとえばファイル名を指定する場合、パスを¥マークで区切る必要があるため、通常はエスケープシーケンスを使って次のように書きます。

```
string name = "c:¥¥user¥¥test¥¥sample.cs";
```

　逐語的文字列リテラルでは、次のように書くことができます。

```
string s = @"c:¥user¥test¥sample.cs";
```

　また、改行もそのまま記述できるので、先ほどのサンプルコードは次のようになります。

［サンプル］PrintVer.cs

```
static void Main()
{
    string s = @"改行も
できます";
    Console.WriteLine(s);
}
```

　なお、逐語的文字列リテラルでダブルクォーテーションを含めるには、「""」のようにダブルクォーテーションを2つ並べて記述します。これにより、文字列の終端と区別されます。

```
string s = @"ダブルクォーテーションは""""と記述します";
```

## 3.3　変数の有効範囲

　変数は、その宣言をプログラムのどこで行うかによって、変数にアクセスできる有効範囲が変わってきます。変数の有効範囲（言い換えれば、変数が存在している範囲）のことを、**スコープ**といいます。

　基本的にC#でのスコープは、**ブロック**単位になっています。前述したように、ブロックは「{」と「}」で囲まれた部分です。

　メソッドの中で宣言した一時的に使用する変数のことを、**ローカル変数**といいます。ローカル変数は、その宣言が含まれるブロックがスコープとなります。ブロックの外からはアクセスできません。ローカル変数をメソッドブロックのすぐ内側で宣言すると、スコープはそのメソッドブロックとなります。つまり、そのメソッドの中が有効範囲です。

　メソッドの中にブロックがあり、その中でローカル変数を宣言すると、変数はブロック内だけで有効なブロックスコープとなり、同じブロックの中からしかアクセスできません。

　同一ブロックの中で同じ名前の変数を宣言することはできません。また、入れ子になったブロックの内側と外側で同じ名称のローカル変数を宣言することもできません。変数のスコープが重なってしまい、どちらの変数を指しているのかわからなくなるからです。

```
namespace XXX
{
  class XXX
  {
    メソッドXXX()         ┌─────────────────┐
    {                     │ローカル変数Aのスコープ│
      <ローカル変数宣言 A> │は、このメソッド全体    │
      …                   └─────────────────┘
        {
          <ローカル変数宣言 B>
        ┌──────────────┐
        │ローカル変数Bのスコープは、│   ┌──────────┐
        │このブロックスコープだけ   │   │AとBで同じ名前の │
        └──────────────┘   │変数は宣言できない。│
        }                           │コンパイルエラーと │
    }                               │なる。        │
  }                                 └──────────┘
}
```

▲図3-4　ローカル変数のスコープ

　メソッドブロックが異なれば、同じ名前の変数を使うことができます。もちろん、名前が同じでも、ローカル変数はメソッドごとに独立しているので、別の変数として扱われます。

　もし、複数のメソッドから同じ変数を参照したい場合は、クラスのフィールド（メンバー変数）として変数を宣言する必要があります。フィールドは、クラスにあるすべてのメソッドで使用することができます。フィールドのスコープはさまざまに設定できます（6.2節を参照）。

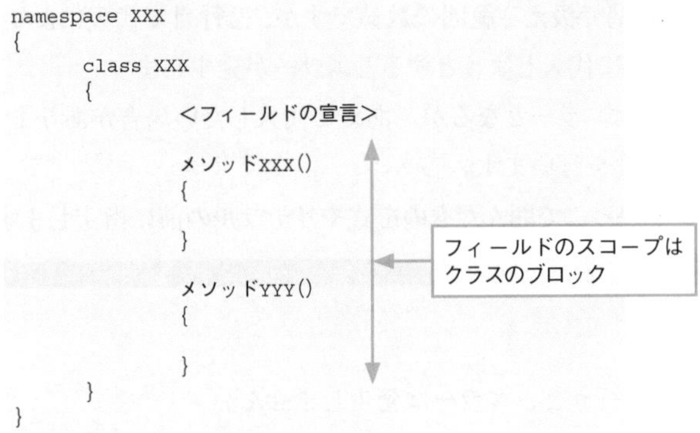

```
namespace XXX
{
    class XXX
    {
        ＜フィールドの宣言＞

        メソッドXXX()
        {
        }

        メソッドYYY()
        {
        }
    }
}
```

フィールドのスコープは
クラスのブロック

▲図3-5　フィールドのスコープ

# 3.4　型変換

　これまで説明してきたように、C# では同じ数値でもさまざまなデータ型に分類されていますが、データ型が異なるものどうしでは代入や加算などの演算ができないようになっています。そのため、必要に応じてデータ型を変換し、揃える必要があります。

　データ型の変換には、C# のコンパイラが自動的に暗黙のうちに行う変換（**暗黙的変換**）と、ユーザーが明示的に行う変換とがあります。次の例を見てください。

```
int a = 123456;
short b = 123;
byte c = 256;    // エラー
```

　整数のリテラルは、値の大きさによって暗黙的に変換が行われます。小さい値を大きいデータ型に代入するのは問題ありませんが、その逆はできません。たとえば、0 〜 255 のサイズの byte 型には 256 は代入できず、エラーとなります。もちろん変数による代入の場合も同様です。

```
byte a = 123;
long b = a;
byte c = b;    // エラー
```

　データ型が異なっていても、小さいデータ型から大きいデータ型には代入できます。逆に、たとえば long 型の変数を、それより小さい byte 型には代入できません。桁数が大きい変数を桁数が小さい変数に代入するとデータが失われてしまう可能性があるため、C# ではそのようになっ

ています。この例の「123」はbyte型で扱える範囲の数値ですが、2行目で代入によりデータ型がlong型になっているので、byte型に代入しようとするとエラーが発生します。

　ただし実際には、暗黙的な変換ではエラーとなるが、あえて代入したい場合があります。その場合は、**キャスト**という明示的な変換を行います。

　キャストは、変換後のデータ型をかっこで囲んだものを式やリテラルの前に指定します。

**［構文］キャスト（明示的な型変換）**

(データ型) 変数またはリテラル;

　先ほどの例で次のようにキャストを行うと、エラーは発生しません。

```
byte a = 123;
long b = a;
byte c = (byte)b;
```

　ただし、変換元の変数の値が変換先のデータ型のサイズより大きい場合、桁があふれてデータが失われてしまいます。また、decimal型から整数型へのキャストでは値が一番近い整数値に丸められ、double型またはfloat型から整数型へのキャストでは値が切り捨てられるなど、キャストを行う際には注意が必要です。

```
long a = 256;
byte b = (byte)a;        // 桁があふれて変数bの値は0になる
```

## 3.5　値型と参照型

　C#のデータ型には、もう1つ分類の方法があります。それは、**値型**と**参照型**です。ここまで説明したデータ型ではstring型が参照型で、それ以外の組み込み型が値型です。

　値型では、変数にデータそのものが格納されます。では、参照型の変数には何が格納されているのでしょうか。

　参照型の変数は、データそのものを格納しているのではなく、データの格納場所を示す位置データ（メモリのアドレス）を格納しているのです。実際のデータは別の場所に格納されています。

　C#ではデータ型によって、その変数がデータ自体を格納しているのか、位置データを格納しているのかが区別されます。データを直接格納しているデータ型を値型、メモリのアドレスを格納しているデータ型を参照型といいます。

　値型と参照型のイメージを図にすると、次のようになります。なお、これはあくまでも解説のためのイメージです。実際のメモリのしくみとは異なります。

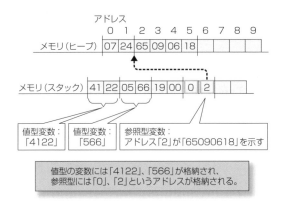

▲図3-6　値型と参照型のイメージ

　値型は、**スタック**と呼ばれるメモリ領域に実際の値が保持されます。参照型の場合は、スタック上に保持されるのはデータの位置を示すアドレスだけで、実際のデータは**ヒープ**と呼ばれるメモリ領域に格納されています。

　スタックで確保された領域は、プログラムの処理がその変数のスコープを外れると破棄されます。ヒープに格納されたデータは、変数が使われなくなってから、ガベージコレクションというしくみ（6.4.2項を参照）によって自動的に破棄されます。

▲図3-7　スタックとヒープ

　値型と参照型には、それぞれ次のものが含まれます（クラス、インターフェイス、デリゲート、匿名型については、後の章で説明します）。

● 値型　　 string 型を除く組み込み型、列挙型、構造体
● 参照型　 クラス（object と string、匿名型を含む）、インターフェイス、配列、デリゲート

# 3.6　ユーザー定義型

　あらかじめ定義された組み込み型の他に、C# のデータ型には、プログラムで自由に定義できる**ユーザー定義型**（User-Defined Data Type：**UDT**）があります。ユーザー定義型に含まれるデータ型には、列挙型、構造体、配列、クラス、インターフェイス、デリゲート、レコードなどがあります。ここでは、最も基本となる次の3つを説明します。

- 列挙型（値型）
- 構造体（値型）
- 配列（参照型）

## 3.6.1　列挙型

　**列挙型**は、特定の数値をまとめて定数に割り当てるときに用いるデータ型です。列挙とは1つ1つ並べ挙げるという意味ですが、列挙型も**列挙子**と呼ばれる定数を1つ1つ並べて定義するデータ型です。次のように、列挙型の宣言には **enum** キーワードを使います。

**［構文］列挙型の宣言**

```
enum 列挙名:データ型 { コンマで区切った列挙子 }
```

　たとえば、曜日を表す Day という列挙型を定義する場合は、次のようになります。

```
enum Day
{
    Sun, Mon, Tue, Wed, Thu, Fri, Sat
}
```

　データ型には char 型以外の整数型を指定できます。この例のようにデータ型を指定しない場合は、列挙子それぞれが既定で int 型になり、自動的に0からの通し番号が格納されます。つまり「Sun」が「0」で「Mon」が「1」、「Sat」が「6」ということです。

　また、列挙型にはスコープを設定するための**アクセス修飾子**を指定することができ、指定しない場合は public と見なされます。アクセス修飾子については、第6章で説明します。

　列挙型の値を参照するための構文は、次のようになります。

**［構文］列挙型の値の参照**

```
列挙名.列挙子
```

　では、列挙型の値を表示してみましょう。

［サンプル］PrintEnum.cs

```
enum Day
{
    Sun, Mon, Tue, Wed, Thu, Fri, Sat
}

static void Main()
{
    Console.WriteLine(Day.Sun);        // 出力値:Sun
    Console.WriteLine((int)Day.Sat);   // 出力値:6
}
```

　Day.Sun をそのまま WriteLine メソッドに指定すると、「Sun」がそのまま表示されます。格納されている数値を参照したいときは、キャストが必要です。

　列挙子の初期値として、値を代入することもできます。初期値を省略した列挙子には「1つ前の列挙子の値+1」が設定されます。次のサンプルコードで確認してみましょう。

［サンプル］InitEnum.cs

```
enum Day
{
    Sun, Mon, Tue = 10,
    Wed, Thu, Fri = Sun, // 他のメンバーも代入できる
    Sat
}

static void Main()
{
    Console.WriteLine((int)Day.Wed); // 出力値:11(Tueの値+1)
    Console.WriteLine((int)Day.Fri); // 出力値:0(代入されたSunの値)
    Console.WriteLine((int)Day.Sat); // 出力値:1(Friの値+1)
}
```

## 3.6.2　構造体と配列

　ユーザー定義型には列挙型の他に、構造体と配列があります。この2つのデータ型は特に頻繁に使われるため、別途、第10章で詳しく説明します。ここでは概要を説明します。

　**構造体**は、一般に図形の座標（縦位置、横位置）や会員の情報（会員番号、氏名、入会日）など、関連のある変数を小さなグループとして定義したものです。**struct** というキーワードで次のように定義します。

```
//書籍を定義する構造体
public struct Book
{
```

```
    public decimal price;   // 価格
    public string title;    // タイトル
    public string author;   // 著者
}
```

　構造体が関連のあるさまざまなデータ型の変数をまとめるのに対し、**配列**は同じデータ型の変数を連続してまとめたものです。配列の構文は次のようになります。

**[構文] 配列の宣言**

```
データ型[] 配列名; // 宣言のみ
データ型[] 配列名 = new データ型[] { 値1, 値2, ... }; // 宣言と初期化
```

　たとえば、曜日を表す文字型の配列を作成して参照するプログラムは、次のようになります。

[サンプル] SampleAry.cs

```
static void Main()
{
    char[] days = new char[7] { '日', '月', '火', '水', '木', '金', '土' };

    Console.WriteLine(days[1]); // 出力値:月
}
```

　配列の値を参照するには、0から始まる通し番号（**インデックス**または**添字**といいます）を[]で囲んで指定します。
　C# の配列が特徴的なのは、参照型であるところです。この点についても第10章で説明します。

# 3.7　型推論と匿名型

　C# のような静的型付け言語では、プログラムが実行される前にデータ型が決まります。そのため、変数を定義するときなどには、その都度データ型を示す必要があり、ソースコードが冗長になりがちです。ただし C# のローカル変数では、**型推論**という機能があり、シンプルに記述することができます。また、あらかじめデータ型の定義が不要な、**匿名型**というオブジェクトも作成できます。

## 3.7.1　型推論

　C# の**型推論**（暗黙的型付けともいいます）とは、ローカル変数の型を暗黙的に指定する機能です。ローカル変数の宣言で、明示的なデータ型の代わりに **var** キーワードを用います。たとえば、次のように記述します。

```
var i = 5;                  // int型
var s = "Hello";            // string型
var a = new[] { 0, 1, 2 };  // int型配列
```

　つまり、var キーワードを指定すると、自動的に右辺のデータを判断して変数の型が決まるの
です。データ型を判断するルールは、前述した型の暗黙的な変換と同様になっています。

　なお型推論は、初期値でデータ型を判断しているため、初期値がない宣言ではエラーとなりま
す。

### 3.7.2　匿名型

　匿名型（anonymous type）とは、名前のない複合的な型です。次の構文のように、プロパティ
だけを持った名前のないクラスと言えます（クラスとプロパティについては、第6章〜第8章で
詳しく説明します）。

**［構文］匿名型の定義**
```
new { メンバー1 = 初期値1, メンバー2 = 初期値2, ... }
```

　プロパティの初期化の部分は、7.2節で説明するオブジェクト初期化子という形になっていま
す。匿名型は、主に12.6節で説明する LINQ で利用されることを想定したものです。LINQ では、
一時的に複数の値を扱いたいときがあり、そのようなときに匿名型を利用します。クラスとして
データを定義するのは、通常、プログラムの部品として再利用したい場合です。

　一時的にデータをまとめて扱いたいだけのために、わざわざクラスを定義するのは合理的では
ありません。匿名型を利用すれば、よりシンプルに、複数のデータをまとめて参照できるように
なります。

　匿名型では、変数の定義にデータ型を指定することができません。次のように var キーワード
を用いた型推論が必須となります。また、匿名型には名前がないことから、コンストラクターを
呼び出すこともできません。必ず、オブジェクト初期化子を用いた構文で初期値を設定します。

```
var a = new { Number = 48, Name = "akiba" };
```

　次のサンプルコードのように、匿名型では、プロパティ名で値を参照することができます。た
だし、匿名型のプロパティは、読み取り専用のため、値を変更することはできません。

　ちなみに、匿名型のような、初期化時以外は値の変更ができないオブジェクトのことを、イ
ミュータブル（immutable）なオブジェクトと呼びます。

［サンプル］Anonymous.cs

```
static void Main()
{
    var x = new { Name = "匿名", Age = 18 };
    Console.WriteLine(x.Name); // 出力値:匿名
    // 読み取り専用のためエラーとなる
    // x.Age = 20;
}
```

---

**Column**　**データ型の範囲を参照する**

　データ型の範囲は、そのデータ型のメモリ領域のサイズがわかれば計算できます。データ型の範囲を示す最大値や最小値をプログラムで使いたい場合、直接その数値を書く代わりに、次のようにプロパティを参照して範囲の数値を得ることができます。

［サンプル］PrintMax.cs

```
static void Main()
{
    Console.WriteLine(short.MaxValue);     // short型の最大値
    Console.WriteLine(int.MaxValue);       // int型の最大値
    Console.WriteLine(long.MaxValue);      // long型の最大値
    Console.WriteLine(double.MaxValue);    // double型の最大値
    Console.WriteLine(decimal.MaxValue);   // decimal型の最大値
}
```

　実は C# の値型は構造体というデータ構造になっており、MaxValue（最大値）や MinValue（最小値）というプロパティが定義されているのです。実行結果は、次のようになります。

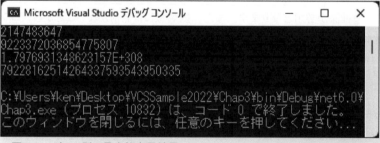

▲図3-8　データ型の最大値表示結果

## 第3章　練習問題

**1**　次の　　　　の中に入る正しい単語を記入してください。

変数を使うためには、最初に　①　が必要です。　①　では同時に値を代入することができ、その値のことを　②　と呼びます。

**2**　初期値が123と1.23の変数を表示するコードを書いてください（float 型とサフィックスを使用すること）。

**3**　次のように表示するコードを書いてください（逐語的文字列リテラルを使う場合と使わない場合の2種類書くこと）。

```
¥1,000
¥20,000
```

**4**　四季を表す列挙型を定義して、春を示す列挙子とその値を表示するコードを書いてください。

**5**　**4**のコードに、四季（春夏秋冬）を表す文字列型配列を var を使って定義し、「春」と表示するコードを書いてください。

## Column　C# での和暦表示

　2019年5月、元号が平成から令和になりました。それにともない、.NET環境でも、新元号の和暦対応が行われました。

　.NETで和暦を表示するには、System.Globalization.CultureInfoクラスを用います。このクラスは、各地の文化（カルチャ）固有の情報を扱うためのクラスで、カルチャ名に "ja-JP" を指定してインスタンス化すると、「日本語の日本」を指定したことになります。

　さらに「日本語の日本」の標準は西暦なので、これを和暦に変更するために、DateTimeFormat.CalendarプロパティにJapaneseCalendarクラスのインスタンスを設定します。

　このCultureInfoオブジェクトを、日付情報を扱うDateTimeクラスに適用すると、和暦表示が可能になります。DateTimeクラスのToStringメソッドに、日時書式指定文字列を指定すると、日付の文字列が得られます。

　次のコードのgは元号、yは年、MMは月、ddは日を指定しています。なお、標準では、元号の1年目は元年と表示します。詳細は次の公式ドキュメントなどを参照してください。

「標準の日時形式文字列」
https://docs.microsoft.com/ja-jp/dotnet/standard/base-types/standard-date-and-time-format-strings

[サンプル] Wareki.cs

```
var ci = new CultureInfo("ja-JP");
ci.DateTimeFormat.Calendar = new JapaneseCalendar();

var d1 = new DateTime(2019, 5, 1);
Console.WriteLine(d1.ToString("yyyy年MM月dd日"));
// 出力値：2019年05月01日
Console.WriteLine(d1.ToString("ggyy年MM月dd日", ci));
// 出力値：令和元年05月01日
```

第**4**章

# 式と演算子
## ～計算を表現するには

4

この章では、プログラムの基本要素である式と演算子について説明します。加算、減算、乗算、除算などの基本的な演算の他、C# にはさまざまな演算を行うための演算子があります。

 ## 4.1　プログラムを構成するもの

これまでの章で既にさまざまなサンプルコードを示していますが、ここではあらためて、プログラムとはどのような要素から成り立っているのかを説明します。

### 4.1.1　式と演算子

まずは**演算子**（オペレーター）です。演算子とは、ひとことで言うと、各種の演算を指定する記号のことです[*1]。たとえば、「a + 10」なら「+」記号が加算を指定する演算子です。C# のプログラムでは、数学と同じように「+」で加算、「-」で減算を表します。演算の対象となる「a」や「10」は**オペランド**と言います。

演算子とオペランドを組み合わせると**式**となります。ただしC# の式はかなり広い意味で使われていて、数学の式とは概念が異なっています。たとえば、次のコードを見てください。

```
a = b + 100
```

演算子は「+」と「=」です。3.1.2項で説明したように、「=」は代入を示す演算子です。オペランドは演算子以外のもの、つまり「a」、「b」、「100」です。さらに「a」に「b + 100」を代入しているので、「b + 100」もオペランドと言えます。

---
＊1）C# には「new」や「typeof」といったキーワードの演算子もあります。それらについては後の章で説明します。

　では、式はどれでしょうか。「a = b + 100」、「b + 100」のように、オペランドと演算子で構成されたものは式となります。さらに、単なる値も式と言えます。「a」や「b」、「100」も、それぞれが式です。そして、式のうち演算の対象となっているものがオペランドになります。

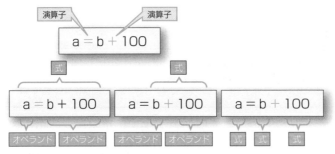

▲図4-1　式、オペランド、演算子

　式から値を求めることを、式を**評価する**と言います。3.2.2項の論理型のサンプルコードの次の部分では、「x == y」の値を求めてbool型の変数bに代入しています。「x == y」という式を評価すると、bool型の値が得られるということです。

```
bool b = (x == y);
```

## 4.1.2　文

　プログラムでは、式や演算子を組み合わせて**文**（ステートメント）を作っていきます。文はC#の最小の処理単位です。
　文の終わりには、セミコロン（;）を付けます。たとえば、次に示すのは2つの文です。

```
int a = 1;     // 宣言文
a = a / b;     // 代入文
```

　また、次のように1つ以上の複数の文を「{」と「}」で囲み、1つの文を構成することができます。このグループ化された文を、**ブロック**と呼びます。文については、第5章で詳しく説明します。

```
{
  c = (a + b) / 2;
  d = a * b;
}
```

## 4.2 演算子

　ここからは演算子について詳しく見ていきます。演算子は、式に対して何らかの働きをします。そして、その演算の結果として、何らかの値が得られます。

　C#の演算子は、一度に1〜3個のオペランドに対して操作することができます。演算子の多くは、2つのオペランドに作用する**二項演算子**です。オペランドが1つの演算子を**単項演算子**、オペランドが3つの演算子を**三項演算子**といいます。

　二項演算子は「a + b」のように、必ず「オペランド 演算子 オペランド」という表記になります。単項演算子ではオペランドの前か後ろに演算子を記述します。三項演算子は1種類しかありません。それぞれの演算子の詳細については、この後で説明します。

　演算子には、今までの例で示したような四則演算を行う**算術演算子**や代入を行う**代入演算子**、「==」のようにオペランドを比較する**比較演算子**などがあります。

　C# の主な演算子を次の表にまとめました。なお、オブジェクトを作成する「new」や型を取得する「typeof」などのキーワードも演算子に含まれますが、この表にはいわゆる演算でないものは含んでいません。それらの演算子については、この後の章で説明していきます。

▼表4-1　演算子の一覧

| 機能別 | 演算子 | 概要 | 実行例 |
|---|---|---|---|
| 代入演算子 | = | 代入 | int x = 5; // x は 5 |
| 算術演算子 | + | 符号（単項演算子の場合） | int x = +3; // x=3 と同じ |
| | - | 符号の反転（単項演算子の場合） | int x = -3;<br>int y = -x; // y は 3 |
| | ++ | インクリメント（オペランドに1を加算） | int x = 3;<br>int y = ++x; // x、y ともに 4 |
| | -- | デクリメント（オペランドから1を減算） | int x = 3;<br>int y = x--; // x は 2、y は 3 |
| | + | 加算（二項演算子の場合） | int x = 1 + 2; // x は 3 |
| | - | 減算（二項演算子の場合） | int x = 5 - 2; // x は 3 |
| | * | 乗算 | int x = 2 * 3; // x は 6 |
| | / | 除算。整数型の場合、余りは切り捨て | int x = 5 / 2; // x は 2<br>double x= 5.0 / 2; // x は 2.5 |
| | % | 剰余（除算の余り） | int x = 9 % 2; // x は 1 |
| 比較演算子 | == | 左のオペランドが右のオペランドと等しいかどうか | string x = "abc";<br>bool y = x == "ab"; // y は false |
| | != | 左のオペランドと右のオペランドが異なるかどうか | int x = 123;<br>bool y = x != 12; // y は true |
| | < | 左のオペランドが右のオペランドより小さいかどうか | bool x = 5 < 6; // x は true |
| | > | 左のオペランドが右のオペランドより大きいかどうか | bool x = 5 > 6; // x は false |
| | <= | 左のオペランドが右のオペランド以下かどうか | bool x = 6 <= 5; // x は false |
| | >= | 左のオペランドが右のオペランド以上かどうか | bool x = 6 >= 6; // x は true |

▼表4-1　演算子の一覧（続き）

| 機能別 | 演算子 | 概要 | 実行例 |
|---|---|---|---|
| 論理演算子 | ! | 否定演算（NOT）。オペランドが「false」なら「true」を返す。オペランドはbool型のみ | bool x = !false; // x は true |
| | & | 論理積（AND）。オペランドは整数型またはbool型 | bool x = true & false; // x は false<br>byte x = 2 & 1; // x は 0 |
| | \| | 論理和（OR）。オペランドは整数型またはbool型 | bool x = true \| false; // x は true<br>byte x = 2 \| 1; // x は 3 |
| | ^ | 排他的論理和（XOR）。オペランドは整数型またはbool型 | bool x = true ^ false; // x は true<br>byte x = 2 ^ 1; // x は 3 |
| | && | 条件AND演算子。オペランドはbool型のみ | bool x = true && false; // x は false<br>bool x = true && true; // x は true |
| | \|\| | 条件OR演算子。オペランドはbool型のみ | bool x = true \|\| false; // x は true<br>bool x = false \|\| false; // x は false |
| 条件演算子 | ?: | 三項演算子。条件式がtrueの場合は1番目、falseの場合は2番目の式の値を返す | int x = -5;<br>int y = x >= 0 ? x : -x ; // y は 5 |
| 複合代入演算子 | += | 代入演算子と他の演算子を組み合わせた演算子。演算結果を元のデータに代入する | int x = 3;<br>x += 2; //x は 5（x ＝ x ＋ 2 と同じ） |
| | -= | | |
| | *= | | |
| | /= | | |
| | %= | | |
| | &= | | |
| | \|= | | |
| | ^= | | |
| | <<= | | |
| | >>= | | |
| ビット演算子 | ~ | 補数演算（ビットの反転）。オペランドはint型、uint型、long型、ulong型 | int x = ~3; // x は -4 |
| | << | 左シフト。2番目のオペランドはint型のみ | int x = 1 << 2; // x は 4 |
| | >> | 右シフト。2番目のオペランドはint型のみ | int x = 4 >> 2; // x は 1 |

次からは、それぞれの演算子について詳しく説明していきます。

## 4.2.1　算術演算子

「＋」や「－」など、オペランドに対して数学的に値を変化させる演算子のことを総称して**算術演算子**といいます。

四則演算の除算では、オペランドが整数どうしの場合や、計算結果を整数にキャストする場合は、小数点以下が切り捨てられ整数に丸められます[2]。C# では、除算の余りを求める**剰余演算子**を、次のサンプルコードのように実数型に対しても使用できます[3]。

---

＊2）負の場合は最も絶対値が小さくなるような切り捨てです。たとえば、「int x = - 3 / 2;」なら「-2」ではなく「-1」になります。
＊3）C/C++ 言語では、整数以外では適用できません。

[サンプル] PrintMod.cs

```
static void Main()
{
    Console.WriteLine(17 % 4);     // 出力値:1
    Console.WriteLine(17 % 4.5);   // 出力値:3.5
}
```

　加算の演算子「+」は、次のように文字列の連結にも使用できます。

**4**

[サンプル] PrintPlus.cs

```
static void Main()
{
    string a = "文字列";
    string b = "の足し算";

    Console.WriteLine(a + b); // 出力値:文字列の足し算
}
```

　もちろん、文字列の連結は数学的な演算ではありません。この演算子の場合は、文字列の連結という処理を「+」の演算子記号に割り当てていると考えてください*4。

## 4.2.2　インクリメント演算子、デクリメント演算子

　インクリメント演算子「++」とデクリメント演算子「--」は、「+」と「-」の演算子を使って「a = a + 1」のようにすれば、同じ演算を行うことができます。わざわざ特別な演算子が用意されているのは、プログラムにおいて、ある値に1を加算したり減算したりする処理が頻繁に用いられるためです。

　この演算子をオペランドの前後どちらに記述しても、オペランドに対する作用には違いはありません。ただし、この2つの表記には、式を評価するタイミングにおいて違いがあります。

　この演算子をオペランドの前に書いたときは、演算後に値が評価されます。ところが、オペランドの後ろに書いた場合は、先に値が評価されてから演算されます。つまり、表記によって評価と演算の優先度が異なるのです。次のサンプルコードで確かめてみましょう。

[サンプル] PrintInc.cs

```
static void Main()
{
    int a = 5;

    Console.WriteLine(++a);     // 出力値:6
```

---

＊4）C#の機能として、既にある演算子に別の処理を追加で定義することができます。「+」の演算子には、数値の加算の他に、文字列の連結という処理が定義されているのです。この機能のことを、演算子の**オーバーロード**といいます。詳しくは11.6節で説明します。

```
        Console.WriteLine(a);        // 出力値:6

        int b = 5;

        Console.WriteLine(b++);       // 出力値:5
        Console.WriteLine(b);         // 出力値:6
}
```

　変数 a と変数 b の値は、どちらも最終的に「6」になります。しかし、「++a」は「6」と評価されるに対して、「b++」は演算前の「5」と評価されています。このことがプログラムの思わぬ動作の原因となる場合もあるため、注意が必要です。

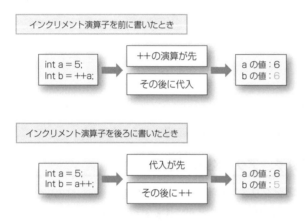

▲図4-2　インクリメント演算子

### 4.2.3　比較演算子

　**比較演算子**は**関係演算子**ともいい、2つのオペランドの大きさや等しいかどうかを比較して、その結果を bool 型の値として返す演算子です。5.2節で説明する条件分岐（条件によって処理を分けること）の条件式として、よく使用されます。

### 4.2.4　論理演算子

　**論理演算**はブール演算とも呼ばれ、真（true）か偽（false）かの2通りの値を基に1つの値を求める演算です。基本となるのが**論理積**（AND）、**論理和**（OR）、**排他的論理和**（XOR）と呼ばれる演算で、それぞれの演算子は「&」、「|」、「^」です。

　この3種類の演算のパターンを次の表と図に示します。ここでは、bool 型の変数 a と変数 b の間で演算を行うものとします。たとえば、1行目は両方の変数が false の場合、すべての演算の結果が false になるということを示しています。

▼表4-2 論理演算の結果

| 変数a | 変数b | a & b（論理積） | a ｜ b（論理和） | a ^ b（排他的論理和） |
| --- | --- | --- | --- | --- |
| false | false | false | false | false |
| false | true | false | true | true |
| true | false | false | true | true |
| true | true | true | true | false |

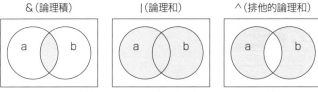

&（論理積）     ｜（論理和）     ^（排他的論理和）

▲図4-3 論理演算のパターン（網掛け部分がtrue、白地はfalse）

　論理演算子を整数値の演算に用いると、4.2.8項で説明するビット単位の論理演算になります。論理演算は、プログラミングの基本となる演算方式です。さまざまな場面で論理演算の考え方が必要になりますから、よく理解しておいてください。

## 4.2.5　条件論理演算子

　**条件論理演算子**による演算の結果は、論理演算子による演算の結果に対応します。つまり「&&」は「&」と同じ結果になり、「｜｜」は「｜」と同じ結果になります。それでは、いったい何が違うのでしょうか。

　「&&」と「｜｜」は**ショートサーキット論理演算子**とも呼ばれ、不要な演算を省略できるようになっています。論理演算での2つのオペランドのうち、最初のオペランドを評価した時点で、全体の真偽が判断できるケースがあります。この場合、2つ目のオペランドを評価してもしなくても結果は同じなので、2つ目の評価をスキップするのです。

　たとえば、次のサンプルコードの「&&」では1つ目のオペランドがfalseなので、2つ目のオペランドがどちらの場合でも論理積はfalseになります。同様に「｜｜」では1つ目のオペランドがtrueなので2つ目のオペランドを評価しなくても論理和はtrueになります。そのため、どちらも2つ目のオペランドは評価されません。

```
int a = 1;
int b = 2;
bool b;

b = (a > b) && (a == b); // 1つ目がfalseなのでfalseに確定
b = (a < b) || (a == b); // 1つ目がtrueなのでtrueに確定
```

「&&」と「||」以外の論理演算子では、1つ目のオペランドの評価にかかわらず、2つ目のオペランドも必ず評価されます。

条件論理演算子のショートサーキットは、思わぬ動作をもたらす場合があります。次の図を見てください。

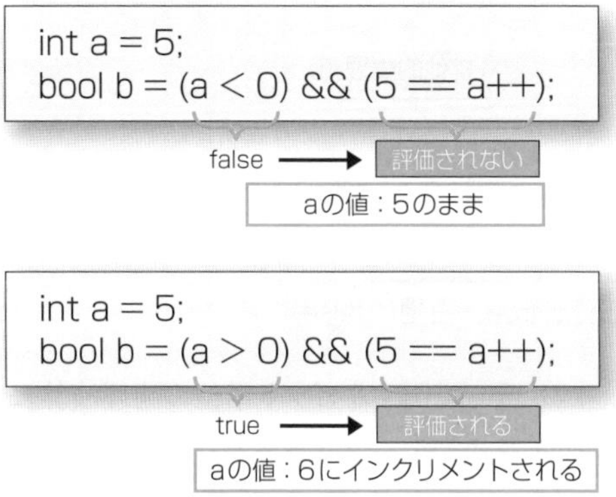

```
int a = 5;
bool b = (a < 0) && (5 == a++);
```
false ──→ 評価されない
aの値：5のまま

```
int a = 5;
bool b = (a > 0) && (5 == a++);
```
true ──→ 評価される
aの値：6にインクリメントされる

▲図4-4　条件論理演算子のショートサーキット

このように、2つ目のオペランドで何かの値を変えるような場合、評価がスキップされることによって、処理結果が異なるという状況になってしまいます。スキップされる場合があることを念頭に置いて使用しましょう。

## 4.2.6　条件演算子

**条件演算子**はオペランドを3つ指定する演算子で、三項演算子とも呼ばれます。この演算子は、第5章で説明するif文のように、条件によって処理を分岐します。

構文は次のようになります。条件式にはbool型として評価できる式のみ指定でき、条件式がtrueの場合、この演算子はオペランド1の値を返します。反対に条件式がfalseなら、オペランド2の値が式の結果となります。

**[構文] 条件演算子**

条件式 ？ オペランド1 ： オペランド2

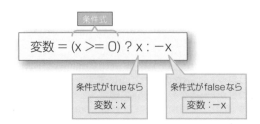

条件式
変数 = (x >= 0) ？ x : −x

条件式がtrueなら
変数：x

条件式がfalseなら
変数：−x

▲図4-5　条件演算子

次の例では、変数の絶値を求めています。また、その変数が正か負かを文字として表示しています。このように、演算の結果として文字や文字列を返すこともできます。

[サンプル] Print3Ope.cs

```
static void Main()
{
    int x = -5;

    Console.WriteLine(x >= 0 ? x : -x);        // 出力値:5
    Console.WriteLine(x < 0 ? '負' : '正');     // 出力値:負
}
```

## 4.2.7　複合代入演算子

**代入演算子**は「+=」や「&=」というように、他の算術演算子と組み合わせて書くことができます。これは、演算の結果を元の変数に代入するという処理の短縮形です。このような代入演算子のことを、**複合代入演算子**と呼びます。

```
a += 2; // a = a + 2 と同じ
```

## 4.2.8　ビット演算

ビット演算とは、数値を2進数として扱う演算です。C# の一般的なアプリケーションではあまり使うことはないかもしれませんが、電子機器等に組み込まれるような、限られたメモリで効率よく処理を行う必要があるプログラムにおいてはビット処理が必須です。

先ほど述べたように、論理演算子を数値に用いると、ビット単位の演算になります。これは、ビットの1と0を論理演算のtrue と false として、整数型のオペランド間で各ビット単位で論理計算を行うものです。

次のサンプルコードでビット演算を確認してみましょう。なお、このサンプルでは.NET で提供されているSystem.Convert.ToString というメソッドにより、変数を2進数の文字列に変換して表示しています。

[サンプル] PrintBit.cs

```
static void Main()
{
    int a = 0b0000_0010;   // 10進数では2
    int b = 0b0000_1111;   // 10進数では15

    Console.WriteLine(Convert.ToString(a & b, 2));
    Console.WriteLine(Convert.ToString(a | b, 2));
```

```
    Console.WriteLine(Convert.ToString(a ^ b, 2));
    Console.WriteLine(Convert.ToString(~a, 2));
}
```

```
10
1111
1101
11111111111111111111111111111101
```

　論理演算の性質を利用して、特定のビットを操作することもできます。次の図は、AND 演算の性質を利用して特定のビットを 0 にする処理を示しています。

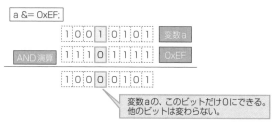

▲図4-6　ビット論理演算子

　ビット演算に特化した演算子もあります。**補数演算子**と**シフト演算子**です。補数演算とは、値のすべてのビットを反転する演算です。1 の補数ともいいます。シフト演算とは、整数のデータを 2 進数のビットパターンとしてとらえ、すべての桁を左や右にずらす（シフトする）演算のことです。2 番目のオペランドでシフトする桁数を指定します。

　次にサンプルコードを示します。ここでも System.Convert.ToString メソッドで変数を 2 進数の文字列に変換して表示しています。なお、出力結果はわかりやすいように先頭に 0 を付加して桁を揃えていますが、実際の出力は桁数が増減した形で表示されます。

[サンプル] PrintShift.cs

```
static void Main()
{
    int a = 162;  // 16進数表記では、0xA2

    // 2進数文字列に変換
    Console.WriteLine(Convert.ToString(a , 2));
    Console.WriteLine(Convert.ToString(a << 3, 2));
    Console.WriteLine(Convert.ToString(a >> 3, 2));
}
```

```
00010100010
10100010000
00000010100
```

図4-7のように、左にシフトすると右端は0で埋められます。

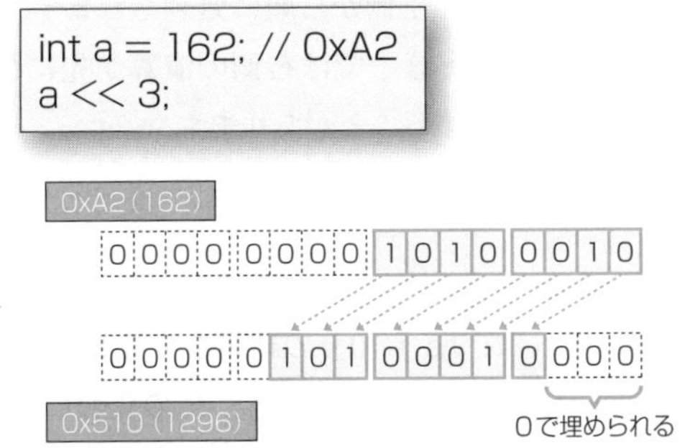

```
int a = 162; // 0xA2
a << 3;
```

0xA2（162）

`0 0 0 0 0 0 0 0 1 0 1 0 0 0 1 0`

`0 0 0 0 0 1 0 1 0 0 0 1 0 0 0 0`

0x510（1296）　　　　　0で埋められる

▲図4-7　シフト演算子

## 4.3　演算子の優先順位

演算子が評価される順番には、**優先順位**があります。たとえば、「a = a + 2」という式なら「+」の優先順位が「=」より高いので、「a + 2」が先に処理されてから結果が代入されます。

演算子の優先順位は、次の表のように14のレベルに分かれており、上のものほど優先度が高くなっています。

▼表4-3　演算子の優先順位

| レベル | 演算子 |
|---|---|
| 1 | x++  x--  new * |
| 2 | +  -  !  ˜  ++x  --x  （キャスト）x |
| 3 | *  /  % |
| 4 | +  - |
| 5 | <<  >> |
| 6 | <  >  <=  >=  is *  as * |
| 7 | ==  != |
| 8 | & |
| 9 | ^ |
| 10 | \| |
| 11 | && |
| 12 | \|\| |

▼表4-3　演算子の優先順位（続き）

| レベル | 演算子 |
| --- | --- |
| 13 | ?: |
| 14 | =  *=  /=  %=  +=  -=  <<=  >>=  &=  ^=  \|= |

＊）「new」などの演算子については、この後の章で説明します。

　同じ優先順位のものが複数ある場合は、原則として、左側から順に処理されます。ただし、代入演算子と条件演算子「?:」は例外で、この2つの演算子では右側の演算が先になります。たとえば、変数を初期化する際に、次のような書き方をすることがあります。

```
 a = b = c = 0;
```

　代入演算子は常に右側から評価されるため、これは、「c = 0」の結果を変数bに代入し、またその結果を変数aに代入しているということになります。つまり、すべての変数に0が代入されます。

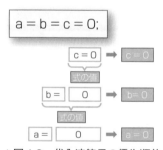

▲図4-8　代入演算子の優先順位

　ここで、次のサンプルコードの変数aがどのような値になるか考えてみてください。

［サンプル］PrintPriority.cs

```
static void Main()
{
    int a, b = 2;

    a = b *= 5 + 10;
    Console.WriteLine(a);
}
```

　このサンプルコードを実行すると「30」と表示されます。じっくり考えればわかるかもしれませんが、この書き方ではどこから処理されるのかわかりにくいでしょう。

この例は極端ですが、できるだけわかりやすく記述することが大切です。このような場合は、明示的にかっこで囲むようにしましょう。かっこ内の演算は、数学の場合と同様に、優先度が最も高くなります。先ほどの式も、次のようにかっこで囲むと順番が見えてきます。

**4**

```
a = (b *= (5 + 10));
```

さらに「*=」を分解すると、「b * (5 + 10)」は「b * 15」となります。

```
a = b = (b * (5 + 10));
```

変数bの初期値が2なので、最終的に次のようになります。

```
a = b = 30
```

代入演算子が複数のときは、右から順に処理されるため、変数bに「30」が代入されてから、変数aにその「30」が代入されることになります。

##  4.4　参照型の代入と比較

　第3章で、データ型には値型と参照型という区別があることを説明しました。2つの違いはなかなかイメージしにくいと思いますが、本書を読み進めていけば理解が深まってくるはずです。ここでは、値型と参照型での代入や比較のしくみの違いについて説明します。

### 4.4.1　参照型の代入

　値型のデータへの代入は、そのまま値を代入する、すなわちコピーするということです。たとえば「a = 10」なら、変数aに10という値がコピーされます。

　これに対して参照型の代入では、参照元のデータはコピーされず、参照しているメモリのアドレスのみがコピーされます。つまり複数の変数に代入しても、参照元のデータは増えません。図4-9で参照型の変数eと変数fには同じメモリのアドレスが格納されており、文字列のデータそのものはコピーされていません。

### 4.4.2　参照型の比較

　比較ではどうでしょうか。あるデータが等しいかどうかを判断するのは、値型ならデータそのものが等しいかどうかだけなので、単純です。ところが、参照型データの比較では、参照してい

るメモリのアドレスの比較になります。アドレスが同じなら、当然それらは等しいと判断されます。一方、アドレスが異なっていれば、通常は異なっていると判断されます。

　ただし一部のデータ型では、アドレスだけで判断されない場合があります。たとえばstring型では、参照元のデータが比較されます。つまり、それぞれの参照元の文字列のデータが同じ文字列かどうかが比較されるのです。図4-9のように、参照しているアドレスが違っていても、同じ内容のデータであれば等しいと判断されます。string型以外にも、第11章で説明する**デリゲート**では、これと似た比較が行われます。

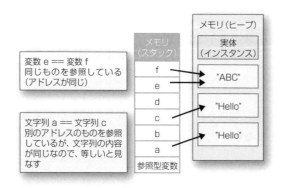

▲図4-9　参照型の比較のしくみ

## 第4章　練習問題

**1**　次の□□□の中に入る正しい単語を記入してください。

　□①□は値を返すのに対して、□②□は値を返しません。□①□から値を求めることを□③□すると言います。プログラムでは、□①□や演算子などを組み合わせて□②□を作ります。□②□は、C#の□④□の処理単位です。

**2**　(x + y)の2乗を求めるコードを書いてください。x、yは、任意の値のint型変数とします。

**3**　int型変数xが、偶数ならeven、奇数ならoddと表示するコードを書いてください。

# 第5章

# 制御文
## ～プログラムの流れを理解する

　この章では、制御文と呼ばれる、プログラム実行の流れを制御するための文について説明していきます。C# ではさまざまな制御文が提供されています。それらを用いた制御構造の基本を学んでいきましょう。

 ## 5.1　制御文とは

　C# のプログラムは、文（ステートメント）から成り立っています。第4章で触れたように、文とはプログラムの命令の基本単位です。プログラムを実行できるようにするには、さまざまな文を組み合わせる必要があります。

　**制御文**とは、プログラムの流れ（**フロー**）を制御するための構文です。プログラムは原則として上から順に流れるように実行されます。しかし、同じ処理を繰り返したり、条件に応じて処理を切り替えたりする流れも必要となってきます。

### 5.1.1　構造化定理

　**構造化定理**とは、「プログラムの入り口と出口が1つであれば、どのようなプログラムでも、順次、選択、繰り返しの基本フロー構造で記述できる」というものです。1960年代後半に証明されたこの定理を基にして、**構造化プログラミング**と呼ばれる考え方が提唱されました。

　第1章でも説明したように、C# はオブジェクト指向という考え方に基づいた言語です。ただし、構造化定理でのフロー構造は最も基本となる構造であり、C# の制御文は構造化定理を踏まえたものになっています。

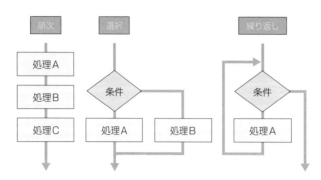

▲図5-1　構造化定理のフロー構造

- 順次　　上から下へ順に実行される構造。文をそのまま順番に書くことで、順次に処理される。
- 選択　　条件によって実行する処理を選択する構造。制御文としてはif文、switch文がある。
- 繰り返し　同じ処理を繰り返す構造。処理を環状に繰り返すため**ループ**処理とも呼ばれる。制御文としてはforループ、foreachループ、whileループ、doループがある。

　この章では、これらの分類ごとに制御文を説明していきます。また、無条件に処理を分岐させる**ジャンプ**の制御文についても説明します。

 ## 5.2　選択

　順次とは、プログラムが上から下にそのままの順番で実行される構造です。それに対して選択は、処理フローが枝分かれする構造です。ある条件を判定する文が、処理の分岐点となります。

### 5.2.1　if文

　プログラムにおいて、変数などの値を判定した結果を基に、実行する処理を選択したい場合がよくあります。条件によって処理を選択するには、**if文**を使用します。構文は次のようになります。

**[構文] if文**

```
if (条件式)
{
    条件式がtrueと評価されたときの処理
}
```

▲図5-2　if 文のフロー

　if キーワードの後に、条件式をかっこで囲んで記述します。次に、その条件式がtrue のとき
に実行される処理の文またはブロックを記述します。

　実行される処理が1文である場合は、｛｝で囲まなくてもかまいません。ただし、｛｝で囲まない
と次の処理との区別がつきにくく、後から文を追加した場合に｛｝で囲むのを忘れがちなので、常
に囲んだほうがよいでしょう。

　if 文の条件式に使用できるのは、bool 型として評価される式だけです。if 文の条件式がfalse
と評価された場合、次の文またはブロックの処理は実行されず、その次の行に制御が移ります。

　以下のサンプルコードでは、変数x が 10 より小さいときだけ、その変数x を 10 倍して表示し
ています。変数x が 10 以上の場合は、10 倍されずそのまま表示されます。

[サンプル] IfStmt1.cs

```
static void Main()
{
    int x = 5;

    if (x < 10)              // xが10より小さい場合
    {
        x *= 10;             // xを10倍する
    }
    Console.WriteLine(x);    // 出力値:50
}
```

　条件によって異なる処理を実行したい場合は、**if...else 文**を使用します。if...else 文の構文は
次のとおりです。条件式がfalse と評価されたときに実行したい処理を、else に続くブロックに
記述します。

**[構文] if...else 文**

```
if (条件式)
{
    条件式がtrueと評価されたときの処理
```

```
}
else
{
    条件式がfalseと評価されたときの処理
}
```

▲図5-3　if...else 文のフロー

　次のサンプルコードでは、変数xが10より小さいときは変数xを10倍し、それ以外のときは変数xの符号を反転しています。

［サンプル］IfStmt2.cs

```
static void Main()
{
    int x = 15;

    if(x < 10)
    {
        x *= 10;
    }
    else
    {
        x = -x;
    }
    Console.WriteLine(x);   // 出力値:-15
}
```

　if...else 文を続けて記述すると、複数の条件によって処理を選択することができます。

**［構文］if...else 文（複数の条件式）**

```
if (条件式1)
{
```

```
        条件式1がtrueと評価されたときの処理
}
else if（条件式2）
{
        条件式2がtrueと評価されたときの処理
}
else if（条件式3）
{
        条件式3がtrueと評価されたときの処理
}
else
{
        条件式1～3がすべてfalseと評価されたときの処理
}
```

条件式が複数になった場合でも、条件に合致した最初のブロックだけが実行されます。

次のサンプルコードでは、変数xが10より小さい場合は変数xを10倍し、15のときは3倍します。その他のときは符号を反転します。

```
if(x < 10)          // xが10より小さい場合
{
    x *= 10;        // xを10倍する
}
else if(x == 15)    // xが15の場合
{
    x *= 3;         // xを3倍する
}
else                // その他の場合
{
    x = -x;         // xの符号を反転する
}
```

if...else文では条件式をいくつでも連ねることができますが、数が多いとわかりづらいコードになってしまいます。そのような場合は、次のswitch文を使用します。

## 5.2.2　switch文

switch文は、if文と同じく処理を選択するための制御文で、特に処理が複数あるときに使用します。ただし、if文のように条件式の真偽で処理を選択するのではなく、式の値によって選択します。構文は次のようになります。

**[構文] switch文**

```
switch（式）
{
    case ラベル1:
        式の値がラベル1に一致したときの処理
        break;
```

```
    case  ラベルn:
        式の値がラベルnに一致したときの処理
        break;
    default :
        どのラベルにも一致しなかったときの処理
        break;
}
```

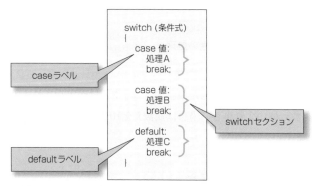

▲図5-4　switch 文

　本書では、case キーワードからコロンまでの文を case ラベル、default キーワードからコロンまでの文を default ラベルと呼び、それらのラベルから break 文までを switch セクションと呼びます。
　switch キーワードに続くかっこには、整数型、char 型、enum 型、または string 型として評価される条件式を記述します[1]。case ラベルにはリテラルまたは定数で値を記述し、値の後にコロン（:）を付けて終端を示します。この値と条件式の値が一致したとき、該当する switch セクションの処理が実行されます。同じ定数値を異なるラベルに指定することはできません。
　switch セクションの処理の終わりには、break 文を記述します。break 文は、制御文のブロックから抜け出すことを指示するものです。どの switch セクションでも、処理の最後には必ず break 文が必要です。また、5.5.3項で後述する goto 文を使用して、「goto case ラベル n:」または「goto default;」のように特定のラベルにジャンプすることもできます。
　条件式の値がどの case ラベルの値にも一致しなかったときは、default ラベルのセクションの処理を行います。default ラベルは if 文の else に相当し、必要なければ書かなくてかまいません。
　switch セクションの数に上限はありませんが、多すぎると流れがわかりにくいプログラムになってしまいます。また、switch セクションが1つもない場合は、コンパイル時に警告メッセージが表示されます。
　なお、switch 文は C# 7〜8で機能が拡張されています。C# 7からの拡張は8.3節で、C# 8で追加された機能については11.8節で説明します。

---
＊1）C# 7.0以降では、条件式は、null 以外の式が可能です。

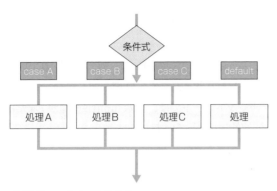

▲図5-5　switch 文のフロー

　それでは、簡単なサンプルコードを見てみましょう。Main メソッドの最初の「int month = DateTime.Now.Month;」で、現在のパソコンに設定されている日時のデータ（DateTime. Now）から月を示す数値（Month）を取得しています[*2]。実行すると、取得した数値によって異なる文字列を表示します。具体的には、今月が1〜3月なら月の別名、7月か8月なら「夏休み」、それ以外の月なら数字で「X 月」と表示されます。

[サンプル] SwitchStmt.cs

```
static void Main()
{
    int month = DateTime.Now.Month; // 現在の月を取得

    switch (month)
    {
        case 1 :
            Console.WriteLine("睦月");
            break;
        case 2 :
            Console.WriteLine("如月");
            break;
        case 3:
            Console.WriteLine("弥生");
            break;
        case 7 :
        case 8 :
            Console.WriteLine("夏休み");
            break;
        default :
            Console.WriteLine(month + "月");
            break;
```

-----

＊2）System.DateTime は、.NET のクラスライブラリで定義されている構造体です。Now プロパティにより現在の日時を取得できます。

```
        }
    }
```

このサンプルコードの「case 7 :」と「case 8 :」の行の間には、処理が書かれていません。これは、複数の値に同じ処理を割り当てるときの書き方です。処理が同じ場合、このような省略した表記が可能になっています。このサンプルコードでは、変数month の値が7または8に一致するときには、同じ「夏休み」という文字を表示しています。

---

**Column** **禁止されたフォールスルー**

C 言語および C++ 言語では、次に示すような switch 文の使い方が可能です。switch セクションの break 文を省略することにより、「case 7:」のセクションの処理に続けて「case 8:」の処理も行うことができます。このことを**フォールスルー**といいます。

[サンプル] Fallthrough.cs

```
static void Main()
{
    int month = DateTime.Now.Month; // 現在の月を取得

    switch (month)
    {
        case 7 :
            Console.WriteLine("試験");    // C#ではエラー
        case 8 :
            Console.WriteLine("夏休み");
            break;
        default :
            Console.WriteLine(month + "月");
            break;
    }
}
```

便利な点もあるフォールスルーですが、C# では禁止されました。これは、誤って break 文を書き忘れることによるバグの発生を防ぐためです。C# で同様の処理を行いたい場合は、先ほど説明したように goto 文を使用して特定のラベルにジャンプするようにします。

---

 ## 5.3 繰り返し

同じ処理を繰り返し行うループ処理も、プログラムで非常によく使われる構造です。C# ではいろいろなパターンの**ループ制御文**が提供されています。

### 5.3.1　forループ

forループは、一般に繰り返し処理の回数を指定したいときに使われる制御文です。構文は次のようになります。

---
**[構文] forループ**
```
for （カウンター変数の初期化; 条件式; カウンター変数の更新）
{
    繰り返す処理
}
```
---

**5**

　繰り返す回数を指定するために使用する変数のことを、一般に**カウンター変数**と呼びます。forループのかっこの中には、カウンター変数の初期化、ループを継続するかどうかの条件式、カウンターの更新処理を記述します。

　forループもif文と同様、繰り返す処理が1文であれば、{} で囲まなくてもかまいません。ただし、同様の理由により、囲んだほうがよいでしょう。

　forループの処理を順番に説明すると、次のようになります。


1.　カウンター変数を初期化する。

2.　かっこ内の条件式を評価する。

3.　2の条件式の評価がtrueなら処理を実行する。false ならforループを終了する。

4.　カウンター変数を更新する。

5.　2の処理へ戻る。


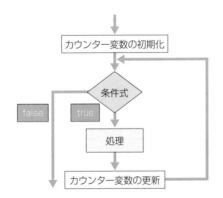

▲図5-6　forループのフロー

　次に、繰り返し処理を3回行うforループのサンプルコードを示します。実行すると、0から2までの数値が表示されます。

［サンプル］ForStmt1.cs

```
static void Main()
{
    for (int i = 0; i < 3; i++)
    {
        Console.WriteLine(i);
    }
}
```

▼

```
0
1
2
```

　このサンプルコードでは、int 型の変数i をカウンター変数として使用しています。処理を順番に見ていきましょう。まず、カウンター変数i を0で初期化します。次に、変数i が3より小さいかどうかを評価します。その結果がtrue ならブロック内の文が実行され、画面に変数i の値が出力されます。その後、更新処理により変数i をインクリメントします。インクリメントした後は、変数i の値が3より小さいかどうかの判定に戻ります。そして、変数i が3に到達するまで、ブロック内の処理が繰り返されます。

　少し特殊な使い方になりますが、for ループのカウンター変数の初期化と更新では、コンマで区切ることによって複数の処理を記述することができます。次のサンプルコードでは、2つのカウンター変数i とj を初期化し、それぞれを更新しながら処理を繰り返しています。

［サンプル］ForStmt2.cs

```
static void Main()
{
    for (int i = 0, j = 0; i + j < 10; i++, j+=2)
    {
        Console.WriteLine("{0},{1}", i, j);
    }
}
```

▼

```
0,0
1,2
2,4
3,6
```

　なお、式をコンマで区切った場合、左側のオペランドから評価されることに注意してください。

### 5.3.2　forループの注意点

forループで重要なポイントは、次の3点です。

- カウンター変数の初期化は、1度しか実行されない。
- forループを継続するかどうかの条件式は、繰り返す処理の前に判定される。
- カウンター変数の更新は、繰り返す処理に続いて必ず実行される。

また、forループでカウンター変数を使う際には、次のような点も注意が必要です。

- 原則として、繰り返す処理の中ではカウンター変数の値を変更しない。

カウンター変数には、ループの継続を判断するという重要な役割があります。不用意に変更してしまうと、ループ回数が想定しないものになったり、最悪の場合は次のサンプルコードのようにループが永遠に終わらないという事態になったりします。

［サンプル］Forever.cs

```
static void Main()
{
    for (int i = 0; i < 3; i++)
    {
        Console.WriteLine(i);

        // このようにカウンター変数を変更してしまうと...
        i--;
    }
}
```

カウンター変数iを繰り返す処理の中でデクリメントしているため、永遠に3になりません。このforループはずっと0を表示してしまいます。

このような終わらないループは、**無限ループ**と呼ばれます。ただし、プログラムのテクニックとして無限ループを使うこともあります。これについては5.4.3項で説明します。繰り返す処理の中でのカウンター変数は、原則として参照するだけにしましょう。

- 配列のインデックスとしてカウンター変数を使う場合、配列の範囲に注意する。

forループを使って配列のデータを参照するという処理も、よく行われます。ここで気を付けたいのは、配列の範囲です。これはforループに限らず、配列を扱う際の注意点でもあります。

　配列の範囲を超えてインデックスを指定してしまうと、プログラムを実行したときにエラーとなります。たとえば、次のように配列を参照する処理を見てみましょう。

［サンプル］ForError.cs

```
static void Main()
{
    string[] j = { "グー", "チョキ", "パー" };

    // 配列の範囲を超えているので、実行時にエラーとなる
    for (int i=0; i<5; i++)
    {
        Console.WriteLine(j[i]);
    }
}
```

　ここでの配列のサイズは 3 です。それに対して、for ループではカウンター変数が 5 になるまで処理を繰り返しています。カウンター変数を配列のインデックスに使用しているため、配列の範囲外にアクセスしてしまうのです。ここでは、条件式で数値リテラル「5」を使用しているので、すぐに誤りがわかります。しかし実際のプログラムでは変数を使用することも多く、誤りを見逃しがちです。

　C# の配列には、自身の範囲を取得できるプロパティやメソッドがあります（第 10 章で説明します）。その値を利用するなどして、インデックスが範囲外にならないようにしましょう。なお、配列のすべてのデータにアクセスする場合は、5.3.5 項で後述する foreach ループが便利です。

### 5.3.3　while ループ

　while ループも条件式が true の間、処理を繰り返します。構文は次のようになります。

**［構文］while ループ**

```
while (条件式)
{
    繰り返す処理
}
```

　条件式は for ループと同様、bool 型に評価できるものです。また、繰り返す処理が 1 文であれば ｛ ｝ で囲まなくてもかまいませんが、for ループの場合と同様に囲んだほうがよいでしょう。

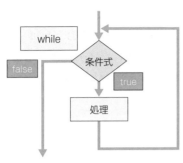

▲図5-7　while ループのフロー

　for ループのサンプルコード（samplestmt5.cs）と同じ処理を while ループで記述すると、次のようになります。

［サンプル］WhileStmt.cs

```
static void Main()
{
    int i = 0;
    while (i < 3)
    {
        Console.WriteLine(i++);
    }
}
```

　for ループのかっこには、3つの処理を記述しました。それに対して、while ループには条件式しかありません。while ループでは、for ループのカウンター変数の初期化と更新にあたる処理は、かっこの外に記述する必要があります。

　while ループの継続を判定するタイミングは for ループと同じで、繰り返す処理の前に判定します。したがって、条件式の値が初めから false であれば、処理は1度も実行されません。

### 5.3.4　do ループ

　ループの継続の判定を最初に行うのではなく、処理の後に行いたい場合があります。そのようなときには do ループを使用します。while ループでは1度も処理が実行されないケースがあるのに対し、do ループでは条件式の結果にかかわらず必ず1度は処理が実行されます。do ループの構文は次のようになります。

［構文］do ループ

```
do
{
    繰り返す処理
}
while (条件式);
```

条件式のかっこの後に、セミコロン（;）を付けることに注意してください。セミコロンは、条件式のwhileキーワードがdoループのものであることを示します。なお、doループでも繰り返す処理が1文であれば{}で囲まずに記述できますが、やはり囲んだほうがよいでしょう。

doループとwhileループの違いは、条件式を評価するタイミングだけです。

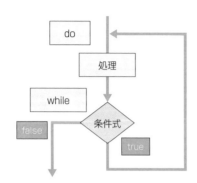

▲図5-8　doループのフロー

次にサンプルコードを示します。ループの条件式は最初からfalseになりますが、1度だけは必ず処理が実行されます。

［サンプル］DoStmt.cs

```
static void Main()
{
    int i = 10;
    do
    {
        Console.WriteLine(++i);        // 出力結果は11となる
    }
    while (i < 5);
}
```

### 5.3.5　foreach ループ

forループの例として配列の参照を取り上げましたが、配列のデータにアクセスする場合にとても便利な構文があります。それは、**foreach ループ**です。このループを使用すると、配列のような**コレクション**と呼ばれるオブジェクトから、すべての要素を読み出す処理を簡単に記述できます。コレクションとは、複数のデータをまとめて扱うためのクラスのことです。コレクションやクラス、オブジェクトについては、この後の章で説明します。

［構文］foreach 文

```
foreach (データ型 変数 in コレクション)
```

```
{
    繰り返す処理
}
```

　コレクションの要素が順に指定した変数に代入され、最後の要素になるまで処理が繰り返されます。したがって、ループの回数は要素の数ということになります。次のサンプルコードでは、配列の要素をすべて出力しています。

[サンプル] ForeachStmt.cs

```
static void Main()
{
    string[] j = { "グー", "チョキ", "パー" };

    // 配列のデータを1つずつ取得
    foreach (string str in j)
    {
        Console.WriteLine(str);
    }
}
```

```
グー
チョキ
パー
```

　このように、foreach ループでは配列の要素を参照するためのインデックスは不要です。また、配列の要素の数も指定する必要がありません。配列については、第10章で詳しく説明します。

# 5.4　選択と繰り返し構造における注意点

　ここで、ここまでの制御文について、注意すべき点や覚えておきたい点を挙げておきます。

## 5.4.1　スコープ

　3.3節でローカル変数のスコープについて説明していますが、制御文のブロックで定義した変数はブロックスコープになります。では、for ループの初期化部分で宣言した変数のスコープはどのようになるのでしょうか。

　for ループの初期化部分でローカル変数を定義した場合、その変数のスコープは for ループの文またはブロック内になります。そのため、該当の for ループの外では、変数は無効となります。

たとえば、次のように記述すると、最後の「Console.WriteLine(i)」のところで、変数が定義されていないというコンパイルエラーになります。

[サンプル] Scope1.cs

```
static void Main()
{
    for (int i = 0; i < 5; i++)
    {
        Console.WriteLine(i);
    }

    // 変数iは存在しないというコンパイルエラーになる
    Console.WriteLine(i);
}
```

このようにループの外でもカウンター変数の値を使用したいケースでは、for ループではなくwhile ループを使用するとよいでしょう。

また、3.3節ではブロックの外側と内側で同じ名前の変数は定義できないと説明しました。では、次のように同じ名前のカウンター変数を使用した場合はどうなるでしょうか。

[サンプル] Scope2.cs

```
static void Main()
{
    for (int i = 0; i < 5; i++)
    {
        Console.WriteLine(i);
    }

    for (int i = 0; i < 3; i++)
    {
        Console.WriteLine(i);
    }
}
```

この場合はスコープが重なっていないので、エラーになりません。同じ名前のカウンター変数を使用しても、他のfor ループに影響するようなことはありません。

## 5.4.2　入れ子

分岐やループの制御文のブロックの中に、別の制御文を記述することができます。次のサンプルコードでは、for ループの中にfor ループがあります。

```
// 2重ループの例
for (int i = 0; i < 5; i++)
```

```
{
    for (int j = 0; j < 5; j++)
    {
        Console.WriteLine(i * j);
    }
}
```

　既に**入れ子**という言葉を何度か使っていますが、あらためて説明すると、このように、あるブロックの中に他のブロックが存在する状態のことを**入れ子**、**ネスティング**、または**ネスト**といいます。また、特にこのサンプルコードのようにループの中にループが入れ子になっている状態を、n重ループ（nは入れ子になっているループの数）という場合があります。

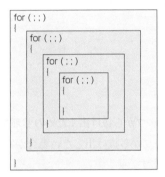

▲図5-9　入れ子になっているループの例（多重ループ）

### 5.4.3　無限ループ

　意図的にforループの条件式を省略したり、条件式が常にtrueとなるように記述したりすると、処理が永遠に繰り返されます。このようなループのことを**無限ループ**といいます。

　forループでの無限ループは、次の例のようになります。

```
for (int i = 0; true; i++)
{
    繰り返す処理
}
```

　または、次のようになります。

```
for ( ;  ;)
{
    繰り返す処理
}
```

　このforループでは、カウンター変数の初期化、条件式、カウンター変数の更新をすべて省略しています。この場合は何も条件がないため、ループ内の処理は無限に繰り返されることになります。

　なお、forループのかっこの中は、それぞれ必要でない場合は省略することができます（ただし「;」は省略できません）。たとえば次のようにすると、whileループと同等の処理になります。

```
for (; 条件式;)
{
    処理
}
```

　whileループで次のように条件式を記述した場合も、無限ループになります。

```
while (true)
{
    処理
}
```

　無限ループと言っても、通常は何らかの条件によってループから抜け出すための処理を記述しておきます。また、無限ループではなくても、途中でループから抜け出したい場合があります。そのようなときには、次の節で説明するジャンプを使用します。

# 5.5　ジャンプ（無条件分岐）

　無条件に制御を分岐させる構文をジャンプ、あるいは**無条件分岐**と呼びます。

## 5.5.1　break文

　ループから抜け出す単純な方法として、**break文**があります。これは、switch文のところで説明したbreak文と同じものです。break文は**break**というキーワード単独で文となる制御文です。次にサンプルコードを示します。

［サンプル］Break.cs
```
static void Main()
{
    for (int i = 0; true; i++)
    {
        if (i == 3)      // 変数iが3の場合
        {
            break;       // ループを中断する
```

```
        }
        Console.WriteLine(i);
    }
}
```

```
0
1
2
```

　この for ループは先ほど説明した無限ループになっていますが、変数 i が 3 になったときに break 文により処理を中断し、ループを終了しています。

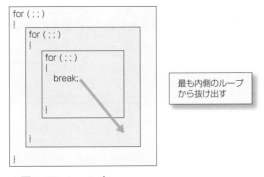

▲図5-10　break 文

　このように break 文は、その時点で処理を終了してループを中断します。これに対して、それ以降の処理は行いたくないが、ループは継続したい場合には、**continue 文**を使用します。

## 5.5.2　continue 文

　continue 文も break 文と同様、**continue キーワード**だけで文となります。continue 文の動作は、ループそのものから抜け出すのではなく、それ以降の処理だけをスキップします。continue 文のところで処理を強制的に終了し、ループの継続を判定する処理に移ります。
　次にサンプルコードを示します。

［サンプル］Continue.cs
```
static void Main()
{
    for (int i = 0; true; i++)
    {
        if (i < 8)
        {
```

```
            continue;  // カウンター変数を更新してループの先頭に戻る
        }
        else if (i == 10)
        {
            break;  // ループを中断する
        }
        Console.WriteLine(i);
    }
}
```

8
9

　変数 i が 8 より小さい場合は、最初の if 文の処理が実行されます。continue 文により直ちに処理が終了し、ループの先頭に戻ります。変数 i が 8 または 9 のときはその値を出力し、10 になると break 文によってループが終了します。

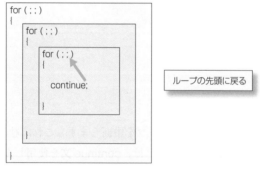

▲図5-11　continue 文

## 5.5.3　goto 文

　goto 文を使うと、無条件に同一メソッド内の任意の行にジャンプすることができます。構文は次のようになります。

**[構文] goto 文**
```
goto ラベル名;
```

　ジャンプ先は**ラベル名**で指定します。ラベルとは、任意の行に名前を付けるためのものです。次のように名前にコロン（:）を付けて表記します。switch 文で使用した default はラベルです。

**[構文] ラベル**
```
ラベル名  :
```

　goto文は多重ループ内から一気に抜け出したいときにも使用できます。break文では1つの
ループからしか抜け出せないのに対し、goto文では任意の行にジャンプできるからです。ただし、
goto文を多用すると、プログラムの流れがわかりにくくなり、バグの原因にもなります。goto
文の使用は、できるだけ避けたほうがよいでしょう。

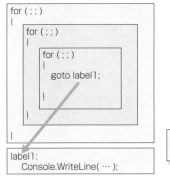

```
for ( ; ; )
{
    for ( ; ; )
    {
        for ( ; ; )
        {
            goto label1;

        }

    }

}

label1:
    Console.WriteLine( … );
```

多重ループから
抜け出せる

▲図5-12　goto 文

## 第5章　練習問題

**1** C# でループ処理を行う制御文をすべて答えてください。

**2** 1から10までの整数を合計するコードを、forとwhileを使って2種類書いてください。

**3** 1から50までの整数で、3の倍数と3を含む値を表示してください。

**4** 「明治」から「令和」までの元号を文字列型配列として定義し、foreachループを使っ
て、すべての元号名を表示するコードを書いてください。

## Column C# が実行できる Web サービス

　本書では、PC に Visual Studio をインストールすることを前提にしていますが、Web ブラウザーだけで C# のコードを実行（テスト）できる Web サービスがいくつかあります。インターネットに接続できる環境があれば、PC だけでなく、スマートフォンでも利用することができますので、ちょっとしたコードを試すには便利に使えそうです。

　特に以下の Web サービスでは、日本語も問題なく使えるうえ、Visual Basic や、ASP.NET（MVC）のコードまで実行できます。

.NET Fiddle
https://dotnetfiddle.net/

.NET Fiddle（モバイル向け）
https://dotnetfiddle.net/Mobile

▲図5-13　5.5.2項のサンプルコードを実行した様子

第**6**章

# クラスの基礎とメソッド
## ～オブジェクト指向への最初のステップ

　この章では、C# において最も重要な**クラス**について、基礎的なところから説明していきます。クラスの基本を理解して、オブジェクト指向の考え方の土台を固めましょう。

 ## 6.1　クラスの基礎

　まず、**クラス**の定義がどういうものか、実際にクラスを使うにはどのような手順が必要かを見ていきましょう。

### 6.1.1　クラスの定義

　オブジェクト指向が提唱される前のプログラムでは、プログラム全体をデータ部と処理部に分ける構造が一般的でした。この構造だと、プログラムが大きくなったときに、どのデータがどこで何に使われているのかがわかりにくくなってしまいました。また、処理についても、プログラム全体を通して見なければ、どのコードがどのような働きをしているのか、他のどの部分のコードに影響しているかがわかりにくいものでした。同じような処理をするプログラムのためにコードを再利用するのも簡単ではありませんでした。

　それに対してC# では、オブジェクト指向の考え方に基づいて、**クラス**という「データとそのデータに関する処理をまとめて定義したもの」を用いてプログラムを作っていきます。図6-1のように、それぞれのクラスには関連性の強いデータと処理がまとめられています。

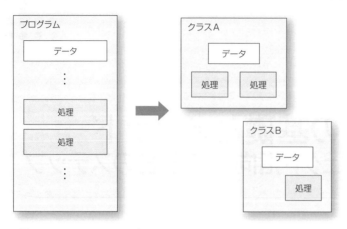

▲図6-1　クラスのイメージ

　クラスを定義するには、次のように class キーワードを使用し、ブロック内でクラスのメンバー
を定義します。

**[構文] クラスの定義**

```
class クラスの名前
{
    メンバーの定義
}
```

　簡単なクラスの定義を見てみましょう。次のコードでは Car というクラスを定義しています。

```
class Car
{
    // データ部分
    string name;      // 名前
    int seats = 4;    // 座席数

    // 処理部分
    static void PrintInfo()
    {
        Console.WriteLine(name);
        Console.WriteLine(seats);
    }
}
```

　クラスを構成する要素を**メンバー**と呼びます。メンバーは、大きく分けるとデータを定義する
部分と処理を定義する部分になります。どちらか片方だけの場合もあります。

データの部分は**データメンバー**と呼ばれ、定数と**フィールド**が含まれます。フィールドとはクラスで直接宣言される変数のことで、**メンバー変数**とも呼ばれます。Car クラスには、「name」と「seats」の2つのフィールドがあります。

データメンバーを宣言する構文は、ローカル変数の宣言と同様です。使用できるデータ型に制限はなく、ユーザー定義のデータ型も使用できます。また、「int seats = 4;」のように、宣言と同時に初期値を代入することもできます。明示的に初期値を設定しない場合は、3.2節で説明した既定値が設定されます。

処理の部分は**関数メンバー**と呼ばれ、**メソッド**、**コンストラクター**、**デストラクター**、**プロパティ**、**イベント**、**インデクサー**、演算子など、さまざまな機能の定義が含まれます。これらについては、この章およびこの後の章で説明していきます。Car クラスでは、「PrintInfo」というメソッドが定義されています。

**6**

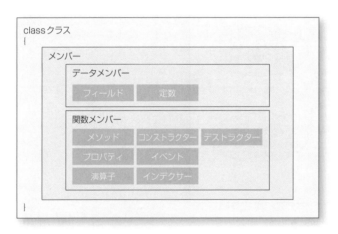

▲図6-2　クラスの構成要素

## 6.1.2　クラスのインスタンス化

クラスは設計図のようなものであり、定義しても実体はまだありません。クラスを使うには、他のデータ型と同様に宣言が必要です。次のように、クラス名に続けて変数名を指定します。

```
Car mycar;
```

3.5節で触れたように、クラスは参照型なので、宣言しただけでは参照先のアドレスを確保したにすぎません[*1]。それとは別に、データ本体を置いておくメモリ領域が必要です。

---

＊1）この時点での変数の値は null です。

　　データの領域を確保するには、次のように**new 演算子**を使用します。

```
mycar = new Car();
```

　new 演算子の後には、クラス名とかっこを書きます[*2]。かっこの中には、必要に応じて**パラメーター**を指定します（パラメーターについては6.3節で説明します）。

　上記のコードは、new 演算子によってクラスのためのメモリ領域を確保し、その参照先をCar型の変数mycar に代入しています。このように、確保したメモリ領域にクラスのコピーを作ることを、クラスの**インスタンス化**といいます。また、そのように生成されたものを、クラスの**実体**あるいは**インスタンス**といいます。インスタンスのことを**オブジェクト**と呼ぶこともあります。

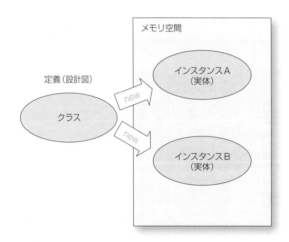

▲図6-3　クラスとインスタンス

　次のようにクラスの宣言と同時にインスタンス化することもできます。

```
Car mycar = new Car();
```

　次のサンプルコードでは、CarTest クラスの Main メソッドで Car クラスをインスタンス化し、データメンバーにアクセスしています。

　なお、まずはデータメンバーへのアクセスから確認するため、サンプルコードでは先ほど定義したCar クラスから処理部分（メソッド）を削除しています。メソッドについては6.3節で説明します。

---

＊2）7.2節で取り上げる**オブジェクト初期化子**を使う場合は、かっこは不要です。

［サンプル］CarTest.cs

```
class Car
{
    // フィールド
    public string name = "";
    public int seats = 4;
}

class CarTest
{
    static void Main()
    {
        Car mycar = new Car();          // Carクラスのインスタンスを生成

        mycar.name = "マイカー";          // .でデータメンバーを指定

        Console.WriteLine(mycar.name);   // 出力値:マイカー
        Console.WriteLine(mycar.seats);  // 出力値:4
    }
}
```

　Car クラスのフィールドに public というキーワードを追加していますが、これは他のクラスからメンバーにアクセスするために必要なものです。これについては 6.2 節で説明します。

　データメンバーにアクセスするには、ドット（.）を使用して次のように記述します。ドットも演算子の 1 つで、**ドット演算子**といいます。

インスタンス名.メンバー名

　インスタンスは、同じクラスからいくつでも作ることができます。たとえば、車を 2 台保有しているのなら、次のように 2 つのインスタンスを作成します。

```
Car mycar1 = new Car();
Car mycar2 = new Car();
```

　mycar1 と mycar2 は同じクラスから作られたインスタンスですが、実体は異なります。クラスはあくまでデータ型であり、設計図のようなものです。サンプルコードで確かめてみましょう。

［サンプル］CarTestInstance.cs

```
class Car
{
    // フィールド
    public string name = "";
    public int seats = 4;
```

```
    }

class CarTestInstance
{
    static void Main()
    {
        Car mycar1 = new Car();
        Car mycar2 = new Car();

        // インスタンスを比較する
        Console.WriteLine(mycar1 == mycar2);  // 出力値：False

        mycar1.name = "メイン";
        mycar2.name = "サブ";

        Console.WriteLine(mycar1.name);        // 出力値：メイン
        Console.WriteLine(mycar2.name);        // 出力値：サブ
    }
}
```

　インスタンス化したmaycar1とmycar2が等しいかどうかを比較演算子「==」で比較すると、falseとなります。つまり、2つは別のオブジェクトであるということです。それぞれのnameフィールドに名前を代入してから出力してみると、フィールド名は同じでも、それぞれ独立して設定されていることがわかります。このnameフィールドのようなメンバーを、インスタンスごとに独立していることから、**インスタンスメンバー**と呼びます[3]。

　次に、new演算子を使用せずに変数にインスタンスを代入した場合を見てみましょう。次のように、Car型のmycar3という変数にインスタンスのmycar2を代入してみます。

```
Car mycar3 = mycar2;
```

　この場合は新たにインスタンス化されたものではないため、mycar3はmycar2と同じ実体を指しているはずです。次のサンプルコードで確認してみましょう。

［サンプル］CarTestInstSub.cs
```
class Car
{
    // フィールド
    public string name = "";
    public int seats = 4;
}
```

---

[3] メンバーの種別によっては、インスタンス化しなくても使用でき、すべてのインスタンスで共有されるものがあります。詳しくは6.5節で説明します。

```
class CarTestInstSub
{
    static void Main()
    {
        Car mycar1 = new Car();
        Car mycar2 = new Car();
        Car mycar3 = mycar2;        // インスタンスの代入

        mycar3.name = "サブカー"; // mycar3のメンバーを変更

        Console.WriteLine(mycar3.name);         // 出力値:サブカー
        Console.WriteLine(mycar2.name);         // 出力値:サブカー

        // インスタンスを比較すると
        Console.WriteLine(mycar2 == mycar3); // 出力値:True
    }
}
```

　mycar3はmycar2と同じ実体を指しているので、mycar3のメンバーにアクセスすることはmycar2のインスタンスにアクセスしていることになります。そのため、mycar3のnameフィールドを変更することにより、mycar2のnameフィールドも変更されています。

　なお、第3章で説明した型推論（暗黙的型付け）は、クラスにも適用できます。先ほどのサンプルコードで次のようにvarキーワードを使用しても、同様の結果になります。

```
var mycar1 = new Car();
var mycar2 = new Car();
var mycar3 = mycar2;
```

## 6.1.3　型名の省略（C# バージョン 9.0）

　C# 9.0から、クラスのコンストラクターの呼び出しで、型名がわかっているケースでは、次のような構文で型名を省略できるようになりました。

**[構文] 型名の省略**
```
型名 変数名 = new();
型名 変数名 = new(パラメーターリスト);
```

　ただしnew演算子の後のかっこは必要です。varキーワードを使った場合など、型が不明であれば、型名は省略できません。varキーワードの使えないフィールドなどで、長い名称の型では、従来にくらべて簡潔に記述できるようになります。

[サンプル] CarTargetType.cs

```
// フィールドではvarが使えない
static readonly Dictionary<int, Car> cars = new();

static void Main()
{
    Car mycar = new();
    mycar.name = "CX-30";

    cars.Add(1, mycar);
    cars.Add(2, new());

    cars[2].name = "GT-R";

    Console.WriteLine(cars[1].name);    // 出力値:CX-30
    Console.WriteLine(cars[2].name);    // 出力値:GT-R
}
```

　なお、サンプルコードのDictionary は、コレクションクラスと呼ばれるもので、詳しくは第12章で説明します。

 ## 6.2　アクセス修飾子

　オブジェクト指向の基本概念の1つに、**カプセル化**があります。これは、複雑な処理はクラスの内部に隠して、外部からはクラスによって提供されている手段のみでアクセスし、安全に使いやすくしようという考え方です。カプセル化については第7章で詳しく説明しますが、ここではカプセル化を実現するために必要な、外部からのアクセスの制限について説明します。

　C# では、さまざまなデータにアクセス制限のレベルを設定できるようになっています。レベルを設定するには、データの宣言時に**アクセス修飾子**を先頭に加えます。アクセス修飾子を指定してデータメンバーを宣言する構文は、次のようになります。

**[構文] データメンバーの宣言**

```
アクセス修飾子 データ型 変数名;
アクセス修飾子 データ型 変数名 = 初期値;
アクセス修飾子 const データ型 変数名 = 初期値;
アクセス修飾子 readonly データ型 変数名 = 初期値;
```

　**const** キーワードを付けたデータメンバーは定数となり、初期値が必須です。その他のデータメンバーでも宣言と同時に初期値を設定できますが、任意です。

　**readonly** キーワードは、値を読み取り専用にすることができます。readonly の場合は、宣言時だけでなく、後述するクラスのコンストラクター内でも初期化が可能です。

アクセス修飾子には、次の表に示すように、いくつかのレベルがあります。

▼表6-1　アクセス修飾子の種類

| アクセス修飾子 | レベル |
|---|---|
| private | アクセスは同じクラス内に制限される。 |
| public | アクセスの制限はない。 |
| protected | アクセスは同じクラスまたは派生クラス（第7章で説明）に制限される。 |
| internal | アクセスは同じアセンブリ（.NET アプリケーションの基本ビルド単位）に制限される。 |
| protected internal | アクセスは同じアセンブリまたは派生クラスに制限される。 |
| private protected | アクセスは同じアセンブリかつ派生クラスに制限される（C# 7.2以降）。 |

　ここでは、すべてに対して公開となる public と、クラス外部のすべてに対して非公開とする private の2つについて確認しておきましょう。

　先ほどの Car クラスのフィールドには、public キーワードを指定しました。クラスのメンバーでは、アクセス修飾子を省略した場合、private を指定したことになります[*4]。private の場合、Car クラスとは別のクラスから、Car クラスのフィールドにはアクセスできません。そのため、public の指定が必要だったのです。

　アクセス修飾子については、その他のものも含めて、第7章であらためて説明します。

## 6.3　メソッド

　次に、クラスの処理部分である関数メンバーの中の**メソッド**について取り上げます。

### 6.3.1　メソッドの定義

　これまでのサンプルコードには、Main メソッドしかありませんでした。2.5節で説明したように、Main メソッドはプログラムのエントリポイントとなる少し特殊なメソッドであり、1つしか定義できない独立したメソッドです。これに対して通常のメソッドは、他のメソッドから呼び出されて実行されます。まず、メソッドを定義するための構文を示します。

［構文］メソッドの定義

```
アクセス修飾子　戻り値の型　メソッド名(パラメーターリスト)
{
    メソッドの本体
}
```

---

［*4］クラスや構造体のメンバーでは private が既定ですが、enum 型やインターフェイスのメンバーは public が既定です。

　　アクセス修飾子はデータメンバーの場合と同じです。戻り値の型とは、メソッドが処理の結果
として返す値のデータ型です。処理を実行するだけで、何も値を返さないメソッドもあります。
その場合は void キーワードを指定します。

　　メソッドによっては、何らかのデータを受け取って、そのデータを処理する場合があります。
**パラメーター**とは、そのようなメソッドが呼び出されるときに一緒に渡されるデータのことです。
**引数**とも呼ばれます。メソッドの定義では、パラメーターは「データ型　変数名」という形式で
指定します。メソッドが複数のパラメーターを要求するときは、コンマで区切って指定します。
パラメーターがない場合はかっこだけを記述します。

　　メソッドの定義の先頭行は、たとえば次のようになります。

```
public int TestMethod(int par1, string par2)
```

　　このメソッドは public が指定されているので、他のクラスやメソッドから呼び出すことができ
ます。処理の結果として int 型の値を返します。メソッド名は TestMethod です。パラメーター
として、int 型と string 型の2つのデータを受け取ります。

　　メソッドの本体は、これまでの Main メソッドの例のようにローカル変数（定数）、制御文、
他のメソッドの呼び出しなどで構成され、メソッドブロックの中に記述します。

　　簡単なメソッドのサンプルコードを見てみましょう。次の PrintOne メソッドは、画面に「1」
を出力します。このメソッドはパラメーターを受け取らず、値も返しません。

［サンプル］ClsMethod.cs
```
class ClsMethod
{
    // 値を返さない、パラメーターのないメソッド
    public void PrintOne()
    {
        Console.WriteLine("1");
    }

    static void Main()
    {
        var test = new ClsMethod();    // インスタンス生成
        test.PrintOne();               // PrintOneメソッド呼び出し
        // 出力値:1
    }
}
```

6

### 6.3.2　メソッドの呼び出し

　先ほどの Main メソッドでは、ClsMethod クラスをインスタンス化して PrintOne メソッドを呼び出しています。また、PrintOne メソッドの本体の処理もメソッドの呼び出しです。

　メソッドの呼び出しには、データメンバーへのアクセスと同様、ドット演算子を使用します。PrintOne メソッドの本体の処理は、Console クラスの WriteLine メソッドに文字列のパラメーターを渡して呼び出しているということです。図6-4のような流れになります。

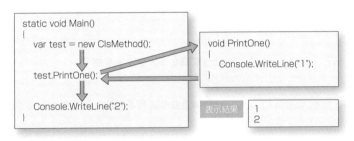

▲図6-4　メソッド呼び出しの流れ

　メソッドの呼び出しの構文は次のとおりです。

**[構文] メソッドの呼び出し**

```
インスタンス名.メンバー名(パラメーターリスト);
クラス名.メンバー名(パラメーターリスト);
```

　メソッドの呼び出しでは、インスタンス名を指定する場合と、クラス名を指定する場合があります。クラスのインスタンスを生成しないと呼び出せないメソッドでは、インスタンス名を指定します。このようなメソッドを**インスタンスメソッド**と呼びます。先ほどの PrintOne メソッドはインスタンスメソッドです。これに対して、インスタンス化が不要でクラス名を指定して呼び出せるメソッドを、**静的メソッド**と呼びます。WriteLine メソッドは静的メソッドです。静的メソッドについては6.5.1項で説明します。

### 6.3.3　メソッドの戻り値

　メソッドの処理の結果として値を返したい場合は、**return 文**を使用します。構文は次のようになります。また、return 文は戻り値のない単独の文として使うこともできます。

**[構文] return 文**

```
return 戻り値;
```

　return 文は、その時点でメソッドを終了し、プログラムの流れを呼び出し元のメソッドに戻します。その際、戻り値があれば、呼び出し元のメソッドに戻り値を返します。return 文はメソッドの最後に書くことが多いですが、任意の位置に書くことができます。次に例を示します。

[サンプル] ClsMethodRet.cs

```
class ClsMethodRet
{
    // int型の値を返すメソッド
    public int MyMethod1()
    {
        return 10;
    }

    // 値を返さないメソッド
    public void MyMethod2(int a)
    {
        if (a < 3)
        {
            return;             // aが3未満ならメソッドを終了
        }

        Console.WriteLine(a);   // aが3以上なら実行される
    }
}
```

　MyMethod1は、10という整数リテラルを返すメソッドです。MyMethod2は、値を返さないメソッドです。パラメーターの変数a が3未満ならreturn 文でメソッドを終了し、直ちに呼び出し元のメソッドに制御を戻します。パラメーターの変数a が3以上であれば、画面に変数a の値を出力してメソッドを終了します。値を返さないメソッドの場合、メソッドの最後にreturn 文は不要です。ただし、不要なreturn 文を書いてもエラーにはなりません。

　次のコードは、コンパイルエラーとなる例です。MyMethod3では、値を返さないメソッドなのに、値を返しています。一方MyMethod4では、値が必要なのに、return 文で値を指定していません。いずれもエラーとなります。

[サンプル] ClsMethodVoid.cs

```
class ClsMethodVoid
{
    // 値を返さないメソッド
    public void MyMethod3(int a)
    {
        if (a < 3)
        {
            return 2;   // voidなのに戻り値を書くとエラーになる
        }
        return;         // これはエラーにならない
    }

    // int型の値を返すメソッド
    public int MyMethod4(int a)
```

```
    {
        if (a < 3)
        {
            return;        // 値が必要
        }
                           // 値を返すメソッドではreturn文は省略できない
    }
}
```

### 6.3.4　メソッドのパラメーター

　パラメーターを持つメソッドを呼び出すときには、呼び出し側でパラメーターに対する実際の値である**実パラメーター**を指定します。それに対し、メソッドを宣言するときに指定したパラメーターのことを**仮パラメーター**と呼びます。メソッドを呼び出すときには実パラメーターとしてデータを渡し、メソッドでは仮パラメーターを通してデータを受けることになります。

　実パラメーターと仮パラメーターの変数名を揃える必要はありませんが、パラメーターの順番とデータ型は同じである必要があります。

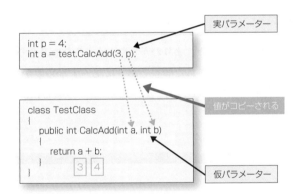

▲図6-5　パラメーターのしくみ

　次に、int型の2つのパラメーターを受け取り、int型の値を返すメソッドの例を示します。

［サンプル］ClsMethodParam.cs

```
class TestClass
{
    // 2つのパラメーターを受け取ってint型の値を返すメソッド
    public int CalcAdd(int a, int b)
    {
        return a + b; // パラメーターのaとbを加算して返す
    }
}
```

```
class ClsMethodParam
{
    static void Main()
    {
        var test = new TestClass();

        int p = 4;
        int a = test.CalcAdd(3, p);    // メソッドの呼び出し

        Console.WriteLine(a);          // 出力値:7
    }
}
```

　Main メソッドでは、まずTestClass クラスをインスタンス化しています。そして、TestClass クラスのCalcAdd メソッドを呼び出しています。実パラメーターは整数のリテラル「3」と変数p です。戻り値はint 型のローカル変数a に代入されます。

　CalcAddメソッドでは、仮パラメーターの変数aとbを加算した結果をreturn文で返しています。実行すると、3と変数p の値である4が加算されて7が戻されることが確認できます。

### 6.3.5　名前付きパラメーター

　**名前付きパラメーター**は、パラメーターの指定を、よりわかりやすくするためのものです。名前付きでないパラメーターでは、メソッドで定義された順番どおりに記述する必要があります。一方、名前付きパラメーターでは、名前で指定するため、仮パラメーターの順番に関係なく記述できます。

**[構文] 名前付きパラメーター**

パラメーター名:値

　先ほどのCalcAdd メソッドの呼び出しを名前付きパラメーターに変更すると、次のようなサンプルコードになります。

[サンプル] ClsNameParam1.cs
```
static void Main()
{
    var test = new TestClass();

    int p = 4;

    // どちらも同じ呼び出しになる
    int a = test.CalcAdd(a: 3, b: p);
    int b = test.CalcAdd(b: p, a: 3);
```

```
        Console.WriteLine(a);                // 出力値:7
        Console.WriteLine(b);                // 出力値:7
}
```

　また名前付きパラメーターは、従来の値だけを並べる書き方にくらべて、メソッドの仮パラメーターとの対応がわかりやすくなるという利点もあります。

### 6.3.6　名前付きパラメーターの制限

　名前付きパラメーターを、通常の名前付きではないパラメーターと混在して使う場合には、少し制限があります。C# 7.1 以前では、先頭のパラメーターには、必ず名前付きでないパラメーターを指定する必要がありました。先頭にも名前付きパラメーターを使えるのは、C# 7.2 からです。ただし、先頭に指定した場合、名前付きパラメーターの順序を変更することはできません。

[サンプル] ClsNameParam2.cs

```
class TestClass
{
    public int CalcAdd2(int a, int b, int c)
    {
        return a + b + c; // パラメーターのa、b、c を加算して返す
    }
}

class ClsNameParam2
{
    static void Main()
    {
        var test = new TestClass();

        // パラメーターの混在
        int a = test.CalcAdd2(3, c: 4, b: 2);

        // C# 7.2以降OK
        int b = test.CalcAdd2(a: 3, 4, 1);

        // NG(順序を変更できない)
        //int c = test.CalcAdd2(b: p, a: 3, 1);

        Console.WriteLine(a);                // 出力値:9
        Console.WriteLine(b);                // 出力値:8
    }
}
```

6

## 6.3.7 省略可能なパラメーター

メソッドを呼び出すとき、必ずしも、定義されたすべてのパラメーターを指定する必要はありません。仮パラメーターに、= キーワードを付けて既定値を指定すると、呼び出す際に**省略可能なパラメーター**となります。

**[構文] 省略可能なパラメーター**

メソッド名(データ型 仮パラメーター = 既定値, …)

パラメーターの指定を省略してメソッドを呼び出すと、そのパラメーターには既定値が設定されます。次のサンプルでは、1番目のパラメーターは必須ですが、2番目は省略することができます。

[サンプル] ClsOptional.cs

```
class TestClass
{
    // 省略可能なパラメーターを持つメソッド
    public void PrintName(int no, string name = "nanashi")
    {
        Console.WriteLine(no + "→" + name);
    }
}

class ClsOptional
{
    static void Main()
    {
        var test = new TestClass();

        // test.SampleMethod(10, "nanashi");と同じ意味
        test.PrintName(10);
        // 出力値:10→nanashi
    }
}
```

## 6.3.8 可変パラメーター

先ほどの例では、パラメーターの数は2つと指定されていました。これに対して**可変パラメーター**とは、任意のパラメーター数でメソッドを呼び出せるようなパラメーターのことです。たとえば、次のような任意の個数のパラメーターを合計するようなメソッドを考えてみます。

```
int sum = SumAll(1, 2);
int sum = SumAll(5, 10, 15);
```

　このようなメソッドを実現するには、**params キーワード**を使用します。次のように、params キーワードの後に配列と同様の[] を使用して宣言します。

**[構文] 可変パラメーターのメソッドの定義**

```
戻り値のデータ型 メソッド名(params データ型[] パラメーター名)
{
    メソッドの本体
}
```

　メソッドの本体では、渡されたデータを配列として処理できます。パラメーターで指定したデータ型の配列となるのです。ただし、次の2つの点に注意が必要です。

● params パラメーターは1つしか指定できない
● params 以外のパラメーターであれば同時に指定できるが、params は最後(右端)のパラメーターにする必要がある

　メソッドを呼び出す側は、実パラメーターをコンマで区切って指定します。params キーワードは必要ありません。また、1つも指定しなかった場合、空のデータを渡したことになります。次に可変パラメーターのサンプルコードを示します。

[サンプル] ClsVariable.cs

```
class TestClass
{
    // int型の可変パラメーターを合計する
    public int SumAll(params int[] numary)
    {
        int sum = 0;

        // numaryの要素をforeachで取り出して合計する
        foreach (int n in numary)
        {
            sum += n;
        }

        return sum; // 合計値を返す
    }
}

class ClsVariable
{
    static void Main()
    {
        var test = new TestClass();

        Console.WriteLine(test.SumAll(1, 2));        // 出力値:3
```

**6**

```
        Console.WriteLine(test.SumAll(5, 10, 15));  // 出力値:30
        Console.WriteLine(test.SumAll());            // 出力値:0
    }
}
```

　SumAll メソッドでは、仮パラメーター numary に格納された要素を foreach ループで1つず
つ取り出して変数 sum に加算し、最後の要素まで加算した値を返しています。

### 6.3.9　値渡し (call by value)

　メソッドのパラメーターの渡し方にも、データ型の値型と参照型のような2つの種類があります。
　1つは**値渡し**と呼ばれるものです。特に指定しなければ値渡しと見なされます。値渡しでは、
実パラメーターがメソッドの仮パラメーターにコピーされます。そのため、メソッドに渡されたパ
ラメーターが変化しても、呼び出し元のパラメーターの変数には影響がありません。これは、パ
ラメーターのデータ型が参照型の場合でも同様です。
　次のサンプルコードでは、呼び出されたメソッド内でパラメーターの値を変更しています。

[サンプル] ClsCallValue.cs

```
class TestClass
{
    // aを3倍して表示する
    public void TestFunc(int a)
    {
        // パラメーターの変数aを3倍
        a *= 3;

        Console.WriteLine(a);
    }
}

class ClsCallValue
{
    static void Main()
    {
        var test = new TestClass();
        int a = 5;

        test.TestFunc(a);     // 出力値:15
        Console.WriteLine(a); // 出力値:5
    }
}
```

　TestFunc メソッドでは、仮パラメーターの変数 a を3倍してからその値を表示します。Main
メソッドでは、TestFunc メソッドを呼び出した後で、実パラメーターの変数 a の値を出力して
います。TestFunc メソッドの呼び出し前と、値は変わっていないはずです。

### 6.3.10　参照渡し (call by reference)

　**参照渡し**では、実パラメーターを指し示すアドレスを仮パラメーターに渡します。参照型のデータのように参照アドレスをメソッドに渡すと、メソッド側での仮パラメーターの変更が、呼び出し元のパラメーターの変数にも反映されます。

　参照渡しにするには、メソッドの宣言時に **ref キーワード**を各パラメーターの先頭に付けます。また、ref キーワードは呼び出す側にも必要です。参照渡しのパラメーターの変数は、あらかじめ初期化しておく必要があります。また、リテラルや式は参照渡しができません。

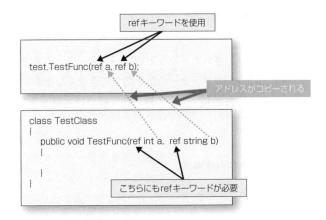

▲図6-6　参照渡しのパラメーター

　先ほどのサンプルコードを参照渡しにした場合、次のようになります。

［サンプル］ClsReference.cs

```
class TestClass
{
    // aを3倍して表示する
    public void TestFunc(ref int a)
    {
        a *= 3;  // パラメーターの変数aを3倍

        Console.WriteLine(a);
    }
}

class ClsReference
{
    static void Main()
    {
        var test = new TestClass();
        int a = 5;              // 初期化が必要
```

```
    test.TestFunc(ref a);    // 出力値:15
    Console.WriteLine(a);    // 出力値:15
  }
}
```

　出力値を確認すると、先ほどの例とは異なり、Main メソッドの変数 a の値が TestFunc メソッドで変更されていることがわかります。

### 6.3.11　in パラメーター修飾子

　C# 7.2 から、ref キーワードによる参照渡しに加えて、in パラメーター修飾子（**in キーワード**）での参照渡しが追加されました。

　ref キーワードによる参照渡しでは、呼び出されたメソッド内でパラメーターの値を変更することができます。一方、in キーワードでは、パラメーターの値を変更できなくなります。

　なお、in キーワードは、メソッドの定義では必須ですが、呼び出す際には省略できます。

[サンプル] ClsInParam.cs
```
void TestMethod(in int num, out string s)
{
    // 以下のように値を変更すると、エラーとなる
    // num = 48;

    if (num == 46)
    {
        s = "keyaki";
    }
    else
    {
        s = "abc";
    }
}

var n = 46;
var str = "none";

TestMethod(n, out str); // inキーワードは省略できる

Console.WriteLine(str); // 出力値:keyaki
```

### 6.3.12　参照による戻り値の定義

　C# 7 からは、メソッドの戻り値も**参照渡し**（call by reference）にできるようになりました。参照渡しにするためには、メソッド定義の戻り値の型と、値を戻す際の変数の先頭に、**ref キーワード**を付けます。

　また、参照による戻り値を、ローカル変数として受け取ることができます。その場合は、受け取る変数と、返すメソッドのそれぞれの先頭に、ref キーワードを付けます。

　次のサンプルコードは、参照渡しのパラメーターを3倍して、それを参照として返すメソッドとしています。

[サンプル] ClsRefParam.cs

```csharp
class TestClass
{
    // aを3倍する
    public ref int TestFunc(ref int a)
    {
        a *= 3;
        return ref a; // 参照で返す
    }
}

class ClsRefParam
{
    static void Main()
    {
        var test = new TestClass();

        int a = 5;

        ref int b = ref test.TestFunc(ref a); // 戻り値は、変数aの参照
        Console.WriteLine(a);   // 出力値:15
        Console.WriteLine(b);   // 出力値:15

        b = 10;
        Console.WriteLine(a);   // 出力値:10
        Console.WriteLine(b);   // 出力値:10
    }
}
```

　TestFunc メソッドのパラメーターは、参照渡しですので、TestFunc メソッドを呼び出した後、変数aの値が、5から15に変わっています（値渡しなら5のままです）。

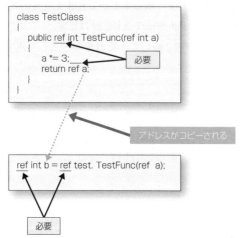

```
class TestClass
{
    public ref int TestFunc(ref int a)
    {
        a *= 3;                    必要
        return ref a;
    }
}
```

アドレスがコピーされる

```
ref int b = ref test. TestFunc(ref  a);
```

必要

▲図6-7　戻り値の参照渡し

　また、TestFunc メソッドの戻り値は参照ですので、それを受ける変数 b も参照として定義しています。つまり変数 b は、変数 a の参照となっていますので、変数 b に 10 を代入した場合、変数 a も 10 になります。

### 6.3.13　参照渡しの制限緩和

　使い道はあまりないかもしれませんが、C# 7.2、7.3 では、参照渡しを使えるところが増えています。

　まず、条件演算子です。条件演算子で、参照渡しの変数を返すことができるようになりました。また、条件式にも参照渡しが使えます。ただし、条件演算子の両辺は、2つとも参照か、2つとも参照でない値にする必要があります。

[サンプル] ClsRefEase.cs

```
int c = 1;
int d = 2;

ref int x = ref c < d ? ref c : ref d;

x = 5;

// cの値も書き換わる
Console.WriteLine(c);                    // 出力値:5
```

　2番目は、for/foreach ループです。C# 7.3 では、for/foreach ループのカウンター変数に、参照渡しが使えるようになりました。

[サンプル] ClsRefEaseFor.cs

```
string[] j = { "グー", "チョキ", "パー" };

int s = 0;
for (ref int i = ref s; i < j.Length; i++)
{
    Console.WriteLine(j[i]);
}
Console.WriteLine(s);              // 出力値:3
```

　3番目は、読み取り専用の参照渡しです。C# 7.2からは参照渡しでも、値を書き換えられる
のを避けたい場合に、readonly キーワードを指定すると読み取り専用になります。ただしメソッ
ドのパラメーターを読み取り専用の参照渡しにする場合には、in キーワードを指定します。意味
的には、ref readonly と同じです。

**6**

[サンプル] ClsRefEase.cs

```
class TestClass
{
    public int RefCalcAdd(in int a, in int b)
    {
        ref readonly int ra = ref a;
        ref readonly int rb = ref b;

        // NG:値を書き換えられない
        // ra++;

        return ra + rb; // パラメーターのaとbを加算して返す
    }
}
```

## 6.3.14　参照渡しの再代入

　C# 7.3から、参照パラメーター、参照渡しのローカル変数で、参照渡しを書き換える（再代
入する）ことができるようになりました。再代入とは、参照先（どの変数を参照しているか）
そのものを書き換えることです。参照している先に、値を代入するわけではありません。

[サンプル] ClsRefReSub.cs

```
int e = 1;
int f = 2;
ref int g = ref e;

g = 5;
// eの値が書き換わる
```

```
Console.WriteLine(e);                    // 出力値:5

// 再代入(参照先を変数fに変更)
g = ref f;
g = 10;

// fの値が書き換わる
Console.WriteLine(f);                    // 出力値:10
// eの値はそのまま
Console.WriteLine(e);                    // 出力値:5
```

## 6.3.15　out キーワード

　ref キーワードと同じように参照渡しを指定するキーワードがもう1つあります。out キーワードです。out（出力）という名前が示すとおり、これはメソッドに値を渡すのではなく、メソッドから値を受け取るために使用するキーワードです。return 文では1つのオブジェクトしか返せませんが、out キーワードを使用すると複数のオブジェクトを返すことができます[*5]。

　ref キーワードではメソッドを呼び出す前にパラメーター変数を初期化しておく必要がありましたが、out キーワードでは初期化は必要ありません[*6]。次にサンプルコードを示します。

［サンプル］ClsOutParam.cs

```
class TestClass
{
    // aの2乗と3乗を求める
    public void TestFunc(int a, out int b, out int c)
    {
        b = a * a;
        c = a * a * a;
    }
}

class ClsOutParam
{
    static void Main()
    {
        var test = new TestClass();
        int x, y;                    // パラメーター変数の初期化は不要

        // パラメーター変数xとyに3の2乗と3乗が代入される
        test.TestFunc(3, out x, out y);

        Console.WriteLine(x);        // 出力値:9
```

--------------------------------------------------------------------------------

[*5] return 文の場合も、構造体を使用すれば複数の値を返すことができます。
[*6] 初期化してもエラーにはなりませんが、メソッドで使用される時点で値が割り当てられていない状態になるため、初期化しても意味がありません。

```
            Console.WriteLine(y);        // 出力値:27
    }
}
```

　TestFunc メソッドのパラメーター変数 a の値は、1つ目のパラメーターとして渡した数値リ
テラル「3」になります。TestFunc メソッドでは、その2乗値と3乗値を out キーワードが付け
られたパラメーター変数 b と c に代入します。そして、その値がメソッドの戻り値として、out
キーワードが付けられた変数 x と y に代入されます。このように、out キーワードのパラメーター
はメソッドの戻り値を受け取るだけなので、パラメーター変数の初期化は必要ありません。

　なお従来、メソッドから値をもらうための変数は、事前に定義する必要がありましたが、C#
7からは、メソッドを呼び出す際に、同時に変数の定義ができるようになりました。同時に定義
する場合は、out キーワードに続いてデータ型（var も可能）を記述します。

　先ほどのサンプルコードを、この構文で書き換えると、メソッドの呼び出しは次のようになり
ます。

```
// int x, y;は不要
test.TestFunc(3, out int x, out var y);
```

　またC# 7.3では、コンストラクターやプロパティなどの初期化子、LINQ のクエリ式でも、
out キーワードの変数宣言ができるようになりました。LINQ については、第12章で説明します。

[サンプル] ClsOutBase.cs
```
class BaseClass
{
    public BaseClass(out string s)
    {
        s = "base";
    }
}
class DerivedClass : BaseClass
{
    public DerivedClass(string s1) : base(out var s2)
    {
        // 初期化子で定義したs1は、コンストラクター内だけで有効
        Console.WriteLine(s1 + s2);
    }
}
class ClsOutBase
{
    static void Main()
    {
        var c = new DerivedClass("test");    // 出力値:testbase
    }
}
```

### 6.3.16　メソッドのオーバーロード

　パラメーターリストだけが異なる、同じ名前の複数のメソッドを定義することができます。これをメソッドの**オーバーロード**といいます。

　パラメーターリストが異なるというのは、パラメーターの個数、データ型、順番、修飾子のいずれかが異なっているということです。先ほどのrefキーワードの有無（参照渡しかどうか）が違っても、異なるパラメーターとなります。たとえば、次のコードでは同じAddNumsという名前のメソッドを4つ定義していますが、パラメーターのデータ型、個数、refの有無が異なっています。他のメソッドからAddNumsメソッドを呼び出すと、指定した実パラメーターがどのオーバーロードに一致するかが判断され、自動的に適切なメソッドが呼び出されます。

［サンプル］ClsOverload.cs

```
class TestClass
{
    // 2つのint型の整数を加算するメソッド
    public long AddNums(int a, int b)
    {
        return a + b;
    }

    // 3つのint型の整数を加算するメソッド
    public long AddNums(int a, int b, int c)
    {
        return a + b + c;
    }

    // 2つのlong型の整数を加算するメソッド
    public long AddNums(long a, long b)
    {
        return a + b;
    }

    // 2つの参照渡しのint型の整数を加算するメソッド
    public long AddNums(ref int a, int b)
    {
        return a + b;
    }
}
```

　当然ながら、同じパラメーターを受け取る同じ名前のメソッドを定義することはできません。どのメソッドを呼び出すのか判断できないためです。受け取るパラメーターが同じ場合、戻り値のデータ型が異なっても、同じ名前のメソッドは定義できません。また、refとoutはコンパイラ内部では扱いが同じなので、異なるパラメーターにはなりません。

　次に示すサンプルコードでは、複数の同じ名前の同じパラメーターのメソッドを定義していることになり、エラーが発生します。

[サンプル] ClsOverloadErr.cs

```csharp
class TestClass
{
    // int型の値を返すメソッド
    public int AddNums(int a, int b)
    {
        return a + b;
    }

    // 戻り値のデータ型が異なってもパラメーターのデータ型が同じなのでエラー
    public long AddNums(int c, int d)
    {
        return c + d;
    }

    public long AddNums(out int a, int b)
    {
        a = b;
        return a;
    }

    // refとoutが異なっても同じデータ型となるのでエラー
    public long AddNums(ref int a, int b)
    {
        return a + b;
    }
}
```

## 6.3.17　this キーワード

　メソッドのパラメーターとして受け取った値をクラスのフィールドに代入する処理はよく行われます。その際、パラメーター名とフィールド名に同じものを使用するとわかりやすいですが、同じクラスのメンバーにはメンバー名だけでアクセスできるので、どちらがメンバー名なのか不明になってしまいます。次のサンプルコードでSetNumメソッドを実行しても、値は代入されません。

```csharp
class ClassThis
{
    int num;

    public void SetNum(int num)
    {
```

```
        num = num;
    }
}
```

　この場合、this キーワードを使用して、自身のメンバーを参照していることを示すことができます。先ほどのサンプルコードで次のように this キーワードを使用すると、SetNum メソッドのパラメーターとして受け取った値が ClassThis クラスの num フィールドに代入されます。

```
class ClassThis
{
    int num;

    public void SetNum(int num)
    {
        this.num = num; // thisキーワードで自身のメンバーを指定
    }
}
```

　this キーワードは、クラスの現在のインスタンスを参照するものです。この他に、インスタンスを他のメソッドにパラメーターとして渡す場合などにも使用します。

### 6.3.18　ローカル関数

　C# 7から、メソッドの中でさらに関数が定義できるようになりました。このメソッド内の関数を**ローカル関数**と呼びます。これまでは、特定のメソッド内でしか使わない関数であっても、クラスのメソッドとして定義する必要がありました。

　ただしローカル関数は、定義されているメソッドの中でしか利用できません。たとえ同じクラスであっても、別のメソッドからは呼び出すことができません。

［サンプル］ClsLocal.cs
```
static void Main()
{
    // int型の値を返すメソッド
    int AddNums(int a, int b)
    {
        return a + b;
    }

    for (int i = 0; i < 3; i++)
    {
        int a = AddNums(i, 2);
        Console.Write(a);          // 出力値:234
    }
}
```

# 6.4 インスタンス

　既に説明したように、クラスを設計書とすると、それを基にしてメモリ上に作られた実体（オブジェクト）がインスタンスです。ここではインスタンスについて、さらに詳しく説明します。

## 6.4.1 コンストラクター

　インスタンスが生成されるとき、その裏側では、あるメソッドが呼び出されます。前述したように、インスタンスは次のように生成します。

```
var mycar = new Car();
```

　クラス名の後に、メソッドの呼び出しのようにかっこを付けていますが、実際にこれはメソッドを呼び出していたのです。ここで呼び出すメソッドのことを**コンストラクター**といいます。

　これまでのサンプルコードのクラスの定義では、コンストラクターを省略していました。コンストラクターの主な目的は、そのクラスのフィールドなどの初期化の処理です。特に初期化が必要でなければ、省略することができます。

　コンストラクターを省略した場合も、コンパイラによって何も処理をしないコンストラクターが作成され、呼び出されます。その後、クラスの定義でフィールドの初期値を指定していれば、その値で初期化され、初期値がないものは既定値に初期化されます。

　次に、コンストラクターでフィールドを初期化するコードを示します。

［サンプル］ClsConstructor.cs

```
class Car
{
    // データメンバー
    public string name = "";
    public int seats;

    // コンストラクター
    public Car()
    {
        seats = 4;
    }
}
```

　このように、コンストラクター名はクラス名と同じにする必要があります。また、メソッドとしての戻り値はないため、void やデータ型は書きません。

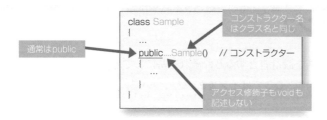

▲図6-8　コンストラクター

　コンストラクターのアクセス修飾子には、通常 public を指定します。他のクラスのメソッドからインスタンスを生成できるようにするためです[7]。

　また、通常のメソッドと同様に、パラメーターの受け取りやオーバーロードもできます。パラメーター付きのコンストラクターを呼び出す場合は、次の例のようにクラス名の後のかっこにパラメーターを指定してインスタンスを生成します。

```
TestClass test = new TestClass(a, b, c); // パラメーターリストを付けて生成
```

　オーバーロードによって、次のサンプルコードのように、パラメーターの異なる複数のコンストラクターを定義することができます。

[サンプル] ClsConstructor.cs

```
class Car
{
    // フィールド
    public string name;
    public int seats;

    // 既定のコンストラクター
    public Car()
    {
        seats = 4; // 4で初期化
    }

    // string型のパラメーターを受け取るコンストラクター
    public Car(string str)
    {
        seats = 4;
        name = str;
    }
}
```

---

＊7）ただし、意図的にインスタンスの生成を禁止したい場合は、private レベルのコンストラクターにします。

```
class ClsConstructor
{
    static void Main()
    {
        var test = new Car();
        Console.WriteLine(test.name);    // 何も出力されない

        var test2 = new Car("マイカー");
        Console.WriteLine(test2.name);   // 出力値:マイカー
    }
}
```

　オーバーロードを使用して、Car クラスのコンストラクターを2つ定義しています。1つ目は
パラメーターがないもの、2つ目は string 型の変数をパラメーターとするものです。

　コンストラクターで行う処理については特に決まりはありませんが、通常はこの例のようにク
ラスのフィールドなどの初期化を行います。なお、コンストラクターも含め、同じクラス内のデー
タメンバーにアクセスする際には、ドット演算子を使用せずにローカル変数のように記述できま
す。

　パラメーターを指定せずにインスタンスを生成したときは1つ目のコンストラクターが呼び出
され、string 型のパラメーターを指定したときは2つ目のコンストラクターが呼び出されています。
つまり、通常のメソッドと同様に、呼び出す際のパラメーターに対応してコンストラクターが自
動的に選択されるのです。

　パラメーターのないコンストラクターのことを**既定のコンストラクター**といい、インスタンスを
生成する際にパラメーターが渡されない場合に呼び出されます。先ほど説明したように、クラス
でコンストラクターを1つも定義していない場合、コンパイラ側で自動的に既定のコンストラク
ターが作成され、インスタンスを生成する際に呼び出されます。このとき、既定のコンストラクター
では何も処理は行いません。

　なお、1つ以上のコンストラクターを定義した場合、既定のコンストラクターを省略すること
はできません。処理を行わない場合も定義しておかないと、コンパイルエラーとなります。

## 6.4.2　デストラクター

　コンストラクターはインスタンスを生成する際に呼び出されますが、反対にインスタンスが消
滅するときに呼び出される特別なメソッドもあります。**デストラクター**と呼ばれるメソッドです。
ただし、後述する理由により、終了時の処理を行うためにこの機能を使うことはあまりありませ
ん。クラスで終了時に何らかの処理を行いたい場合は、デストラクターではなく専用のメソッド
を用意するか、第9章で説明する例外処理というしくみを利用したほうがよいでしょう。

　デストラクターは次のようにクラス名の先頭にチルダ（~）を付けて定義します。アクセス修
飾子もパラメーターも指定できません。

［サンプル］ClsDestructor.cs

```
class Car
{
    // データメンバー
    public string name = "";
    public int seats;

    // コンストラクター
    public Car()
    {
        // コンストラクターの処理
    }

    // デストラクター
    ~Car()
    {
        // デストラクターの処理
    }
}
```

　デストラクターをあまり使用しないのは、いつ処理が実行されるか予測できないからです。使われなくなったオブジェクトをメモリ上から消去する処理は、.NET の**ガベージコレクター**によって自動的に行われます。このしくみを**ガベージコレクション**といいます。ガベージコレクションでは、ガベージコレクターがアプリケーションで使用されていないオブジェクトをチェックし、消滅できると考えられる場合にデストラクターを呼び出してメモリ上から消去します。このガベージコレクションが実行される時期はガベージコレクターが状況に応じて決定するため\*8、デストラクターはいつ呼び出されるかわからないのです。

## 6.5　インスタンスメンバーと静的メンバー

　クラスという設計図からは、いくつでもインスタンスという実体を作ることができます。このとき、作成された複数のインスタンスのメンバー間には何の関係もありません。あるインスタンスのデータメンバーを変更しても、他のインスタンスのメンバーに影響することはありません。このような、インスタンスに属しているメンバーのことを、**インスタンスメンバー**と呼びます。

［サンプル］ClsInstMem.cs

```
class Car
{
    // フィールド
```

----

＊8）強制的に実行する手段もありますが、パフォーマンスの問題が発生する可能性があるため、通常は行いません。

```
    public string name = "マイカー"; // インスタンスメンバーを初期化
    public int seats;
}

class ClsInstMem
{
    static void Main()
    {
        var test = new Car();
        var test2 = new Car();

        test2.name = "サブ";        // インスタンスメンバーに代入

        Console.WriteLine(test.name);  // 出力値:マイカー
        Console.WriteLine(test2.name); // 出力値:サブ
    }
}
```

**6**

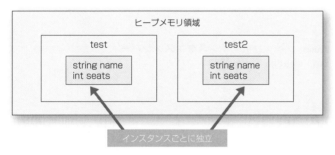

▲図6-9　インスタンスメンバー

　一方で、特定のインスタンスからは独立した、クラスに属するデータメンバーを定義すること
ができます。そのようなメンバーのことを**静的メンバー**と呼びます。多くの場合、状況に応じて
変化しないデータや処理のために使用されます。

　静的メンバーは、クラスのインスタンスを作成せずに呼び出すことができます。反対にインス
タンスが作成されていても、インスタンスを通じて静的メンバーにアクセスすることはできません。
静的メンバーは初めてアクセスされる前に初期化され、プログラムが終了するまで、すべてのイ
ンスタンス間で共有されます。

　静的メンバーにできるのは、データメンバーだけではありません。メソッド、コンストラクター、
**プロパティ**、**演算子**、**イベント**も静的メンバーにすることができます。ここでは、静的なフィー
ルド、メソッド、コンストラクターについて説明します。プロパティ、演算子、イベントについ
ては、この後の章で説明します。

　静的メンバーを定義するには、次のように**static キーワード**を付けて記述します。

```
class Car
{
    public string name;        // インスタンスメンバー
    public static int seats;   // 静的メンバー
}
```

次のように初期値を指定することもできます。

```
public static int seats = 4;   // 静的フィールドの初期化
```

　静的フィールドには、同じクラス内からはインスタンスフィールドと同様にメンバー名だけでアクセスできます。クラスの外からアクセスするときは、「インスタンス名.メンバー名」ではなく「クラス名.メンバー名」と記述します。静的メンバーは特定のインスタンスに属していないので、インスタンス名ではアクセスできません。次に静的フィールドのサンプルコードを示します。

［サンプル］ClsStatic.cs

```
class Car
{
    public string name;        // インスタンスメンバー
    public static int seats;   // 静的メンバー

    public Car()
    {
        name = "マイカー";
    }

    public void Display()
    {
        Console.WriteLine(seats); // seats静的フィールドの値を出力
    }
}

class ClsStatic
{
    static void Main()
    {
        Car.seats = 5;     // seats静的フィールドに5を設定

        // インスタンスを作成
        var test = new Car();
        test.Display();   // 出力値:5

        // 別のインスタンスでも静的フィールドの値は同じになる
        var test2 = new Car();
        test2.Display(); // 出力値:5
    }
}
```

　　静的メンバーを使用するために、new演算子でインスタンスを生成する必要はありません。サンプルコードの「Car.seats = 5」のようにクラス名を使ってアクセスできます。

　　クラスのインスタンスを作成した場合、静的フィールドはインスタンス間で共有されます。つまり、静的フィールドはクラス単位で1つだけ存在し、複数のインスタンスを生成しても共通になります。そのため、静的フィールドの値を変更すると、すべてのインスタンスに影響します。

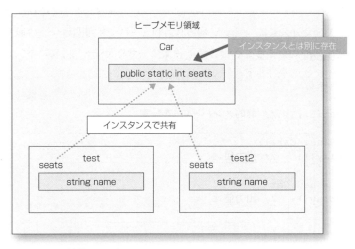

▲図6-10　静的メンバー

## 6.5.1　静的メソッド

　　staticキーワードをメソッドに付けると、**静的メソッド**になります。静的メソッドも静的フィールドと同様に、インスタンスを生成することなく利用できます。実は、静的メソッドはもう何度も使用しています。Console.WriteLineメソッドです。WriteLineはConsoleクラスの静的メソッドであり、Consoleクラスのインスタンスを生成せずに使用できます。

　　次のサンプルコードでは、先ほどのSetSeatメソッドを静的メソッドに変更しています。

[サンプル] ClsStaticMethod.cs

```
class Car
{
    public string name;        // インスタンスメンバー
    public static int seats;   // 静的メンバー

    public Car()
    {
        name = "マイカー";
    }
}
```

```
    // 静的メソッド
    public static void SetSeat(int n)
    {
        seats = n; // 静的メンバーのみアクセス可能
    }

    public void Display()
    {
        Console.WriteLine(seats);
    }
}

class ClsStaticMethod
{
    static void Main()
    {
        Car.SetSeat(5);    // 静的メンバーに5を設定

        var test = new Car();
        test.Display();    // 出力値:5

        var test2 = new Car();
        test2.Display();   // 出力値:5
    }
}
```

　静的メソッド内ではインスタンスメンバーにはアクセスできず、静的なデータメンバーしか使用できません。つまり、SetSeat メソッドの処理でインスタンスメンバー name は使用できません。

　サンプルコードでは、インスタンスを生成する前に Car.SetSeat メソッドを呼び出して、静的フィールドに値を設定しています。すべてのインスタンスで、その値が共有されていることがわかります。

### 6.5.2　静的コンストラクター

　コンストラクターも、static キーワードを付けて**静的コンストラクター**とすることができます。静的コンストラクターは、インスタンスが生成されるたびに呼び出されません。最初のインスタンスを作成する直前、または静的メンバーが参照される直前に、1度だけ呼び出されます。

　静的コンストラクターは、特定の処理を1回だけ実行したい場合や、静的データを初期化するために使用されます。さらに静的コンストラクターには、次のような特徴があります。

- アクセス修飾子やパラメーターは指定できない
- 静的コンストラクターを直接呼び出すことはできない
- 複数のクラスがある場合でも、呼び出されるタイミングを制御することができない

次に、静的コンストラクターの呼び出しを確認するためのサンプルコードを示します。

[サンプル] ClsStaticConst.cs

```
class Car
{
    public string name;       // インスタンスメンバー
    public static int seats;  // 静的メンバー

    public Car()
    {
        name = "マイカー";
        Console.WriteLine(name);
    }

    // 静的コンストラクター
    static Car()
    {
        seats = 4;
        Console.WriteLine(seats);
    }

    // 静的メソッド
    public static void SetSeat(int n)
    {
        seats = n; // 静的メンバーに代入
    }

    public void Display()
    {
        Console.WriteLine(seats);
    }
}

class ClsStaticConst
{
    static void Main()
    {
        var test = new Car();   // 静的および既定のコンストラクターが呼び出される

        Car.SetSeat(5);         // 静的メンバーに5を設定

        var test2 = new Car();  // 既定のコンストラクターのみが呼び出される

        test2.Display();        // 静的メンバーの値は変更されていない
    }
}
```

```
4
マイカー
マイカー
5
```

　初めて Car クラスのインスタンスを生成したときには、まず静的コンストラクターによって「4」
が出力され、そして既定のコンストラクターによって「マイカー」が出力されます。しかし、2
回目のインスタンス生成では静的コンストラクターは呼び出されないため、既定のコンストラク
ターによる「マイカー」のみが出力されます。その後、Display メソッドで静的メンバーの値を
確認すると、2 番目のインスタンスを生成する前に SetSeat メソッドで設定した「5」が出力さ
れます。

### 6.5.3　モジュール初期化子

　C# 9.0 から、**モジュール初期化子**と呼ばれるキーワードを使うと、静的コンストラクターと
似た処理が書けるようになりました。次のように、System.Runtime.CompilerServices 名前空
間[9]に定義された、ModuleInitilizer 属性を付与した静的メソッドは、最初に 1 回だけ実行され
るメソッドとなります。もちろん、どんな静的メソッドでもいいわけではなく、値を返さず、パ
ラメーターのない、public（または internal）のメソッドのみ付加できます。

[サンプル] ClsModuleInitilizer.cs

```
using System.Runtime.CompilerServices;

class ClsModuleInitilizer
{
    [ModuleInitializer]
    public static void InitMethod()
    {
        Console.WriteLine("最初の1回だけ実行");
        // 明示的に呼び出さなくても表示される
    }
}
```

　モジュール初期化子には、次のような静的コンストラクターとは異なる特徴があります。

● クラス内の複数のメソッドに付加できる。
● モジュール（dll や exe ファイル）が読み込まれたタイミングで実行される。

---

＊9）名前空間については、第 11 章で詳しく説明します。

複数のメソッドに付加した場合、すべてのメソッドが実行されることになります。なお、第12章で説明するジェネリックを用いたクラスやメソッドには、モジュール初期化子を定義できません。

### 6.5.4　静的クラス

クラスもstaticキーワードを使用して**静的クラス**として定義することができます。静的クラスは、インスタンスを作成せずにアクセスできるデータや処理を作成する際に使用します。静的クラスのメンバーには、静的メンバーしか含めることができません。また、静的クラスのインスタンスを作成しようとするとエラーになります。

次に、静的クラスを定義して、その静的メソッドを使用するサンプルコードを示します。

[サンプル] ClsStaticClass.cs

```
static class TestClass
{
    // 静的メンバー
    public static int a;

    // 静的コンストラクター
    static TestClass()
    {
        a = 5;
    }

    // 静的メソッド
    public static void Display()
    {
        Console.WriteLine(a); // 静的メソッドの呼び出し
    }
}

class ClsStaticClass
{
    static void Main()
    {
        TestClass.Display(); // 出力値:5
    }
}
```

6

## 第6章　練習問題

**1**　次の￭￭￭￭￭￭の中に入る正しい単語を記入してください。

　　クラスを構成する要素を　①　と呼びます。　①　は、データと処理の部分に区別できます。クラスを利用するには、クラスを　②　し、　③　した後、　④　化します。クラスの　①　にアクセスするには、　⑤　演算子を用います。

**2**　階乗を求めるメソッドを作成してください。階乗とは、1からその数までの連続する整数の積のことです。パラメーターは階乗を計算する値、戻り値は計算結果とします。

**3**　次のコードは、TestFunc メソッドの呼び出しに誤りがあります。修正してください。

```
class TestClass
{
    public void TestFunc(ref int a, out int b)
    {
        b = a * a;
        a = a * a * a;
    }
    static void Main()
    {
        TestClass test = new();
        int a = 3;
        test.TestFunc(a, int b);
    }
}
```

**4**　次のクラスを静的なクラスに変更してください。

```
public class Sample
{
    private int Code;
    public string Name;

    public Sample()
    {
        Name = "my name";
    }
}
```

# 第7章

# 継承とカプセル化
## ～クラスの機能を変更するには

第6章ではオブジェクト指向の中心となる**クラス**について説明しました。この章では、オブジェクト指向プログラミングを構成する3つの基本概念である**継承**、**カプセル化**、ポリモーフィズムのうち、継承とカプセル化について説明します。

## 7.1 継承

**継承**（inheritance）とは、あるクラスを土台として、新たなクラスを作ることです。新しいクラスは継承元のクラスのメンバーを引き継ぎ（継承し）ます。継承を使用すると、既存のクラスに独自のデータや処理を追加したクラスを簡単に作成することができます。

継承元のクラスのことを、**基本クラス**または**ベースクラス**といいます。新たなクラスのほうは、基本クラスから分かれて新しいクラスとなることから、**派生クラス**といいます[1]。

C# の派生クラスは、1つの基本クラスから作られます。つまり、継承元となるクラスは1つのみであり、これは**単一継承**と呼ばれます。他の言語では複数の基本クラスから継承する**多重継承**ができるものもありますが、C# では多重継承はできません（図7-1）。ただし、派生クラスを継承することはできます。その派生クラスから、さらに何段階にも継承することもできます。

----

[1] 基本クラスは、親クラス、スーパークラスとも呼ばれます。また、派生クラスは、子クラス、サブクラスとも呼ばれます。

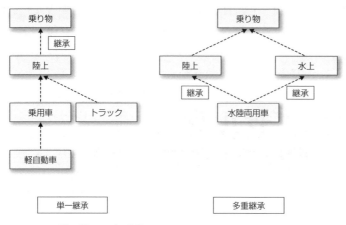

▲図7-1　単一継承と多重継承

　まずは、構文から見ていきましょう。継承の構文は次のように、派生クラス名の後にコロン（:）を記述し、その後に継承元となる基本クラス名を指定します。

**[構文] 継承**
```
class 基本クラス名 { ... }            // 基本クラスの定義
class 派生クラス名 : 基本クラス名 { ... }    // 派生クラスの定義
```

　派生クラスでは、基本クラスのメンバーを継承したうえで、さらに独自のメンバーを追加することができます。継承とは、基本クラスの機能を拡張することとも言えます。

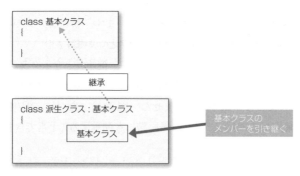

▲図7-2　継承

[サンプル] ClsMusic.cs
```
// 基本クラス
class Music
{
    public int Type = 0;
```

```
    public string Name = "Music";

    public void BaseInfo()
    {
        Console.WriteLine("Music");
    }
}

// 派生クラス
class Song : Music
{
    public string Key = "C#";

    public void DrvInfo()
    {
        Console.WriteLine("Song");
    }
}

class ClsMusic
{
    static void Main()
    {
        var s = new Song();          // 派生クラスのインスタンス

        Console.WriteLine(s.Key);    // 出力値：C#
        s.drvInfo();                 // 出力値：Song

        // 基本クラスのメンバーにアクセスできる
        Console.WriteLine(s.Type);   // 出力値：0
        s.BaseInfo();                // 出力値：Music

        var m = new Music();         // 基本クラスのインスタンス

        Console.WriteLine(m.Type);   // 出力値：0
        m.BaseInfo();                // 出力値：Music
    }
}
```

　Music クラスと、Music クラスから派生した Song クラスの 2 つを定義しています。Main メソッドではこの 2 つのクラスのインスタンスを作成し、それぞれのメンバーにアクセスしています。

　派生クラスである Song クラスのメンバーへのアクセスに注目してください。Key フィールドと DrvInfo メソッドは Song クラスで定義されているので、当然アクセスできます。それに加えて、基本クラスで定義されている Type フィールドと BaseInfo メソッドにもアクセスしています。

　派生クラスでは、新たに拡張するメンバーのみを記述します。基本クラスのメンバーは既に定義したことになっているため、派生クラスのメンバーと同様に、基本クラスのメンバーにもアクセスできるのです。

　Songクラスに継承されているMusicクラスも、通常のクラスと同様にインスタンス化して使用することができます。

　このサンプルコードではコンストラクターは定義していません。クラスに継承関係がある場合、コンストラクターはどのような動きになるのでしょうか。

### 7.1.1　継承とコンストラクター

　クラスに継承関係がある場合、派生クラスのインスタンスを作成すると、次のような順序で処理が実行されます。

1. インスタンスメンバーの初期化
2. 基本クラスのコンストラクターの呼び出し
3. 派生クラスのコンストラクターの呼び出し

　ここでのポイントは、図7-3に示すように、派生クラスのコンストラクターの前に基本クラスのコンストラクターが呼び出されることです。

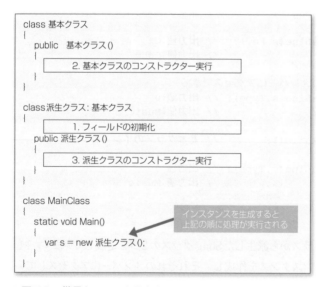

```
class 基本クラス
{
    public　基本クラス()
    {
        ┌──────────────────────────┐
        │  2. 基本クラスのコンストラクター実行  │
        └──────────────────────────┘
    }
}

class 派生クラス: 基本クラス
{
    ┌──────────────────────┐
    │  1. フィールドの初期化  │
    └──────────────────────┘
    public 派生クラス()
    {
        ┌──────────────────────────┐
        │  3. 派生クラスのコンストラクター実行  │
        └──────────────────────────┘
    }
}

class MainClass
{
    static void Main()
    {
        var s = new 派生クラス();
    }
}
```

インスタンスを生成すると
上記の順に処理が実行される

▲図7-3　継承とコンストラクター

　実際にサンプルコードで確かめてみましょう。

[サンプル] ClsConstructor.cs
```
// 基本クラス
class Music
```

```
{
    public Music()                    // 2．基本クラスのコンストラクター実行
    {
        Console.WriteLine("基本クラスのコンストラクター");
    }
}

// 派生クラス
class Song : Music
{
    public string Key = "C#";          // 1．フィールドの初期化

    public Song()                      // 3．派生クラスのコンストラクター実行
    {
        Console.WriteLine("派生クラスのコンストラクター");
    }
}

class ClsConstructor
{
    static void Main()
    {
        var s = new Song();
    }
}
```

```
基本クラスのコンストラクター
派生クラスのコンストラクター
```

　出力結果のとおり、最初に基本クラスのコンストラクターが呼び出されています。ただし、自動的に呼び出されるのは、パラメーターのない既定のコンストラクターだけです。パラメーター付きのコンストラクターを呼び出したい場合は、明示的に行う必要があります。

### 7.1.2　コンストラクター初期化子

　基本クラスで定義されたパラメーター付きのコンストラクターを呼び出すには、次のように**コンストラクター初期化子**と呼ばれる**base**キーワードを使って、基本クラスに渡すパラメーターを指定します。

**[構文] base キーワード**
```
派生クラスのコンストラクター(パラメーター) ：base(基本クラスに渡すパラメーター)
{
}
```

　具体的には次のようになります。

[サンプル] ClsBase.cs

```
// 基本クラス
class BaseClass
{
    public BaseClass(string s)
    {
        Console.WriteLine(s);
    }
}

// 派生クラス
class DerivedClass : BaseClass
{
    // baseキーワードで、パラメーターを指定
    public DerivedClass(string s1, string s2) : base(s2)
    {
        Console.WriteLine(s1);
    }
}

class ClsBase
{
    static void Main()
    {
        var c = new DerivedClass("Derived", "Base");
    }
}
```

▼

```
Base
Derived
```

　派生クラスのインスタンスを生成するときに渡されたパラメーターのうち、仮パラメーターs2
で受け取った値をパラメーターとして、基本クラスのコンストラクターが呼び出されます。基本
クラスのコンストラクターによりその値が出力された後、派生クラスのコンストラクターが実行
され、仮パラメーターs1で受け取った値が出力されます。

　継承とは関係ありませんが、コンストラクター初期化子には、もう1つ**this キーワード**があり
ます。これは、同じクラスの別のコンストラクターを呼び出す場合に使います。

　たとえば、次のようにパラメーターリストの異なる2つのコンストラクターがあるとします。

```
public SampleClass(int x, sring s)
{
}

public SampleClass(int x): this(x, "既定の文字列")
```

```
{
}
```

　このように定義すると、2番目のパラメーターを明示的に指定しない場合に、既定値を設定することができます。つまり、「SampleClass(n)」のようにパラメーター1つのコンストラクターを呼び出すと、「SampleClass(n, "既定の文字列")」を呼び出したことになるのです。コンストラクター初期化子のthisは通常、このようにパラメーターを省略してコンストラクターを呼び出せるようにするために、コンストラクターのオーバーロードで使用されます。

### 7.1.3　隠蔽

　派生クラスは、基本クラスのすべてのメソッドとフィールドを継承します（この後の章で説明するプロパティやイベントも継承します）。派生クラスでは、基本クラスから引き継いだメンバーを削除することはできません。しかし、基本クラスと同じ名前のメンバーを定義することで、結果的に基本クラスのメンバーを隠すことができます。これを**隠蔽**といいます。これにより、基本クラスの一部のメソッドの処理やフィールドのデータを、派生クラスで独自に再定義することができます。フィールドの場合は同じデータ型の同じフィールド名を定義し、メソッドの場合は同じパラメーターの同じメソッド名を定義します[*2]。

　ただし、そのままだとコンパイラにより警告が出されます。プログラマが意図して隠蔽しているならよいのですが、誤って同じメンバー名を定義してしまっていると、隠蔽によって思わぬ動作が引き起こされる可能性があるからです。そのため、隠蔽するメンバーの宣言の先頭には**new キーワード**を付ける必要があります。これはnew演算子とは異なるので注意してください。

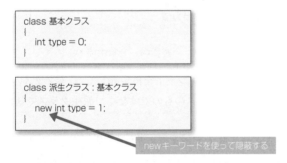

▲図7-4　隠蔽

　次に、派生クラスで基本クラスのフィールドとメソッドを隠蔽するサンプルコードを示します。

---

*2) 6.3.16項で説明したように、メソッドを区別するのはメソッド名とパラメーターリストの組み合わせです。この組み合わせのことを**シグネチャ**と呼びます。メソッドのオーバーロードを目的としたシグネチャには戻り値の型は含まれないため、戻り値の型が異なっても同じメソッドと見なされます。

[サンプル] ClsHide.cs

```
// 基本クラス
class Music
{
    public int Type = 0;
    public string Name = "Music";

    public void BaseInfo()
    {
        Console.WriteLine("Music");
    }
}

// 派生クラス
class Music2 : Music
{
    new public int Type = 1;    // 同じフィールドを定義

    new public void BaseInfo() // 同じメソッドを定義
    {
        Console.WriteLine("Music2");
    }
}

class ClsHide
{
    static void Main()
    {
        var m2 = new Music2();

        m2.BaseInfo();                  // 出力値:Music2
        Console.WriteLine(m2.Type); // 出力値:1
    }
}
```

　Music2クラスでは、TypeフィールドとBaseInfoメソッドを再定義して、基本クラスのメンバー
を隠蔽しています。この2つのメンバーは基本クラスのものではなく、派生クラスで新たに定義
されたメンバーということになります。

　派生クラスでメンバーを隠蔽したうえで、基本クラスのメンバーにもアクセスしたいという場
合もあります。その場合は、基本クラスを参照していることを示す**base**キーワードを使用して、
メンバーにアクセスします。具体的には、次のようになります。

[サンプル] ClsBaseHide.cs

```
// 基本クラス
class BaseClass
{
```

```
        public int Type = 0;
    }

    class NewClass : BaseClass
    {
        new public int Type = 1;      // 同じフィールドを定義

        // typeフィールドの値の表示
        public void Print()
        {
            Console.WriteLine(this.Type);  // 自身のメンバーにアクセス
            Console.WriteLine(base.Type);  // 基本クラスのメンバーにアクセス
        }
    }

    class ClsBaseHide
    {
        static void Main()
        {
            var n = new NewClass();

            n.Print(); // 派生クラスと基本クラスのtypeフィールドの値を表示
        }
    }
```

▼

```
1
0
```

　構文は自身のクラスを参照する this キーワードと同じです。「base. メンバー名」とすることで、基本クラスのメンバーにアクセスできます。「this.Type」は自身のメンバーなので、初期値が1になっています。「base.Type」は基本クラスのメンバーなので、初期値が0になっています。

## 7.1.4　オーバーライド

　隠蔽の他にもう1つ、基本クラスのメソッドを派生クラスで書き換える方法があります。それは、メソッドの**オーバーライド**と呼ばれる方法です。両者は同じような機能なのですが、第8章で説明する**ポリモーフィズム**において違いが生じます。ここではまず、オーバーライドの構文について説明します。なお、6.3.16項で説明したオーバーロードと言葉は似ていますが、まったく違うものなので注意してください。

　派生クラスでメソッドをオーバーライドできるようにするには、図7-5のように基本クラスで**virtual キーワード**を付けてメソッドを宣言しておきます。そして、このメソッドをオーバーライドする派生クラスでは、宣言に**override キーワード**を付けます。基本クラスでvirtual キーワードが付いていないメソッドをオーバーライドすることはできません。

　基本クラスのメソッドを派生クラスでオーバーライドできるのは、基本クラスのメソッドと名前、パラメーターリスト、および戻り値の型が一致するメソッドです。プロパティ、インデクサー、イベントもオーバーライドできます。virtual キーワードを付加したメンバーのことを、**仮想メンバー**と呼びます。なお、virtual キーワードはstatic、abstract、private、override のアクセス修飾子とは一緒に使用できません（abstract については8.1.5項で説明します）。

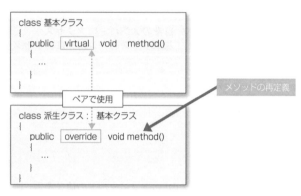

▲図7-5　オーバーライド

　では、サンプルコードを見てみましょう。

［サンプル］ClsOverride.cs

```csharp
// 基本クラス
class Music
{
    public virtual void BaseInfo()
    {
        Console.WriteLine("Music");
    }
}

// 派生クラス
class Song : Music
{
    public override void BaseInfo()   // 基本クラスのメソッドをオーバーライド
    {
        Console.WriteLine("Song");
    }
}

// 派生クラス
class Music2 : Music
{
    new public void BaseInfo()        // 基本クラスのメソッドを隠蔽
```

```
    {
        Console.WriteLine("Music2");
    }
}

class ClsOverride
{
    static void Main()
    {
        var s = new Song();
        s.BaseInfo();                // 出力値：Song

        var m2 = new Music2();
        m2.BaseInfo();               // 出力値：Music2

        var m = new Music();
        m.BaseInfo();                // 出力値：Music
    }
}
```

**7**

　Music という基本クラスと、それを継承したSong クラスおよびMusic2クラスを定義しています。Music クラスのBaseInfo メソッドを仮想メンバーにしています。そして、Song クラスではoverride キーワードで、Music2クラスではnew キーワードでメソッドを再定義しています。

　Main メソッドでは、それぞれのクラスのインスタンスを生成し、BaseInfo メソッドを呼び出しています。どちらの派生クラスでも、再定義されたメソッドが実行されます。

　これはごく単純な例なので、隠蔽とオーバーライドの違いがわかりません。両者の違いについては8.1.4項で説明します。

 ## 7.2　カプセル化

　**カプセル化**は、オブジェクト指向プログラミングの基本ともいうべき概念です。クラスそのものがカプセル化を表現したものとも言えます。

### 7.2.1　カプセル化とは

　カプセル化は、複雑な処理をオブジェクトの内部に隠して、外部からは公開された手段のみでアクセスできるようにし、安全で使いやすいオブジェクトにしようという考え方です。

　たとえば、最近のテレビのリモコンは、普段使うボタンだけが表面に並んでいて、複雑な設定のためのボタンはカバーで覆われていることが多いです。これもカプセル化です。公開されたボタンによってだれでもテレビを見ることができます。しかも、カバーのおかげで誤ってテレビの設定を変更してしまうことから保護しています。

　C#では、リモコンのカバーに相当する機能が、前述したアクセス修飾子による制限です。カプセル化の考えに基づいて、クラスのメンバーは既定では、クラスの内部からのみアクセスできる **private** レベルになっています。それに対して、アクセス修飾子として **public** を指定すると、外部からのアクセスを許可するという意味になります。そして、もう1つ重要なアクセスレベルが **protected** です。このアクセス修飾子が指定されたクラスのメンバーには、そのクラスの内部またはそのクラスを継承した派生クラスからしかアクセスできなくなります。

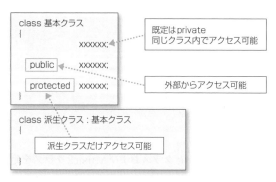

▲図7-6　カプセル化

　次に、この3つのアクセス修飾子を使用したサンプルコードを示します。

［サンプル］ClsCapsule.cs

```
// 基本クラス
class Music
{
    int type = 0;                      // 既定はprivateになる
    protected string name = "Music";

    // typeフィールドに値を設定するpublicメソッド
    public void SetType(int type)
    {
        this.type = type;
    }

    // フィールドの値を出力する仮想メソッド
    public virtual void PrintName()
    {
        Console.WriteLine(type);
        Console.WriteLine(name);
    }
}

// 派生クラス
class Song : Music
```

```
{
    public override void PrintName()
    {
        // this.type = 1;
        this.name = "Song";        // nameフィールドに"Song"を代入
        base.PrintName();          // 基本クラスのメソッドを呼び出す
    }
}

class ClsCapsule
{
    static void Main()
    {
        var s = new Song();        // 派生クラスのインスタンスを作成
        s.SetType(1);              // typeフィールドに1を設定
        // s.name = "test";
        s.PrintName();             // 出力値:1  Song
    }
}
```

**7**

Song クラスは Music クラスを継承しています。Song クラスでコメントになっている行のコメントを外すと、「アクセスできない保護レベルになっています」というエラーになります。これは、type フィールドが private で宣言されており、Music クラスの内部からしかアクセスできないためです。同様に、ClsCapsule クラスでコメントになっている行は、protected で宣言されている name フィールドに派生クラス以外からアクセスしようとしているため、エラーになります。

ただし、type フィールドにクラスの外部からアクセスする手段として、public で宣言された SetType メソッドが公開されています。したがって、Song クラスで「this.type = 1;」ではなく「this.SetType(1);」とすればエラーにならず、type フィールドに値を設定できます。

Song クラスの PrintName メソッドでは、base キーワードを使用して基本クラスの PrintName メソッドを呼び出しています。Main メソッド内の SetType メソッドの呼び出しで type フィールドを「1」に設定し、派生クラスの PrintName メソッドの1行目で name フィールドを「Song」に設定しているので、基本クラスの初期値ではなく「1」と「Song」が出力されます。

## 7.2.2　プロパティ

先ほどのサンプルコードでは、private で宣言された type フィールドに値を設定するために、public で宣言されたメソッドを定義しました。これは、フィールドをカプセル化して、メソッドによってのみアクセスできるように制限した例です。このようなメソッドのことを**アクセサー**と呼びます。

C# では、**プロパティ**と呼ばれるアクセサーに対応したメンバーを使用できます。プロパティを使用すると、private で宣言されたフィールドの値の取得や設定を行う手段を外部に提供できます。次のように **set キーワード**と **get キーワード**を使用して定義します。

---

**[構文] プロパティ**

```
アクセス修飾子 データ型 プロパティ名
{
    set
    {
        // 値を代入する際に行いたい処理
        フィールド名 = value;
    }

    get
    {
        // 値を参照する際に行いたい処理
        return フィールド名;
    }
}
```

　set アクセサーメソッド（以降アクセサー）でフィールドに値を設定します。設定する値は value という自動で定義されたパラメーターに格納されます。value は宣言せずに使用することができます。set アクセサーは値を設定するためのものなので、戻り値は指定できません。get アクセサーでは、return 文を使用してフィールドの値を返します。

　set アクセサーと get アクセサーでは、単純に値の取得と設定を行うだけでなく、値の検証や計算などの処理も記述できます。たとえば、get アクセサーに計算処理を追加して、長さを示すフィールドの値を異なる単位で返す複数のプロパティを定義することができます。

　先ほどのサンプルコードの SetType メソッドをプロパティに変更すると、次のようになります。Type プロパティでは、さらに値を取得するための get アクセサーも定義しています。set または get のどちらか 1 つだけを定義した場合は、定義したほうの機能だけが使えます。

**[サンプル] ClsProperty.cs**

```csharp
// 基本クラス
class Music
{
    int type = 0;                          // 既定はprivate
    protected string name = "Music";

    public int Type
    {
        set
        {
            this.type = value;
        }
        get
        {
            return this.type;
        }
    }
}
```

　メソッドを作成するのと手間は変わらないと思うかもしれませんが、この構文が効力を発揮するのは、プロパティを使う側です。次のように、変数への値の設定と取得のように記述できるのです。背後でメソッドが呼び出されるため、すっきりとした記述が可能になります。

［サンプル］ClsProperty.cs

```
class ClsProperty
{
    static void Main()
    {
        var m = new Music();
        m.Type = 1;                    // setが呼ばれる
        Console.WriteLine(m.Type);     // getが呼ばれる
    }
}
```

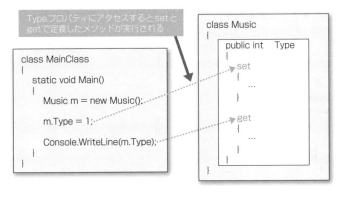

▲図7-7　プロパティ

### 7.2.3　個別のアクセスレベル設定

　プロパティのset アクセサーとget アクセサーで、異なるアクセスレベルが設定できます。次のようにした場合、プロパティP の値の取得はどのクラスからも行えますが、値の設定はSampleクラスの内部またはその派生クラスからしか行えません。

```
class Sample
{
    int a;

    public int P
    {
        protected set { this.a = value; }    // setだけprotectedにする
        get { return this.a; }
```

```
    }
}
```

　なお、値の設定と取得のみを行う set アクセサーと get アクセサーのブロックは、このコードのように 1 行で記述されることが多いです。

### 7.2.4　自動プロパティ

　プロパティは使用するには便利な構文なのですが、定義する数が多いと似たような記述が続くので、冗長なコードになりがちです。そのため、単純に値の設定と取得だけを行うだけなら、次のようにプロパティの中身を省略して定義できます。

```
public int Name { get; set; }
```

　このように記述すると、コンパイル時に自動的に内部でフィールドが作成され、次に示したようなプログラムと同じになります（__name という変数は、プログラムからは参照できません）。

```
private int __name;
public int Name
{
    get { return this.__name; }
    set { this.__name = value; }
}
```

　具体的には次のようになります。

［サンプル］ClsAutoProp.cs

```
class SampleClass
{
    // 自動で内部的なint型のフィールドが生成される
    public int Type { get; set; }
}

class ClsAutoProp
{
    static void Main()
    {
        var test = new SampleClass();

        test.Type = 1;
        Console.WriteLine(test.Type); // 出力値:1
    }
}
```

　なお、C# 6までの自動プロパティは、set アクセサーと get アクセサーが必須でしたが、C# 6 以降は、get アクセサーのみでも宣言できるようになりました。

### 7.2.5　自動プロパティの初期化子

　C# 6から、自動プロパティに**初期化子**（Auto-property initializers）が使えるようになりました。次の構文で、プロパティの定義に続けて初期値の設定ができます。

**[構文] 自動プロパティの初期化子**
```
データ型 プロパティ名 { get; set; }　=　初期値;
```

　get アクセサーのみの自動プロパティも定義できます。ただし get のみの自動プロパティは、読み取り専用となりますので、（クラスのコンストラクター内を除いて）値の取得しかできません。コンストラクター内では、初期化子で定義した初期値の上書きが可能です。

［サンプル］ClsAutoInit.cs
```
class SampleClass
{
    public string Type { get; set; } = "nothing";
    public string Name { get; } = "abc";
}

class ClsAutoInit
{
    static void Main()
    {
        var test = new SampleClass();
        Console.WriteLine(test.Type); // 出力値:nothing
        Console.WriteLine(test.Name); // 出力値:abc
    }
}
```

### 7.2.6　オブジェクト初期化子

　クラスの作成では、**オブジェクト初期化子**という初期化子が使えます。オブジェクト初期化子を使うと、クラスのインスタンスを作成するときに、パラメーター付きのコンストラクターを呼び出さずに複数のデータメンバーに値を割り当てることができます。

　構文は次のようになります。複数のメンバーを初期化する場合は、コンマで区切って記述します。

**[構文] オブジェクト初期化子**
```
new クラス名 { メンバー1 = 初期値, メンバー2 = 初期値, ... };
```

たとえば、string型のnameというメンバーを初期化する場合、次のように記述できます。

```
var c = new TestClass { name = "初期値の文字列" };
```

　オブジェクト初期化子を使う際には、いくつか注意点があります。まず、オブジェクト初期化子は、そのクラスからアクセスできるレベルのメンバーにのみ適用できます。たとえば、次のサンプルコードに示すようにprivateで宣言されたメンバーを初期化しようとするとエラーになります。次に、オブジェクト初期化子による初期値は、最後に設定されるという点です。初期化される順番は、クラスの定義、既定のコンストラクター、オブジェクト初期化子の順となります。

[サンプル] ClsInitializers.cs
```
class SampleClass
{
    // フィールド
    public int v1 = 10;
    private int v2;

    // 既定のコンストラクター
    public SampleClass()
    {
        Console.WriteLine(this.v1);
    }
}

class ClsInitializers
{
    static void Main()
    {
        var test = new SampleClass { v1 = 20 }; // 出力値:10
        Console.WriteLine(test.v1);             // 出力値:20

        // privateのメンバーは設定できないのでコンパイルエラーとなる
        // var test2 = new SampleClass { v2 = 20 };
    }
}
```

　クラスの定義でv1フィールドを「10」で初期化しているので、インスタンスの生成時に呼び出される既定のコンストラクターにより「10」が出力されます。その後、オブジェクト初期化子で設定された「20」が出力されます。また、v2フィールドはprivateで宣言されているため、オブジェクト初期化子では設定できず、サンプルコードのコメントを外すとエラーになります。

### 7.2.7　init アクセサー

　get のみを定義したプロパティは、コンストラクター内でしか初期化できません。先ほどのオブジェクト初期化子を使っても、値を書き換えることができません。これでは使い方の制限が大きすぎるため、C# 9.0 からは、オブジェクト初期化子でも初期化できるように、**init アクセサー**が追加されました。set アクセサーの代わりに init アクセサーで定義すると、コンストラクターとオブジェクト初期化子での初期化ができるプロパティとなります。

[サンプル] ClsInitProperty.cs

```
public class TestClass
{
    public string GetProp { get; }          // getのみ
    public string InitProp { get; init; } // initアクセサー

    public TestClass()
    {
        this.GetProp = "";
        this.InitProp = "";
    }

    public TestClass(string gv, string iv)
    {
        this.GetProp = gv;
        this.InitProp = iv;
    }

    public void TestMethod(string gv, string iv)
    {
        this.GetProp = gv;  // エラーになる
        this.InitProp = iv; // エラーになる
    }
}

public class ClsInitProperty
{
    static void Main()
    {
        // コンストラクターはOK
        var t1 = new TestClass("p1", "p2");

        // 以下はエラーになる
        t1.GetProp = "";
        t1.InitProp = "";

        // オブジェクト初期化子
        var t2 = new TestClass
        {
            InitProp = "a",
```

**7**

```
            GetProp = "b", // エラーになる
        };
    }
}
```

## 7.2.8　インデクサー

　C# のデータ型の1つである**配列**について、3.6.2項で簡単に説明しました（配列については第10章で詳しく説明します）。配列では、a[i] のように[]の中に要素の位置を示す**インデックス（添字**とも呼ばれます）を指定して、データのi 番目の要素にアクセスします。

　**インデクサー**は、配列と同じようにインデックスを指定して、クラスのインスタンスにアクセスできるようにするしくみです。インデクサーを定義すると、配列と同じa[i] という形式でインスタンスの要素の取得や設定ができるようになります。構文は次のようになります。インデックスと this[] というキーワードがあることを除けば、形式的にはプロパティと同じです。

**[構文] インデクサー**
```
アクセス修飾子　戻り値の型　this[添字の型　添字]
{
    set
    {
        // インデックスとvalueパラメーターで値を設定する
    }
    get
    {
        // インデックスで値を参照してreturn文で返す
    }
}
```

　なおインデックスは、添字の型と添字をペアとし、コンマで区切って複数定義することもできます。

```
public int this[int x, int y] { ... }
```

　次にインデクサーの処理を確認するための簡単なサンプルコードを示します。

[サンプル] ClsIndexer.cs
```
class TestArray
{
    // privateなので外部からはアクセスできない
    int[] array = new int[3];

    // インデクサーの定義
    public int this[int index]
```

```
        {
            set
            {
                array[index] = value;
            }
            get
            {
                return array[index];
            }
        }
    }

    class ClsIndexer
    {
        static void Main()
        {
            var t = new TestArray();

            // 配列のように代入できる
            t[0] = 5;
            t[1] = 10;
            t[2] = 15;

            // 配列のように参照できる
            Console.WriteLine(t[1]); // 出力値:10
        }
    }
```

　int型の配列とインデクサーをメンバーに持つTestArrayクラスを定義しています。Mainメソッドでは TestArray クラスのインスタンスを作成し、変数t に代入しています。インデクサーにより、変数t があたかも配列であるかのようにアクセスすることができます。

　なお、C#7から、オブジェクト初期化子にインデクサーが利用できるようになりました。次の構文で、インデクサーによる初期値の設定ができます。この代入式は、コンマで区切って複数を指定することも可能です。

[構文] オブジェクト初期化子でのインデクサー

　[添字] ＝ 初期値;

　したがって、先ほどのサンプルコードは、次のように書き換えてもかまいません。

[サンプル] ClsIndexer.cs
```
// オブジェクト初期化子でのインデクサー
var t2 = new TestArray()
{
    [0] = 5,
    [1] = 10,
```

```
            [2] = 15
    };
    Console.WriteLine(t2[2]); // 出力値:15
```

　また、インデックスの型は整数型である必要はなく、たとえばstring型も可能です。次に示すのは.NETのクラスライブラリのSystem.Collections.Generic名前空間にあるDictionaryというクラスの使用例です(**連想配列**と呼ばれる配列で、12.1.6項で取り上げます)。このクラスには任意の型のインデクサーが定義されており、string型のインデックスを使うこともできます。

[サンプル] ClsIIndexerStr.cs

```
class ClsIIndexerStr
{
    static void Main()
    {
        var dict = new Dictionary<string, string>();

        dict["Mon"] = "月";  // インデックス"Mon"と要素"月"を追加
        dict["Tue"] = "火";  // インデックス"Tue"と要素"火"を追加

        Console.WriteLine(dict["Mon"]); // 出力値:月
    }
}
```

　なお、プロパティと同様、インデクサーでもgetとsetに異なるアクセスレベルを設定できます。また、通常のメソッドと同様、インデクサーもオーバーロードできます。次のように、インデックスのデータ型と数が異なる複数のインデクサーを定義できます。

```
// int型の戻り値とint型のインデックス
public int this[int index] { ... }

// int型の戻り値と2つのint型のインデックス
public int this[int index1, int index2] { ... }

// string型の戻り値とdouble型のインデックス
public string this[double index] { ... }
```

**Column**　**インデクサーとメソッドの使い分け**

　プロパティと同様、インデクサーについても、通常のメソッドを使って同じような処理を定義することができます。インデクサーを使用するのは、配列として定義する意味のある場合だけにしましょう。インデックスの値そのものを計算などの処理に使ってしまうと、インデクサーから返される値を直感的に推測できず、混乱してしまいます。そのような場合は通常のメソッドにすべきです。たとえば、次のような使い方は避けましょう。

[サンプル] ClsMaile.cs

```
// メートルをマイルに変換するクラス
class GetMile
{
    public double this[double m]
    {
        get
        {
            // インデックスのmをデータとして使っている
            return m * 1609.344;
        }
    }
}

class ClsMaile
{
    static void Main()
    {
        var gm = new GetMile();

        Console.WriteLine(gm[2]);   // 出力値:3218.688
        Console.WriteLine(gm[3]);   // 出力値:4828.032
    }
}
```

# 7.3　パーシャルクラス

　クラスにpartial キーワードを付けることで、クラスの定義を複数のファイルに分割して作成できます。この分割されたクラスを**パーシャルクラス**といいます。パーシャルクラスを使用すると、ソースコードを効率的に管理できます。

　たとえば、Visual Studio によって自動的に生成される部分[*3]と、ユーザーが作成する部分を分けておくと、書き換えてはいけない部分まで修正してしまうといったミスを防ぐことができます。次に、パーシャルクラスの動作を確認する簡単なサンプルコードを示します。

［サンプル］ClsPartial.cs

```
partial class Sample
{
    int a = 1;
}

partial class Sample
{
    public void Test()
    {
        Console.WriteLine(a);
    }
}

class ClsPartial
{
    static void Main()
    {
        var testClass = new Sample();

        testClass.Test();   // 出力値:1
    }
}
```

　このように 2 つに分割したクラスは、1 つのソースファイルに記述しても、別々のソースファイルに記述してもかまいません。ただし、同一のクラスと認識させるためには、どの定義にも partial キーワードが必要です。

---

＊3）空のプロジェクトから作成した場合は自動生成されるコードはありませんが、その他のテンプレートを使用すると、あらかじめ必要なコードが自動生成されます。

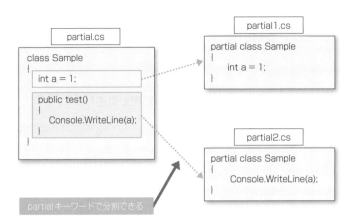

▲図7-8　2つのソースファイルに分割したパーシャルクラス

## 7.3.1　パーシャルメソッド

　パーシャルメソッドとは、メソッドの宣言と定義を分けて書けるというものです[4]。ただし、次に示すような制限があります。

- パーシャルクラス内のメソッドに限られる
- private で宣言する必要がある
- アクセスレベルは private のみ
- 戻り値は void のみ
- パラメーターで out キーワードは使用できない

　この機能のおもしろいところは、単純に宣言と定義を分割できるだけではなく、宣言だけ書いておける点です。たとえば、次のようにクラス定義のみを書いてコンパイルしてもエラーになりません。LogInfo メソッドを呼び出してはいますが、宣言しかないのです[5]。

[サンプル] ClsPartialMethod.cs

```
partial class Sample
{
    static partial void LogInfo();

    static void Main()
    {
        LogInfo();
```

---

*4) C++ 言語では、それが通常の書き方です。
*5) ビルドして生成される実行ファイルには、LogInfo メソッドを呼び出すコードも含まれません。

```
        Console.WriteLine("Hello"); // 出力値:Hello
    }
}
```

次に、別のソースファイルを作成して、メソッドの実際の処理を記述します。

[サンプル] ClsPartialMethodImp.cs

```
partial class Sample
{
    static partial void LogInfo()
    {
        Console.WriteLine("debug");
    }
}
```

この2つのファイルをコンパイルして実行すると、まずLogInfo メソッドが実行されて「debug」
という文字が表示されます。その後に「Hello」が表示されます。たとえば、プログラムの検証
中に使用するコードをパーシャルメソッドに記述しておき、必要に応じてそのファイルを含めた
り除外したりしてコンパイルするといった使い方ができます*6。このような機能は8.1節で説明す
る**仮想メソッド**などの他の方法でも実現できますが、パーシャルメソッドを使用したほうが手軽
です。ただし、前述したようなさまざまな制限があるので注意が必要です。

パーシャルメソッドは主に、宣言はユーザーが行い、処理部分のコードはツールで自動生成す
るような場合を想定した機能となっています。

## 7.3.2　パーシャルメソッドの拡張（C# バージョン 9.0）

C# 9.0から、パーシャルメソッドの機能が拡張されて、より柔軟な使い方ができるようになり
ました。ただし、従来のパーシャルメソッドとは、次のような違いがあります。

- アクセス修飾子の指定が必要
- void 以外の戻り値が指定できる
- パラメーターで、ref やout キーワードが使用できる
- メソッドの実装が必要

アクセス修飾子の有無で、新しいパーシャルメソッドか、従来のパーシャルメソッドなのかを
判断されます。

---

*6) ソースファイルをプロジェクトから除外するには、ソリューションエクスプローラーで除外したいファイルを右クリックして［プロジェ
クトから除外］をクリックします。プロジェクト名を右クリックして［追加］－［既存の項目］をクリックすると、ソースファイル
を選択してプロジェクトに含めることができます。

［サンプル］ClsPartialMethodImpEx.cs

```
partial class SampleEx
{
    // 実装
    public partial DateTime DateInfo()
    {
        return DateTime.Now;
    }
}
```

［サンプル］ClsPartialMethodEx.cs

```
partial class SampleEx
{
    public partial DateTime DateInfo(); // 宣言のみ
}
class ClsPartialMethodImpEx
{
    static void Main()
    {
        Console.WriteLine(new SampleEx().DateInfo()); // 出力値:(現在日時)
    }
}
```

　C# 9.0のパーシャルメソッドは、主に、C# 9.0で利用できるようになった、ソースコードの自動生成機能（C# Source Generator）を使ったコンポーネントで使われるものです。ソースコードの自動生成機能とは、コンパイルの際に、自動的にソースコードを生成する機能です。たとえば、何らかの機能を追加するコンポーネントで、パーシャルメソッドの実装を自動生成する、といったケースで使われます[7]。

----

＊7）一般には、ソースコードを自動生成するコンポーネント自体を作成するより、コンポーネントを使うほうが多いでしょう。ソースコードの自動生成機能は、本書の範囲を超えるものであり、ここでは詳細な説明は割愛します。

## 第7章　練習問題

**1** 次の ▢▢▢ の中に入る正しい単語を記入してください。

　　新たなクラスを作成するとき、既存のクラスの機能を引き継ぐことを、 ① と言います。C# では、 ② のクラスからのみ ① できます。これは単一 ① と呼ばれます。

　クラスの処理を内部に隠して、外部からは公開された手段のみでアクセスできるようにすることを、 ③ 化と呼びます。

---

**2** 次の Animal クラスを継承して、Dog（犬）クラスを作成してください。なお、フィールドの値（足の数）をコンストラクター内で正しい値に初期化してください。

```
class Animal
{
    // 足の数
    protected int Legs;

    public void PrintLegs()
    {
        Console.WriteLine(Legs);
    }
}
```

---

**3** **2**で作成したDogクラスに、Legsフィールドを参照専用として外部に公開するため、親クラスのLegsフィールドの名称を変更し、プロパティ Legs を追加してください。

---

**4** **2**の Animal クラスの Legs フィールドを、get アクセサー、set アクセサーのみの自動プロパティに変更してください。なお、Legs フィールドを派生クラスで書き換えできるように、アクセス修飾子を追加してください。

---

**5** **2**の Animal クラスの Legs フィールドを、オブジェクト初期化子が使えるように、アクセス修飾子を変更してください。そして、オブジェクト初期化子を使って、インスタンスを生成するコードを書いてください。

第**8**章

# ポリモーフィズム
## ～クラスを操作するには

この章では、オブジェクト指向プログラミングにおける3つ目の重要な概念である、**ポリモーフィ
ズム**について説明します。その中で、第7章で構文を説明した**オーバーライド**と隠蔽の違い、お
よび**抽象クラス**と**インターフェイス**について取り上げます。

**8**

 ## 8.1　ポリモーフィズム（多態性）

**ポリモーフィズム**は**多態性**とも呼ばれ、簡単に言うと、同じメソッドを複数のクラス型で使用
できるようにするというものです。同じ名前のメソッドを通して、暗黙的に複数のインスタンス
の動作を切り替えることができます。少し理解が難しい概念なので、できるだけ具体的なプログ
ラム例をまじえて説明することにします。

本題に入る前に、基礎的な事柄をいくつか押さえておきましょう。

### 8.1.1　型変換

3.4節でデータ型の変換（キャスト）について説明しました。クラスも組み込みデータ型のように、
型を変換することができます。ただし、継承関係のあるクラスどうしに限られます。

第7章で説明したように、派生クラスは基本クラスのすべてのメンバーを継承します。そのた
め、派生クラスのインスタンスは基本クラスのインスタンスとしても利用できると見なされます。
つまり、基本クラスにキャストできるということです。この、派生クラスから基本クラスへの変
換は**アップキャスト**と呼ばれ、暗黙的に行うことができます。

反対に、基本クラスを派生クラスに変換することを**ダウンキャスト**と呼びます。派生クラスに
は独自のメンバーが追加されている場合があるので、ダウンキャストはアップキャストのように
常にできるとは限りません。そのため、明示的に行う必要があります。

　基本クラスを拡張したものが派生クラスなので、当然、基本クラスをそのまま派生クラスに変換することはできません。しかし、派生クラスをいったん基本クラスに変換して、それをまた派生クラスに戻す場合はどうでしょうか。次のサンプルコードでは、第7章のクラス定義を使って、アップキャストとダウンキャストを行っています。

［サンプル］ClsCast.cs

```csharp
// 基本クラス
class Music
{
    public virtual void BaseInfo()
    {
        Console.WriteLine("Music");
    }
}

// 派生クラス
class Song : Music
{
    public override void BaseInfo() // メソッドをオーバーライド
    {
        Console.WriteLine("Song");
    }
}

// 派生クラス
class Music2 : Music
{
    new public void BaseInfo()        // メソッドを隠蔽
    {
        Console.WriteLine("Music2");
    }
}

class ClsCast
{
    static void Main()
    {
        // SongクラスのインスタンスをMusicクラス型の変数に代入
        Music m = new Song();

        // Musicクラス型の変数をキャストしてSongクラス型の変数に代入
        Song s = (Song)m;

        // Musicクラス型の変数をキャストしてMusic2クラス型の変数に代入
        // 元がSong型なのでエラーとなる
        Music2 m2 = (Music2)m;
    }
}
```

　Main メソッドの1行目のように、Song 派生クラスを Music 基本クラスにアップキャストするのは問題ありません。拡張した派生クラスに対して、元の基本クラスとしてアクセスできます。

　次に、アップキャストして代入した変数 m を、また Song 派生クラスにダウンキャストしています。変数 m は元が Song 派生クラスだったので、これも問題ありません。

　では、この変数 m を Music2 派生クラスにダウンキャストするとどうなるでしょうか。元のクラスは Song 派生クラスですが、Music 基本クラスと Music2 派生クラスの継承関係しかわかりません。そのため、コンパイル時には変数 m の実体が Music2 派生クラスとは異なることが判断できずに、コンパイルは成功します。しかし、これを実行するとエラーとなってしまいます[1]。

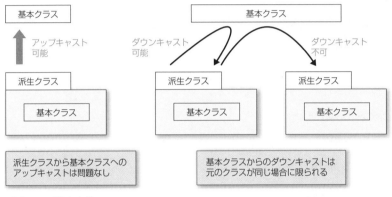

▲図8-1　型の変換

　このように、いったん基本クラスに変換してしまうと、元のクラスが何であったかがわからない場合があります。そのため、前もってダウンキャスト可能かどうかを診断する演算子が用意されています。**is 演算子**です。is 演算子は、その変数が指定したクラスにダウンキャストできる場合は true、できない場合は false を返します。構文は次のとおりです。

**[構文] is 演算子**

変数名 is クラス名

　サンプルコードの Main メソッドを書き換えて、is 演算子の動作を確かめてみましょう。

[サンプル] ClsCastIs.cs

```
class MainClass
{
    static void Main()
    {
        Music m = new Song();
        Song s = (Song)m;
```

---
＊1）Visual Stuio 2022 では、コンパイル時にエラーと判断されます。

```
        Console.WriteLine(m is Song);    // 出力値:True
        Console.WriteLine(m is Music2);  // 出力値:False
    }
}
```

変数 m は Song クラスにダウンキャストできますが、Music2 クラスにはダウンキャストできないことがわかります。

また、**as 演算子**を使用すると、前もって診断しなくても明示的なダウンキャストを安全に実行できます。as演算子はダウンキャストを実行し、ダウンキャストできない場合はnullを返します。そのため、実行時のエラーを回避できます[2]。

**[構文] as 演算子**

変数名 as クラス名

as 演算子の動作をサンプルコードで確認してみましょう。

[サンプル] ClsCastDown.cs

```
class ClsCastDown
{
    static void Main()
    {
        Music m = new Song();

        Song s = m as Song;
        Music2 m2 = m as Music2; // ダウンキャストできないのでnullを返す

        Console.WriteLine(s == null);   // 出力値:False
        Console.WriteLine(m2 == null);  // 出力値:True
    }
}
```

なお、C# 7からはis演算子が拡張され、より便利に使えるようになりました。拡張された機能については、8.3節で説明します。

## 8.1.2 オブジェクト型とボックス化

C# では、何も継承していない独立したクラスを定義しても、System 名前空間にある Object というクラスを継承したと見なされます。これは、C# ではどのクラスでも、基本クラスの元をたどっていくとSystem.Object クラスにたどり着くということです。System.Object クラスが、すべてのクラスの基本クラスになっているのです。

---

[2] Visual Studio 2022では、ダウンキャストできないと判断された場合は、コンパイルエラーとなります。

System.Object クラスはobject 型として、組み込みのデータ型と同様に使用することができます（3.2節で説明したようにSystem.Int32 を int と記述できるのと同じです）。また、Object クラスには、すべてのクラスに共通するメンバーが定義されています。いくつかのメソッドは仮想メソッドとして宣言されています。仮想メソッドなのは、派生クラスでオーバーライドされることが想定されているからです[3]。

Object がすべてのクラスの基本クラスであるということは、どのようなクラスでも Object にアップキャストできるということでもあります。さらに、参照型であるクラスだけでなく、値型も Object に変換することができます。このように、値型を Object に変換することを**ボックス化**といいます。逆に、ボックス化された Object を値型に戻すことを**ボックス化解除**といいます。

ボックス化を図示すると、図8-2のようになります。数値型の変数a をボックス化すると、一時的にメモリ領域が確保され、そこにa の値5がコピーされます。そして、object 型の変数には、その領域のアドレスが代入されます。

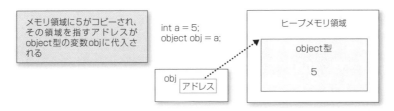

▲図8-2　ボックス化

実際のサンプルコードを見てみましょう。

［サンプル］ClsBox.cs

```
static void Main()
{
    int a = 5;                   // 値型の定義
    object obj;                  // object型の参照変数

    obj = a;                     // ボックス化
    var b = (int)obj;            // ボックス化解除

    Console.WriteLine(b);        // 出力値:5

    // 元はint型なので実行時にエラーとなる
    // var d = (double)obj;

    Console.WriteLine(obj is double); // 出力値:False
```

---

＊3) System.Object クラスで定義されているメソッドの中で、ToString メソッドは最もよく使われるメソッドの1つです。.NET で定義されているクラスでは、各クラスに応じた ToString メソッドがオーバーライドされています。

```
        Console.WriteLine(obj is int);      // 出力値:True
    }
```

    int 型の変数 a をボックス化して、その後、ボックス化解除しています。変数 b を表示してみると、元の a の値と同じ 5 になっています。

    object 型から値型へのボックス化解除は、クラスと同様、元の値型が異なっていると実行時にエラーになります。is 演算子を使用すれば、ボックス化解除が可能かどうかを前もって判断することができます。as 演算子は null を代入できる型にしか使えないため、null を代入できない値型では使用できません（ただし、10.4 節で説明する null 許容型を使えば可能です）。

### 8.1.3　オーバーライドのしくみ

    以上を踏まえたうえで、ポリモーフィズムを実現するしくみを説明していきましょう。まず、次のサンプルコードを見てください。

[サンプル] ClsOverride1.cs

```
class Music
{
    public virtual void BaseInfo()
    {
        Console.WriteLine("Music");
    }
}

// 派生クラス
class Song : Music
{
    public override void BaseInfo() // 同じメソッドを定義
    {
        Console.WriteLine("Song");
    }
}

// 派生クラス
class Symphony : Music
{
    public override void BaseInfo() // 同じメソッドを定義
    {
        Console.WriteLine("Symphony");
    }
}

class ClsOverride1
{
    static void Main()
    {
```

```
        Music m;                // Musicクラス型の変数

        m = new Song();         // Songクラスのインスタンスを代入
        m.BaseInfo();           // 出力値：Song

        m = new Symphony();     // Symphonyクラスのインスタンスを代入
        m.BaseInfo();           // 出力値：Symphony
    }
}
```

　Music クラスから Song クラスと Symphony クラスが派生しています。Main メソッドでは、まず基本クラスである Music クラス型の変数を定義しています。そして、Song クラスのインスタンスをアップキャストして代入し、BaseInfo メソッドを呼び出しています。では、この BaseInfo メソッドでは、どのクラスのメソッドが呼び出されるのでしょうか。

　変数 m は Music クラス型の変数ですが、Music クラスの BaseInfo メソッドが実行されるわけではありません。ここでは、Song クラスでオーバーライドされたメソッドが呼び出されます。変数 m は Song クラスのインスタンスを指しているので、宣言時の型に従うのではなく、Song クラスのメソッドが実行されるのです。同様に、Symphony クラスのインスタンスを代入すると、同じ BaseInfo メソッドの呼び出しでも、今度は Symphony クラスのメソッドが実行されます。

　このように、宣言した変数の型ではなく、実体であるインスタンスに応じて呼び出される仮想メソッドが決まります。これが、**ポリモーフィズム**（多態性）と呼ばれる性質です。これにより、1つのメソッド名で、インスタンスの型（クラス）に応じた適切な処理を実行させることができます。

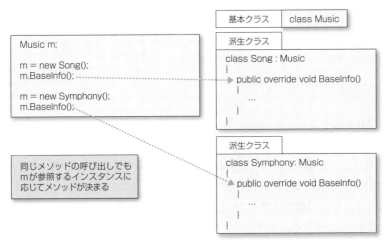

▲図8-3　オーバーライドのしくみ

### 8.1.4　隠蔽との違い

　new キーワードを使ってメソッドを隠蔽すると、ポリモーフィズムの性質が機能しなくなります。次のサンプルコードを見てください。

［サンプル］ClsOverride2.cs

```
// 基本クラス
class Music
{
    public virtual void BaseInfo()
    {
        Console.WriteLine("Music");
    }
}

// 派生クラス
class Music2 : Music
{
    new public void BaseInfo() // メソッドを隠蔽
    {
        Console.WriteLine("Music2");
    }
}

class ClsOverride2
{
    static void Main()
    {
        Music m;                // Musicクラス型の変数

        m = new Music2();       // Music2クラスのインスタンスを代入
        m.BaseInfo();           // 出力値:Music
    }
}
```

　派生クラスのMusic2クラスでは、new キーワードを使ってBaseInfo メソッドを再定義しています。Main メソッドでは、先ほどと同じようにMusic クラス型の変数にMusic2クラスのインスタンスを代入しています。そして、BaseInfo メソッドを呼び出します。すると今度は、Music2クラスのメソッドではなく、変数の型である Music クラスのBaseInfo メソッドが実行されるのです。このように、隠蔽ではアップキャストすると派生クラスで再定義した機能が働かなくなってしまいます。したがって、ポリモーフィズムを実現したい場合は、隠蔽ではなくオーバーライドで基本クラスのメソッドを再定義する必要があります。

## 8.1.5　抽象メソッドと抽象クラス

　抽象メソッドとは、戻り値の型とパラメーターリストだけを宣言したメソッドです。実際の処理は派生クラスで実装するようにします。つまり、オーバーライドが前提となっているメソッドです。仮想メソッドの場合は基本クラスのメソッドにも処理を定義しましたが、抽象メソッドの場合は基本クラスでは宣言だけとなります。

　抽象メソッドを宣言するには、virtual ではなく **abstract** キーワードを付けます。メソッドのブロックはなく、最後にセミコロン（;）が必要です。

[構文] 抽象メソッドの宣言
```
アクセス修飾子 abstract 戻り値の型名 メソッド名(パラメーターリスト);
```

　抽象メソッドを含むクラスでは、そのクラス自体も**抽象クラス**として宣言する必要があります。クラスの宣言のほうにも abstract キーワードを付けます。

[構文] 抽象クラスの宣言
```
アクセス修飾子 abstract class クラス名
{
    // クラス定義
}
```

　次にサンプルコードを示します。

[サンプル] ClsAbstract.cs
```
// 抽象クラス（基本クラス）
abstract class Music
{
    public abstract void GetInfo();      // 抽象メソッド
}

// 派生クラス
class Song : Music
{
    public override void GetInfo()       // overrideを付ける
    {
        Console.WriteLine("Song");
    }
}

class ClsAbstract
{
    static void Main()
    {
        var s = new Song();
        s.GetInfo();                      // 出力値:Song
    }
}
```

　　抽象クラスを継承したクラスは、抽象メソッドの処理を必ずオーバーライドする必要があります。サンプルコードではGetInfo メソッドが抽象メソッドなので、Song 派生クラスで処理の内容を定義しています。

　　抽象クラスは派生クラスで処理が定義されることを前提としたクラスであり、抽象クラスのインスタンスを作成することはできません。new 演算子で抽象クラスをインスタンス化しようとするとエラーになります。また、抽象クラスには抽象メソッド以外のメソッド（処理が定義された通常のメソッド）も含めることができます。

### 8.1.6　sealed キーワード

　　メソッドの隠蔽、オーバーライド、および抽象メソッドは、どれも派生クラスでその処理を定義します。また、抽象クラスは継承されることが前提となったクラスです。第7章でも説明したように、継承はオブジェクト指向の重要な概念です。しかし、派生クラスでは想定した動作が保証できないので、継承を許可したくないといった場合もあります。

　　クラスライブラリなどでは**sealed** キーワードを付けてクラスを宣言しているケースがあります。これは、継承を禁止するキーワードです。構文は次のようになります。

**[構文] sealed したクラスの宣言**

```
アクセス修飾子 sealed class クラス名
{
    // クラス定義
}
```

　　次のように、sealed の付いたクラスを継承しようとすると、コンパイル時にエラーとなります。

[サンプル] ClsSealed.cs

```
// 基本クラス
sealed class Base
{
    int a;
}

class  Derived : Base     // 派生させることはできない
{
}
```

## 8.2　インターフェイス

　　次に、抽象クラスと同様なことを実現する、もう1つ別の方法を説明します。**インターフェイス**と呼ばれる機能で、抽象クラスを拡張したものです。大きな違いとして、インターフェイスに

は1つのインターフェイスしか継承できないという制約がありません。複数のインターフェイスを
継承することができます。

## 8.2.1　インターフェイスとは

　インターフェイスとは、メソッドの呼び出し方だけを定めたものです。実際の処理の内容は、
インターフェイスを継承したクラスで定義することになります。これを、インターフェイスを**実
装する**といいます。

　インターフェイスの概念をカプセル化のようにテレビのリモコンでたとえると、インターフェイ
スがリモコンで、インターフェイスを実装したクラスがテレビということになります。テレビを利
用する人は、個々のテレビの使い方を知らなくても、リモコンというインターフェイスだけを知っ
ていれば操作できます。

　リモコン（インターフェイス）は、音量やチャンネルの切り替えの処理（メソッド）を呼び出
すだけで、実際の処理はテレビ（インターフェイスを実装したクラス）が行います。リモコンを
操作する人は、実際にテレビがどのように処理をするのか理解する必要はありません。

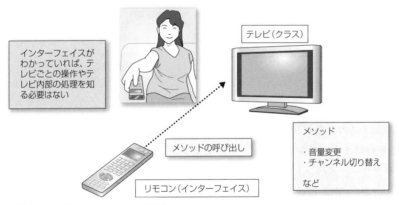

▲図8-4　インターフェイスの概念

　それでは、インターフェイスの構文を見てみましょう。インターフェイスの既定のアクセスレ
ベルはpublic です。それ以外のアクセス修飾子は、同じアセンブリファイル内からアクセスでき
るinternal のみ適用できます。

**[構文] インターフェイスの宣言**
```
interface インターフェイス名
{
    // 抽象メンバーの宣言
}
```

　次にサンプルコードを示します。インターフェイスを実装するクラスの宣言は、派生クラスのようになります。

[サンプル] ClsInterface1.cs

```csharp
// インターフェイス
interface IGetInfo
{
    void GetInfo();
}

// 派生クラス
class SampleClass : IGetInfo
{
    public void GetInfo()
    {
        Console.WriteLine("SampleClass");
    }
}

class ClsInterface1
{
    static void Main()
    {
        var s = new SampleClass();
        s.GetInfo();                       // 出力値:SampleClass
    }
}
```

　インターフェイスの名前に決まりはありませんが、通常はクラスと区別するために先頭に大文字の「I」を付けます。インターフェイスの抽象メンバーには、通常のメソッドの他にプロパティ、インデクサー、イベント（11.3節を参照）を含めることができます。また、それらはすべてpublic abstractであると見なされ、アクセス修飾子やabstractキーワードは不要です（それらのキーワードを付けるとエラーになります）。

## 8.2.2　データ型としてのインターフェイス

　今度は、プロパティを含んだインターフェイスの例を見てみましょう。

[サンプル] ClsInterface2.cs

```csharp
// プロパティのインターフェイス
interface IPoint
{
    // プロパティ
    int Px
    {
```

```
            get; set;
        }
        int Py
        {
            get; set;
        }
    }

    // プロパティのみのインターフェイスを実装
    class ReversePoint : IPoint
    {
        // フィールド(private)
        int x;
        int y;

        // コンストラクター
        public ReversePoint(int x, int y)
        {
            this.x = x;
            this.y = y;
        }

        // インターフェイスの実装
        public int Px
        {
            get { return -x; }
            set { x = value; }
        }
        public int Py
        {
            get { return -y; }
            set { y = value; }
        }
    }

    class ClsInterface2
    {
        // パラメーターがIPointインターフェイスの静的メソッド
        public static void DisplayPoint(IPoint point)
        {
            Console.WriteLine("x={0},y={1}", point.Px, point.Py);
        }

        static void Main()
        {
            var p1 = new ReversePoint(-12, -300);

            // プロパティの参照
            Console.WriteLine(p1.Px);    // 出力値:12
            Console.WriteLine(p1.Py);    // 出力値:300
```

8

```
        var p2 = new ReversePoint(12, 300);

        // プロパティの参照
        DisplayPoint(p2); // 出力値:x=-12, y=-300
    }
}
```

　最初に、IPoint インターフェイスを宣言しています。インターフェイスのメンバーとしてプロパティを宣言する場合は、get と set のみを記述します。

　ReversePoint クラスで、IPoint インターフェイスを実装しています。プロパティ Px と Py の get メソッドは符号を反転したものを返します。MainClass クラスでは、プロパティを参照するための静的メソッドを定義し、Main メソッドでインターフェイスを実装したクラスを使った処理を記述しています。インターフェイスを実装した ReversePoint クラスをインスタンス化することにより、Px と Py というプロパティにアクセスすることができます。

　ここで注目してほしいのが、静的メソッド DisplayPoint のパラメーターがインターフェイスであることです。メソッド内では、インターフェイスで宣言したプロパティ Px と Py を参照して値を出力しています。インターフェイスがパラメーターになっているメソッドを呼び出すには、サンプルコードのようにインターフェイスを実装したクラスのインスタンスを指定します。

　「DisplayPoint(p1)」のように、実際のメソッドの呼び出しでは IPoint インターフェイスを実装したクラスのインスタンスを指定しています。これは、インターフェイスを実装したクラスのインスタンスは、実装元のインターフェイスに暗黙的に変換できることを示しています。次のように is 演算子で確かめると、True になります。

```
Console.WriteLine(myPoint is IPoint); // 出力値:True
```

　DisplayPoint メソッドのパラメーターには、IPoint インターフェイスを実装したクラスなら、どのインスタンスでも指定できます。インターフェイスが、それを実装しているクラスをひとまとめにするデータ型となっているのです。サンプルコードではインターフェイスをメソッドのパラメーターにしていますが、直接、型として利用することもできます。次のサンプルコードでは、先ほどの DisplayPoint メソッドと同様の処理を記述しています。

```
ReversePoint p1 = new ReversePoint(-12, -300);

IPoint ipoint = (IPoint)p1;      // インターフェイスにキャスト

Console.WriteLine("x={0},y={1}", ipoint.Px, ipoint.Py);
```

　キャストを使えば、インターフェイスを実装したクラスのインスタンスを、そのインターフェイスを参照する変数に代入することができます。

### 8.2.3　インターフェイスの多重継承と多重実装

　インターフェイスには、クラスの継承にはない特徴的な機能がいくつかあります。1つ目は、インターフェイス自体がインターフェイスを継承できることです。基本となるインターフェイスをそのまま継承するだけで、宣言も不要です[*4]。また、継承できるインターフェイスは1つだけでなく、複数のインターフェイスを指定できます。ここが抽象クラスと異なる点です。抽象クラスでは単一継承なので、基本クラスは1つしか指定できません。

　インターフェイスを継承する構文は次のようになります。

**[構文] インターフェイスの継承**

```
inerface インターフェイス名 ： 基本インターフェイス
{
    // 抽象メンバーの宣言
}
```

　複数のインターフェイスを継承する場合は、次のサンプルコードのように、派生したインターフェイスの宣言で基本となるインターフェイスをコンマで区切って宣言します。

[サンプル] ClsInterfaceMulti1.cs

```
// 基本インターフェイス1
interface IBaseInterface1
{
    void Method1(int a);
}

// 基本インターフェイス2
interface IBaseInterface2
{
    void Method2(string s);
}

// 派生インターフェイス
interface ISampleInterface: IBaseInterface1, IBaseInterface2
{
    void Method3();
}

// 派生インターフェイスの実装
class Sample : ISampleInterface
{
    public void Method1(int a)
    {
        Console.WriteLine(a);
```

---

＊4）基本インターフェイスと同じメソッドを宣言した場合、コンパイル時に警告のメッセージが表示されます。ただし、new キーワードを付ければクラスの継承と同じようにメソッドを隠蔽したことになり、警告は表示されなくなります。

```
        }

        public void Method2(string s)
        {
            Console.WriteLine(s);
        }

        public void Method3()
        {
            Console.WriteLine("method3");
        }
}

class ClsInterfaceMulti1
{
    static void Main()
    {
        var s = new Sample();
        s.Method1(123);          // 出力値:123
        s.Method2("test");       // 出力値:test
        s.Method3();             // 出力値:method3
    }
}
```

　ISampleInterface は、2つの基本インターフェイスを継承しています。そのため実装クラスである Sample クラスでは、IBaseInterface1、IBaseInterface2で宣言したメソッドを含む3つすべてのインターフェイスの実装が必要です。

　インターフェイスの特徴の2つ目は、1つのクラスで複数のインターフェイスを実装できることです。クラスの継承では1つのクラスしか指定できませんでした。複数のインターフェイスを実装するには、クラスの宣言で次のようにコンマで区切ってインターフェイスを指定します。

[サンプル] ClsInterfaceMulti2.cs
```
// インターフェイス1
interface IBaseInterface1
{
    void Method1(int a);
}

// インターフェイス2
interface IBaseInterface2
{
    void Method2(string s);
}

class SampleClass: IBaseInterface1, IBaseInterface2
{
    public void Method1(int a)
```

```
    {
        Console.WriteLine(a);
    }

    public void Method2(string s)
    {
        Console.WriteLine(s);
    }
}
```

　　また、クラスの継承とインターフェイスの実装を一緒に記述することも可能です。当然、この場合もクラスは1つしか継承できません。

```
class SampleClass: BaseClass, IBaseInterface1, IBaseInterface2
{
    // クラスの実装
}
```

## 8.2.4　明示的なインターフェイスメンバーの宣言

　　インターフェイスの多重継承や多重実装では、異なるインターフェイス間で同じメソッドを宣言していると、メソッドが衝突してしまう場合があります。それを回避するために、明示的にどのインターフェイスのメソッドであるかを指定して実装する方法があります。

　　次のように、メソッドの前にドット演算子を付けて、インターフェイスを指定します。

**[構文] 明示的なインターフェイスメンバーの宣言**

```
インターフェイス名.メソッド名(パラメーターリスト)
{
    // インターフェイスの実装
}
```

　　具体的なサンプルコードは次のようになります。なお、明示的なインターフェイスメンバーの宣言では、public キーワードは不要です（public を付けるとエラーになります）。

[サンプル] ClsInterMem.cs

```
interface IBaseInterface1
{
    void PrintOut(string s);
}

interface IBaseInterface2
{
    void PrintOut(string t);    //  IBaseInterface1と同じメソッド
}
```

```
// インターフェイスの実装
class SampleClass : IBaseInterface1, IBaseInterface2
{
    public void PrintOut(string s)
    {
        Console.WriteLine("Interface0 : " + s);
    }

    // 明示的なインターフェイスの宣言
    void IBaseInterface1.PrintOut(string s)
    {
        Console.WriteLine("Interface1 : " + s);
    }

    // 明示的なインターフェイスの宣言
    void IBaseInterface2.PrintOut(string s)
    {
        Console.WriteLine("Interface2 : " + s);
    }
}

class ClsInterMem
{
    static void Main()
    {
        var sc = new SampleClass();

        sc.PrintOut("0");              // 出力値:Interface0 : 0

        IBaseInterface1 ifc1 = (IBaseInterface1)sc; // インターフェイスに変換
        ifc1.PrintOut("1");            // 出力値:Interface1 : 1

        IBaseInterface2 ifc2 = (IBaseInterface2)sc; // インターフェイスに変換
        ifc2.PrintOut("2");            // 出力値:Interface2 : 2
    }
}
```

　SampleClassでは、同じメソッドを持つ2つのインターフェイスを実装しています。1つ目の PrintOutメソッドの実装では、IBaseInterface1とIBaseInterface2の同じメソッドを1つの共通のメソッドとして実装したことになります。2つ目と3つ目のように明示的にインターフェイスを指定すると、それぞれのインターフェイスごとに実装することができます。これにより、インターフェイス間でメンバーの名前が衝突してしまった場合でも、実装を分けることができます。

　明示的にインターフェイスを指定して実装したメソッドは、クラスのインスタンスから直接呼び出すことができません。サンプルコードのように一度インターフェイスにキャストしてから、そのメソッドを指定して呼び出す必要があります[5]。

### 8.2.5　インターフェイスのデフォルト実装（C# バージョン 8）

　インターフェイスは、クラスに比べて制限がありましたが、C# 8.0 からは、その制限が緩和され、インターフェイス自体に実装を定義できるようになりました。メソッドやプロパティ、インデクサー、イベントの実装を持つことができます。このような実装のことを、**インターフェイスのデフォルト実装**[6]と言います。

　また、これまでインターフェイスのメンバーは、一律に public abstract[7]であると見なされていましたが、private、protected、internal といったアクセス修飾子や、静的な指定も可能となりました。ただし、抽象クラスとは異なり、インスタンスフィールドやコンストラクターを含めることはできません。静的なフィールドやコンストラクターは可能です。

　デフォルト実装のメソッドを含むインターフェイスを実装したクラスから、デフォルト実装のメソッドを呼ぶ場合は、次のように、インターフェイスのキャストが必要になります。

[サンプル] ClsInterfaceDef1.cs

```
interface ISample1
{
    // メソッドの実装が可能
    void MethodA() => Console.WriteLine("MethodA");
    void MethodB();
}
class A : ISample1
{
    public void MethodB() => Console.WriteLine("MethodB");
}
class ClsInterfaceDef1
{
    static void Main()
    {
        var c1 = new A();
        c1.MethodB();               // 出力値:MethodB
        c1.MethodA();               // class Aにメソッドの定義はないのでエラー
        // キャストが必要
        ((ISample1)c1).MethodA(); // 出力値:MethodA
    }
}
```

--------------------------------------------------------------------------------
*5) インターフェイスの継承でメソッドを隠蔽した場合でも、明示的にインターフェイスのメンバーを指定すれば、隠蔽前のメソッドを実装することができます。
*6) Microsoft のドキュメントでは「デフォルト実装」が「既定の実装」と表記されていることがあります。
*7) C# 8.0 からは、何も指定がないときは、public virtual となります。

**8**

　では、インターフェイスを実装したクラスに、デフォルト実装したメソッドと同じ名前があった場合は、どうなるでしょうか。

［サンプル］ClsInterfaceDef2.cs

```
class B : ISample1
{
    // ISample1のメソッドと同じ名前
    public void MethodA() => Console.WriteLine("B MethodA");
    public void MethodB() => Console.WriteLine("MethodB");
}
class ClsInterfaceDef2
{
    static void Main()
    {
        var c2 = new B();
        c2.MethodA();               // 出力値:B MethodA
        // キャストしてもclass Bのメソッドが優先される
        ((ISample1)c2).MethodA(); // 出力値:B MethodA
    }
}
```

　この場合は、クラスのメソッドが優先されます。たとえインターフェイスにキャストしてもクラスのメソッドが呼び出されます。このような仕様になっているのは、C# 8.0までのコードに、後からインターフェイスのデフォルト実装を加えた場合でも、元のコードの動作が変わらないようにするためです。

---

**Column　抽象クラスとインターフェイスの使い分け**

　C# 8.0から、抽象クラスとインターフェイスの機能の違いは小さくなりました。それでは、この2つはどのように使い分けたらよいのでしょうか。既に説明したように、機能的には次のような違いがあります。

- 抽象クラスは、インスタンスフィールドやコンストラクターを持つことができるが、インターフェイスは持てない
- 抽象クラスは多重継承できないが、インターフェイスは多重継承できる

　抽象クラスを継承する場合、派生クラスで実装するにしても、両者のクラスは「乗り物」と「自動車」のような密接な関係となるようにすべきです。一方、インターフェイスを実装するということは、インターフェイスで定義、実装されているメソッドが、そのクラスで使えるということを示しているにすぎません。インターフェイスは、関連のないクラスに対して共通の機能や付加的な機能を持たせるのに適しています。

# 8.3 型スイッチ（C# バージョン 7）

C# 7からは、is演算子やswitch文が拡張され、型がダウンキャストできるかどうかの判定と、その判定に応じて新しい変数の定義が同時にできるようになりました。このような機能を、**型スイッチ**と呼びます。ここでは、型スイッチについて解説します。

## 8.3.1 is演算子の拡張

8.1節で説明したas演算子を使ってダウンキャストを実行するのは、たいていはダウンキャストしたクラスのメソッドを利用したいときです。たとえば、次のようなコードの場合です。

［サンプル］ClsIsOpe.cs

```
Song s = m as Song;
if (s != null)
{
    s.BaseInfo();  // 出力値:Song
}
```

C# 7からは、is演算子が拡張され、このような場面でとても便利に使えるようになりました。先ほどのサンプルを、is演算子で書き換えると次のようになります。

［サンプル］ClsIsOpe.cs

```
// ダウンキャストできる場合はs2が定義される
if (m is Song s2)
{
    s2.BaseInfo();  // 出力値:Song
}
```

変数mがSongクラスにダウンキャストできる場合、is演算子はtrueを返し、さらに、ダウンキャストした結果を、新しい変数として定義します。この機能を、**型スイッチ**と呼びます。

**［構文］追加されたis演算子の構文**
```
変数 is 型 変数名
```

## 8.3.2 switch文の拡張

型スイッチは、is演算子だけでなくswitch文でも利用できます。次のように、switch文のcase句に、値だけでなく、型も書けるようになりました。is演算子と同様の構文で型を追加できます。

8

---

**［構文］追加された case ラベルの構文**

```
case 型 変数名 :
case 型 変数名 when 条件式 :
```

　また、型による条件に、さらに **when** キーワードを付けて追加の条件式を書くこともできます。次のサンプルは、object 型が、どのような型にダウンキャストできるかを switch 文で判定しています。ダウンキャストできる場合には、その型の新しい変数が定義されます。

［サンプル］ClsCaseWhen1.cs

```
static void Main()
{
    object obj = "visual";

    switch (obj)
    {
        // objがint型のとき
        case int n:
            Console.WriteLine(n);
            break;

        // objが文字列かつ長さが3より大きいとき
        case string str when str.Length > 3:
            Console.WriteLine(str);           // 出力値：visual
            break;
    }
}
```

### 8.3.3　ジェネリック型の型スイッチ

　C# 7.1 からは、ジェネリックでも型スイッチが可能になりました。ジェネリックとは、データ型を特定することなく汎用的な形で記述できるしくみのことで、12.1 節で詳しく説明します。
　次のサンプルは、ジェネリック型の引数を、switch 文の case 句で判定する例です。C# 7.0 までは、case 句の string 型のところでコンパイルエラーとなっていました。

［サンプル］ClsCaseWhen2.cs

```
string testString<T>(T prm)
{
    switch (prm)
    {
        // 変数prmがstring型なら、変数tmpを定義してそれを返す
        case string tmp:
            return tmp;

        default:
```

```
        return "Number";
    }
}
Console.WriteLine(testString(123));    // 出力値:Number
Console.WriteLine(testString("123")); // 出力値:123
```

## 第8章　練習問題

**1** 次の □□□□ の中に入る正しい単語を記入してください。

　　複数のクラスに同じメソッドを ① して利用することを、 ② または多態
性と呼びます。

　派生クラスを、継承元の基本クラスに変換することを、 ③ といい、 ④ 的に行
えます。反対に、基本クラスから派生クラスに変換することを、 ⑤ といいます。

　　 ⑥ は、メソッドの呼び出し方だけを定めたもので、実際の動作は、 ⑥ を
⑦ したクラスで定義します。

**2** 次の □□□□ の中に、キーワードを追加して正しいコードにしてください。

```
class Animal
{
    public   ①   void Cry()
    {
        Console.WriteLine("none");
    }
}
class Dog : Animal
{
    public   ②   void Cry()
    {
        Console.WriteLine("bow-wow");
    }
}
```

**3** **2** の Animal クラスを、IAnimal という名前のインターフェイスに変更してください。
また、インターフェイスのメソッド本体は、ラムダ式に変更してください。

**4**　次の ☐☐☐☐ の中に、is 演算子を含むコードを追加してください。

```
object val = 1;

if (val  ①    ②   n)
{
    Console.WriteLine($"値は{n}です");
}
```

**5**　**4** の if 文を switch 文に変更し、変数 val が文字列型のときは、その文字列を表示し、それ以外の型のときは、"不明" と表示するコードを追加してください。

---

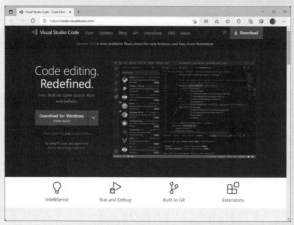

第**9**章

# 例外処理
## ～思いがけないことに対処するには

　この章では、プログラムの実行中に発生するエラーである**例外**と、そのエラーに対処するために用意された**例外処理**という機能について説明します。

 **9.1　例外処理とは**

　コンパイルのときには問題がなくても、実際にアプリケーションを実行したときに、想定外の異常が発生することがあります。たとえば、誤って値を0で除算したり、配列のインデックスに範囲外の値を指定したりすると、プログラムとして正しく動作しないため、.NET の実行エンジンは異常を検知します。このような異常のことを**例外**と呼びます[*1]。

　例外が発生したとき、プログラムで何の対処もしていなければ、.NET の実行エンジンによりアプリケーションは強制的に終了させられます。たとえば、次のサンプルコードでは値をゼロで除算しています。しかし、コンパイルのときには、このエラーは検出されません。

```
static void Main()
{
    int a = 0;
    int b = 0;
    a /= b;
}
```

　実行すると例外が発生します。例外が発生することを、一般に例外が**スローされる**と言います。例外がスローされると、次のようなメッセージが表示され、その時点でプログラムの実行が停止します。

---

[*1] ここで述べているのは、.NET が発生させる**ランタイム例外**です。後述するように、プログラマが明示的に発生させる**カスタム例外**もあります。

▲図9-1 ゼロ除算例外の例

　プログラムに異常が発生したからといって、いきなり停止してしまうのはよくありません。プログラムで例外を検知して、適切に処理を行う必要があります。例外を検知することを、例外を**キャッチする**または**捕捉する**といいます。また、例外をキャッチして適切な処理を行うことを**例外処理**と呼んでいます。

　例外は、単純なものであればif文で処理することもできるでしょう。たとえば先ほどの場合は、変数bの値が0であれば除算をせずに「0での除算はできません」というメッセージを出力するなどの処理を行うことも可能です。しかし、例外は0での除算だけとは限りません。if文で処理をするには、あらかじめすべての例外を想定している必要があります。例外を魚にたとえるなら、if文は魚の通り道を予想して、そこで待ち構えるようなものです。それに対してC#の例外処理は、大きな定置網で魚を捕獲するようなものです。広い範囲で例外を待ち構えて、想定外の例外もキャッチすることができます。

 ## 9.2　try、catch、finally

　プログラムで例外を検知して対処するために、C#では**try**、**catch**、**finally**という3つのキーワードを使った制御文が用意されています。

　例外処理の構文には、次の3つのパターンがあります。tryだけの構文はありません。

- try - catch
- try - catch - finally
- try - finally

　これらは図9-2のような構造になります。この後の項では、それぞれの構文について説明していきます。

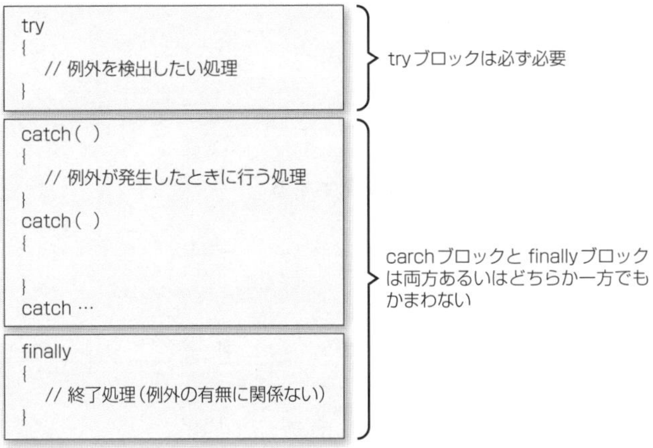

```
try
{
    // 例外を検出したい処理
}
```
→ tryブロックは必ず必要

```
catch（ ）
{
    // 例外が発生したときに行う処理
}
catch（ ）
{

}
catch …
```

```
finally
{
    // 終了処理（例外の有無に関係ない）
}
```
→ carchブロックと finallyブロックは両方あるいはどちらか一方でもかまわない

▲図9-2　try、catch、finally 構文

## 9.2.1　try - catch

　try - catch の構文は次のようになります。**try** ブロックに、例外を検出したい処理（どこかで例外が発生するかもしれない処理）を記述します。**catch** ブロックには、例外が発生したときに行いたい処理を記述します。また、後述しますが、例外の種類に応じてcatch ブロックを複数定義することもできます。

**[構文] try - catch**

```
try
{
    // 例外を検出したい処理
}
catch
{
    // 例外が発生したときに行う処理
}
```

　try ブロック処理中に例外が発生すると、すぐに制御がcatch ブロックへ移ります。たとえtry ブロックの処理が途中であっても、例外が発生すると中断されて、その後はもうtry ブロックには戻りません。一方、try ブロック内で何も例外が発生しなかった場合は、catch ブロックは飛ばされて、何も処理されません。

　次にサンプルコードを示します。try ブロックで例外が発生した後のWriteLine メソッドが処理されていないことを確認してください。

［サンプル］ExceptZero.cs

```
static void Main()
{
    try
    {
        int a = 10;
        int b = 0;

        Console.WriteLine("try");

        a /= b;          // ゼロ除算の例外が発生する

        Console.WriteLine("エラー");
    }
    catch
    {
        Console.WriteLine("例外発生");
    }
}
```

▼

```
try
例外発生
```

## 9.2.2　try - catch - finally

　try - catch - finally構文は、先ほどの構文に**finally**ブロックを追加したものです。finallyブロックには、例外がスローされてもされなくても必ず行いたい処理（一般には、ファイルやデータベース接続を閉じるなどの終了処理）がある場合に記述します。

**［構文］try - catch - finally**

```
try
{
    // 例外を検出したい処理
}
catch
{
    // 例外が発生したときに行う処理
}
finally
{
    // 終了処理（例外の有無に関係ない）
}
```

　tryブロックの処理中に例外が発生すると、制御がcatchブロックへ移り、その後、finallyブロックが実行されます。一方、tryブロック内で何も例外が発生しなかった場合は、制御はcatchブロックを飛ばしてfinallyブロックに移ります。

　次のサンプルコードで制御の流れを確認してみましょう。実行後に「a /= b;」の行を削除すると、例外が発生しない状況でもfinallyブロックが処理されることを確認できます。

[サンプル] ExceptZeroFinally.cs

```csharp
static void Main()
{
    try
    {
        int a = 10;
        int b = 0;
        a /= b;             //  ゼロ除算の例外が発生する
    }
    catch
    {
        Console.WriteLine("例外発生");
    }
    finally
    {
        Console.WriteLine("終了");
    }
}
```

```
例外発生
終了
```

## 9.2.3　try - finally

　finallyブロックだけの場合も、tryブロックで例外が発生すると、すぐに制御がfinallyブロックに移ります。また、例外が発生しなくてもfinallyブロックの処理は行われます（通常は、後述するようにtryブロックをネストしたときに使用します）。

　次のサンプルコードで、例外をキャッチしなくてもfinallyブロックのWriteLineメソッドが実行されることを確認してみましょう。

[サンプル] ExceptZeroTry.cs

```csharp
static void Main()
{
    try
    {
```

**9**

```
        Console.WriteLine("try");
    }
    finally
    {
        Console.WriteLine("終了");
    }
}
```

```
try
終了
```

## 9.3　例外クラス

　ここまでのサンプルコードでは、まず処理の流れを理解するために、catch ブロックで特別な例外処理は行いませんでした。ペアとなる try ブロックで発生する例外をキャッチして分岐しているだけです。

　C# では、例外の発生時にその例外の発生元や種類などの情報が一緒にスローされます。それらの情報は、メソッドのパラメーターのように catch ブロックで受け取ることができます。例外の情報の受け渡しには、System.Exception という例外処理専用のクラスを使用します。実際には、例外が発生すると、例外の種類に応じて System.Exception から派生したクラスがインスタンス化されます。そのインスタンスに例外情報が設定されて、catch ブロックに渡されます。

　catch ブロックの構文は、次のようになります。受け取る例外クラスとして、System.Exception クラス、またはその派生クラスをパラメーターに指定します。

**[構文] catch ブロック**
```
catch(例外クラス 変数名)
{
    // 例外が発生したときに行う処理
}
```

　System.Exception は、すべての例外の基本クラスです。catch ブロックに System.Exception を指定すると、あらゆる種類の例外をキャッチすることになります。

　catch ブロック内では、パラメーターとして受け取った例外クラスを利用して処理を行うことができます。System.Exception クラスには多くのメンバーが定義されていますが、特に次のプロパティがよく使用されます。

▼表9-1　System.Exception クラスの主なプロパティ

| プロパティ名 | 内容 |
|---|---|
| Source | 例外の原因となったアプリケーションやオブジェクトの名前 |
| Message | 例外の原因に関する詳細情報 |
| HelpLink | 例外に関連付けられているヘルプファイルへのリンク |
| Data | 任意のユーザーデータを保持するためのキーと値のペア |

次に、System.Exception クラスの Message プロパティを利用する例を示します。

［サンプル］ExceptZeroMes.cs

```
static void Main()
{
    try
    {
        int a = 0;
        int b = 0;
        a /= b;              // ゼロ除算の例外が発生する
    }
    catch(Exception e)
    {
        // Messageプロパティの表示
        Console.WriteLine(e.Message);
    }
}
```

▼

0で除算しようとしました。

　発生した例外クラスのインスタンスがパラメーター変数 e に格納されます。その Message プロパティを参照し、例外が発生した原因を出力しています。

## 9.3.1　特定の例外のキャッチ

　例外が発生すると、その種類に応じて System.Exception クラスから派生したクラスのインスタンスがスローされます。catch ブロックに個別の派生クラスを指定すると、特定の例外だけをキャッチすることができます。たとえば、次のようになります。

```
catch(DivideByZeroException e)
{
    Console.WriteLine("ゼロ除算例外");
}
```

**9**

　この場合は、ゼロ除算の例外だけキャッチすることになります。複数の例外をキャッチしたい
場合は、次のサンプルコードのようにcatchブロックを複数定義します。

[サンプル] ExceptZeroCatch.cs

```
static void Main()
{
    int x = 10;
    int y = 0;

    try
    {
        int z = x / y;
    }
    catch(DivideByZeroException e)      // ゼロ除算例外の捕捉
    {
        Console.WriteLine(e.Message);
    }
    catch(ArithmeticException e)        // 算術演算例外の捕捉
    {
        Console.WriteLine(e.Message);
    }
    catch(Exception e)                  // すべての例外の捕捉
    {
        Console.WriteLine(e.Message);
    }
}
```

　例外がスローされると、定義された順番に、catchブロックに適合するかどうかが調べられます。
このとき、定義する順番が重要です。後から定義するcatchブロックには、既に定義したcatch
ブロックではキャッチできない例外が含まれている必要があります。最初は網を小さくし、次第
に大きくしていくということです。後になるほど広く例外をキャッチするような定義にしないと、
コンパイルエラーとなります。

　サンプルコードのArithmeticExceptionクラスには、ゼロ除算の例外も含まれています。ゼ
ロ除算の例外は重複していますが、ArithmeticExceptionではゼロ除算以外の例外もキャッチ
することができます。DivideByZeroExceptionより多く例外をキャッチできるため、コンパイ
ルエラーとなりません。この順番を逆にすると、コンパイルエラーになります。Exceptionは最
上位の基本クラスなので、最後にしか記述することができません。

　スローされた例外が最初のcatchブロックで処理されると、他のcatchブロックでは処理され
ません。1つの例外に対して、1つのcatchブロックだけが対応します。

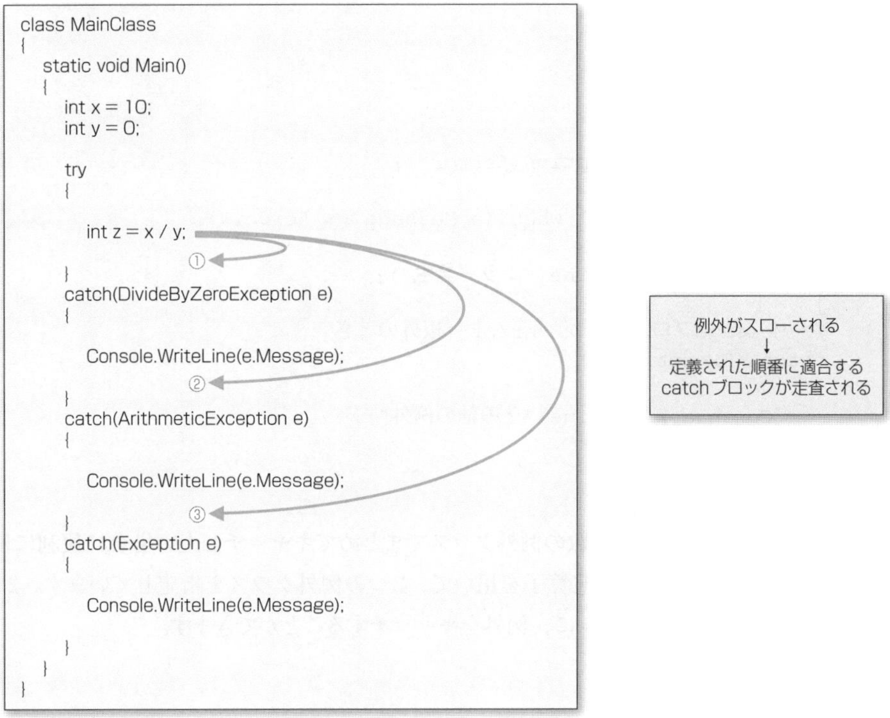

```
class MainClass
{
    static void Main()
    {
        int x = 10;
        int y = 0;

        try
        {

            int z = x / y;

                ①
        }
        catch(DivideByZeroException e)
        {

            Console.WriteLine(e.Message);
                ②
        }
        catch(ArithmeticException e)
        {

            Console.WriteLine(e.Message);

                ③
        }
        catch(Exception e)
        {

            Console.WriteLine(e.Message);

        }
    }
}
```

例外がスローされる
↓
定義された順番に適合する
catchブロックが走査される

▲図9-3　例外がキャッチされるしくみ

## 9.3.2　例外フィルター（C# 6）

　前の項で説明したようにcatch ブロックでは、特定の例外クラスを指定して、キャッチする例外を選別することができます。それに加えてC# 6からは、catch ブロックに条件（フィルター）を追加できるようになりました。

　catch ブロックに例外フィルターを追加するには、次のように、when キーワードの後のかっこ内に条件式を書きます。指定した条件式がtrue として評価される場合のみ、例外をキャッチします。false なら、キャッチしません。

**［構文］例外フィルター**
```
catch （例外クラス 変数名） when （条件式）
{
    // 例外が発生したときに行う処理
}
```

　たとえば次のサンプルコードでは、Exception クラスのMessage プロパティがerrorのときのみ、「エラー発生」と表示されます。

［サンプル］ExceptWhen1.cs

```
static void Main()
{
    try
    {
        throw new Exception("error");
    }
    catch (Exception e) when (e.Message == "error")
    {
        Console.WriteLine("エラー発生");
    }
    // Messageプロパティが "error" 以外のとき
    catch (Exception e)
    {
        Console.WriteLine("その他の例外");
    }
}
```

　また例外フィルターは、複数の例外クラスでまとめてキャッチしたい場合に便利に使えます。次のサンプルコードでは、is演算子を用いて、2つの例外クラスを指定しています。2つの例外クラスのいずかに合致した場合に、例外をキャッチすることができます。

［サンプル］ExceptWhen2.cs

```
try
{
    int z = x / y;
}
catch (Exception e)       // 2つの例外クラスの指定
    when (e is DivideByZeroException || e is ArithmeticException)
{
    Console.WriteLine(e.Message);
}
```

### 9.3.3　.NET で定義された例外クラス

　.NET では、System.Exception を継承する多数のクラスが定義されています。主な例外クラスを次の表に示します。

▼表9-2 .NET で定義されている例外クラス

| 例外 | 意味 |
| --- | --- |
| System.OutOfMemoryException | プログラムを実行するためのメモリが不足している |
| System.NullReferenceException | null へのオブジェクト参照にアクセスしようとした |
| System.InvalidCastException | 無効なキャストを行った |
| System.ArrayTypeMismatchException | 配列の型と異なる型のオブジェクトを格納しようとした |
| System.IndexOutOfRangeException | インデックスが範囲外だった |
| System.ArithmeticException | 算術演算でエラーが発生した（ゼロ除算やオーバーフロー） |
| System.DivideByZeroException | 値をゼロで除算しようとした |
| System.OverFlowException | オーバーフローが発生した |
| System.IO.IOException | ファイル処理でエラーが発生した |

図9-4は例外クラスの継承関係です。DivideByZeroException クラスと OverFlowException クラスは、ArithmeticException クラスを継承しています。そのため、ArithmeticException をキャッチしようとすれば、DivideByZeroException と OverFlowException の両方をキャッチできることになります。

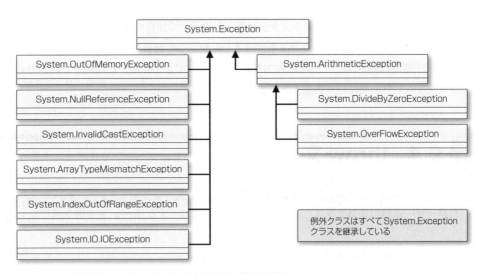

▲図9-4 .NET で定義されている例外クラスの継承関係

## 9.3.4 ユーザー定義の例外クラス

これまで説明した例外は、すべて.NET がスローするものでした。これを、**ランタイム例外**といいます。C# では、例外クラスを自分で作ることもできます。ユーザーが定義した例外は、**カスタム例外**と呼ばれます。

　　ユーザー定義の例外クラスでは、独自のメッセージや情報を受け渡すことができ、プログラム
独自のエラー処理を実行できます。ただし、例外処理はあくまでもエラー処理であって、発生
することが必ず予期できる場合は使うべきではありません。単にパラメーターを受け取って実行
する処理を分けたいような場合は、if文などの通常の制御文で対処します。

　　独自の例外クラスを定義する場合も、System.Exceptionやその他の例外クラスを継承する必
要があります。次のように、ユーザー定義の例外クラスは、通常のクラスと同様に定義できます。

```
// 独自の例外クラスの定義
class CustomException : Exception
{
    // コンストラクターでMessageプロパティに文字列を設定する
    public CustomException(string msg) : base(msg)
    {
    }
}
```

　　Exception基本クラスのコンストラクターに、string型をパラメーターに持つものがあります。
このコンストラクターは、パラメーターとして受け取った文字列をMessageプロパティに設定し
ます。このコードでは、そのコンストラクターを使用して独自の例外クラスを定義しています。

　　さて、ユーザー定義の例外クラスを作りましたが、この例外はいつスローされるのでしょうか。
ユーザー定義の例外は、当然ながら.NETではスローできません。したがって、例外のスローも
プログラムで明示的に行う必要があります。

## 9.4　throw文

　　ユーザー定義の例外は、throw文を使用してスローすることができます。次に、先ほど作成し
たユーザー定義の例外クラスCustomExceptionをスローするthrow文の例を示します。

[サンプル] ExceptThrow.cs

```
class CustomException : Exception
{
    public CustomException(string msg) : base(msg)
    {
    }
}

class ExceptThrow
{
    static void Main()
    {
```

```
        try
        {
            // ユーザー定義の例外をスロー
            throw new CustomException("例外をスロー");
        }
        catch(CustomException e)              // ユーザー定義の例外の捕捉
        {
            Console.WriteLine(e.Message);
        }
    }
}
```

例外をスロー

　CustomException をキャッチする catch ブロックを定義して、ユーザー定義の例外を処理しています。

　throw 文では、独自の例外だけでなく .NET で定義された例外もスローすることができます。これは主に、catch ブロックで再び例外をスローする場合に使われます。

## 9.4.1　例外の再スロー

　catch ブロック内から再び例外をスローすることができます（一般に**再スロー**といいます）。たとえば、次のサンプルコードでは Main メソッドの try ブロックで、例外が発生する処理を定義したメソッド ExceptionMethod を呼び出しています。

[サンプル] ExceptReThrow1.cs

```
class ExceptReThrow1
{
    // catchブロックで例外をスローするメソッド
    static void ExceptionMethod()
    {
        try
        {
            // 配列の宣言
            int[] a = new int[3];

            a[0] = 1;
            a[5] = 2;              // 例外(配列の範囲外にアクセス)
        }
        catch(Exception)
        {
            Console.WriteLine("最初の捕捉");

            // 例外を再スロー
            throw new IndexOutOfRangeException();
```

```
        }
    }

    static void Main()
    {
        try
        {
            // 例外がスローされるメソッドの呼び出し
            ExceptionMethod();
        }
        catch(Exception e)    // すべての例外の捕捉
        {
            Console.WriteLine("外側の捕捉");
            Console.WriteLine(e.Message);
        }
    }
}
```

▼

```
最初の捕捉
外側の捕捉
インデックスが配列の境界外です。
```

　Main メソッドから呼び出された ExceptionMethod メソッドの try ブロックで例外が発生し、それに続く catch ブロックでキャッチされます。catch ブロックでは .NET で定義された例外 IndexOutOfRangeException を再スローし、Main メソッドの catch ブロックがそれをキャッチします。

　catch ブロック内での throw 文は、キャッチした例外をそのまま再スローする場合、例外クラスの指定を省略できます。つまり、先ほどのコードは次のように書き換えられます。

```
catch(Exception)
{
    Console.WriteLine("最初の捕捉");

    // 例外を再スロー
    throw;            // throw new IndexOutOfRangeException();と同じ
}
```

　try ブロックを直接ネストすることもできます。先ほどのサンプルコードは、次のように書き換えることもできます。

[サンプル] ExceptReThrow2.cs
```
static void Main()
{
```

```
    try
    {
        // tryブロックのネスト
        try
        {
            int[] a = new int[3];

            a[0] = 1;
            a[5] = 2;            // 例外(範囲外にアクセス)
        }
        catch (Exception)
        {
            Console.WriteLine("最初の捕捉");
            throw;
        }
    }
    catch( Exception e )        // すべての例外の捕捉
    {
        Console.WriteLine("外側の捕捉");
        Console.WriteLine(e.Message);
    }
}
```

9

　tryブロックの中に、さらにtry‐catchのブロックを記述しています。ネストの階層は何段階にもできますが、throw文は1つ外側のcatchブロックにしか再スローすることができません。
　再スローは、例外処理を段階に分けて行いたい場合に使います。たとえば、外側のcatchブロックではエラーログの出力など共通した例外処理や、プログラムを中断するような重大な例外の処理を定義し、内側のcatchブロックでは個別に対応すべき例外処理を定義します。その場合、内側の処理の後に例外を再スローすると、直ちに外側の例外処理に制御が移ります。また、外側のブロックをtry‐catchではなくtry‐finallyにすれば、個別の例外の処理を定義したうえで、例外が発生してもしなくても実行したい処理（たとえば、ファイルを閉じるなどの終了処理）を定義することができます。

---

### Column　System.ApplicationException クラス

　System.ApplicationException というクラスが .NET で定義されています。このクラスは以前、ユーザー定義の例外クラスと .NET がスローする例外クラスを区別するために使われていました。ユーザー定義の例外クラスは System.ApplicationException クラスを継承することが推奨されていたのです。
　ところが、.NET で定義されている例外クラスにも System.ApplicationException から派生するものがあるなどの理由により、今では独自の例外クラスも、直接 System.Exception クラスを継承することが推奨されています。
　ユーザー定義の例外を区別したい場合は、まず System.Exception を継承した基本となる独自クラスを作り、個別の例外は、その基本クラスから派生させて定義するようにします。

```
[サンプル] ExceptCustom.cs
    // 独自の基本例外クラスの定義
    class BaseCustomException : Exception
    {
        public BaseCustomException(string msg) : base(msg)
        {
        }
    }

    // 独自の例外クラスの定義
    class CustomException : BaseCustomException
    {
        public CustomException(string msg) : base(msg)
        {
        }
    }

    class ExceptCustom
    {
        static void Main()
        {
            try
            {
                // ユーザー定義の例外をスロー
                throw new CustomException("例外をスロー");
            }
            catch(BaseCustomException e)       // ユーザー定義の例外の捕捉
            {
                Console.WriteLine("ユーザー定義");
                Console.WriteLine(e.Message);
            }
            catch(Exception e)                 // すべての例外の捕捉
            {
                Console.WriteLine(e.Message);
            }
        }
    }
```

　このように catch ブロックで BaseCustomException クラスを指定することで、ユーザー定義
の例外だけをキャッチすることができます。

# 9.5　checked 文と unchecked 文

　算術演算の例外の1つに、**オーバーフロー**があります。**桁あふれ**ともいいます。3.2節で説明したように、データ型では扱える値の範囲が決まっています。それを超えた値を変数に代入しようとすると、オーバーフローの例外が発生します。

　たとえば、次のサンプルコードではshort 型の最大値を超えた値を設定しています。

[サンプル] ExceptOverflow.cs

```
static void Main()
{
    try
    {
        short a = short.MaxValue; // short型の最大値を代入
        Console.WriteLine(a);

        a++;                      // オーバーフロー
        Console.WriteLine(a);

    }
    catch (Exception e)           // すべての例外の捕捉
    {
        Console.WriteLine(e.Message);
    }
}
```

▼

```
32767
-32768
```

　実行結果の1行目には、short 型（System.Int16型）の MaxValue フィールドで取得した最大値が出力されています。そして、2行目にはオーバーフロー例外のメッセージが出力されるはずが、「-32768」という想定外の出力になっています（この後のコラム「32767 + 1 = -32768 ?」を参照）。実は、オーバーフローが発生しても、既定では例外がスローされないのです。

　オーバーフローを例外とするかどうかは、プログラムによって異なる場合があります。そのため、例外の発生をコントロールできるようになっているのです。オーバーフローの例外を強制的にスローしたいときは、次のように **checked** キーワードを使用します。

[構文] checked 文

```
checked
{
    // オーバーフローの例外を検出したい処理
}
```

または

```
checked (/* オーバーフローの例外を検出したい式 */)
```

　先ほどのサンプルコードで checked 文を使用してみます。

［サンプル］ExceptOverflowChecked.cs

```
static void Main()
{
    try
    {
        // オーバーフローを検出
        checked
        {
            short a = short.MaxValue; // short型の最大値を代入
            Console.WriteLine(a);

            a++;                      // オーバーフロー
            Console.WriteLine(a);
        }
    }
    catch (Exception e)              // すべての例外の捕捉
    {
        Console.WriteLine(e.Message);
    }
}
```

```
32767
算術演算の結果オーバーフローが発生しました。
```

　今度は期待どおりに、2行目には例外のメッセージが出力されました。
　逆に、**unchecked キーワード**を使用すると、オーバーフローの例外は無視されます。構文は checked 文と同じです。次に、unchecked 文のサンプルコードを示します。

［サンプル］ExceptOverflowUnchecked.cs

```
static void Main()
{
    try
    {
        ushort x = 300;            // 300 = 256 + 44
        byte y;

        y = unchecked((byte)x);    // byte型に変換するとオーバーフローする
```

```
        Console.WriteLine(y);        // 出力値:44

        y = checked((byte)x);        // オーバーフロー例外のスロー
        Console.WriteLine(y);
    }
    catch (OverflowException e)      // オーバーフロー例外の捕捉
    {
        Console.WriteLine(e.Message);
    }
}
```

▼

```
44
算術演算の結果オーバーフローが発生しました。
```

　この unchecked 文では、処理をかっこ内に記述する構文を使用しています。byte 型への変換でオーバーフローが発生しますが、無視されます[*2]。checked 文では例外がスローされるので、その時点で catch ブロックに制御が移り、Message プロパティの値が出力されます。

　checked 文と unchecked 文は、ネストすることもできます。これにより、一部のオーバーフローだけキャッチする、または無視するといった処理が可能になります。次のサンプルコードは、先ほどとまったく同じ処理です。

［サンプル］ExceptNestChecked.cs

```
static void Main()
{
    try
    {
        ushort x = 300;              // 300 = 256 + 44
        byte y;

        unchecked
        {
            y = (byte)x;             // byte型に変換するとオーバーフローする
            Console.WriteLine(y);    // 出力値:44

            checked
            {
                y = (byte)x;         // オーバーフロー例外のスロー
                Console.WriteLine(y);
            }
        }
    }
    catch (OverflowException e)      // オーバーフロー例外の捕捉
```

----

＊2）byte 型の範囲は 0〜255 です。255 を超えた分は、また 0 に戻って加算されます。255 に 1 を足すと 0 になります。つまり、範囲を超えて 256 になると、最小の 0 に戻るのです。300 は 256+44 なので、byte 型に変換すると 44 になります。

```
    {
        Console.WriteLine(e.Message);
    }
}
```

### 9.5.1　オーバーフローの扱い

　整数型の算術演算および変換では、結果が使用中のデータ型に割り当てられているビット数に対して大きすぎると、オーバーフローが発生します。定数式を用いた演算であれば、コンパイル時にエラーとなります。たとえば、「byte x = 256;」というコードの場合は、「定数値 '256' を 'byte' に変換できません」というエラーが発生します。

　定数式を用いていない場合は、既定では前述のとおり例外とはなりませんので、例外を検出する必要があればオーバーフローチェックを明示的に有効にします。

　なお、浮動小数点型の演算では、オーバーフローが発生した場合、値は無限大（infinity）となります。反対に、絶対値が浮動小数点数で表せる値の下限を下回れば、**アンダーフロー**が発生して値は0になります。どちらもchecked文の中であっても、例外として検出することはできません。

［サンプル］ExceptUnderflow.cs

```
static void Main()
{
    checked
    {
        float x = 1e35f;
        float y = 1e-35f;

        // 例外とはならない
        Console.WriteLine(x * x);    // 出力値:+∞
        Console.WriteLine(y * y);    // 出力値:0
    }
}
```

## Column 32767 + 1 = -32768 ?

サンプルコード「ExceptOverflow.cs」で、short 型の「32767」をインクリメントすると「-32768」になりました。なぜ正の数値をインクリメントしたのに、負になったのでしょうか。これを理解するには、コンピューターの内部で数値や計算がどのように処理されているのかを理解する必要があります。

コンピューターの内部では数を 2 進数で表しており、基本的には加算の組み合わせだけで計算を実現しています。また、0 と 1 だけの 2 進数ではマイナス符号を付けることができないので、「補数」という考え方を使ってマイナスを表現しています。

ここで、1 桁だけの 10 進数について考えてみましょう。つまり、「0 〜 9」しか扱えないデータ型があるとします。このデータ型では「3 + 8」の答えは「1」です。本当は「11」ですが、1 桁しか表現できないので、繰り上がったデータが失われて「1」となります。

「1」というのは「3 - 2」の答えでもあります。「3 - 2」は「3 + (-2)」と同じなので、「3」に「8」を足しても「-2」を足しても、同じ「1」ということになります。これは、「8」を「-2」と置き換えても、このデータ型では不都合がないということを意味します。同様に、「9」は「-1」となります。「-2」を最小値とすれば、「0 〜 9」を、「-2 〜 7」の範囲に置き換えることができるのです。たとえば、「-2 + 1」は「8 + 1 = 9」なので、「-1」となります。

何となく理解できたでしょうか。これと同じように、short 型では「0 〜 65535」という数を「-32768 〜 32767」と見なしています。つまり、「32768」を「-32768」に置き換えているため、「32767 + 1 = -32768」となるのです。

# 第9章　練習問題

**1** 次の　　　の中に入る正しい単語を記入してください。

　プログラムで発生する異常（エラー）のことを ① といいます。 ① が発生すると、通常、プログラムが停止してしまいますので、プログラムで ① を検知して適切な処理が必要です。 ① を検知することを、 ① を ② する（または捕捉する）といいます。

　また ① は、ユーザー自身が定義することもできます。ユーザーが定義した ① を明示的に発生させるには、 ③ キーワードを用います。

**2** 次のコードを修正して、プログラムが停止しないようにしてください。

```
static void Main()
{
    int a = 10;
    int b = a / 0;

    try
    {
        Console.WriteLine(b);
    }
    catch
    {
        Console.WriteLine("例外発生");
    }
}
```

**3** 次のコードを実行すると、「50 x 10 = 244」と誤った計算式が表示されます。計算式が正しく表示されないと想定されるときには、エラー内容を表示するように変更してください。

```
static void Main()
{
    int a = 50;
    int b = 10;

    byte result = (byte)(a * b);
    Console.WriteLine("{0} x {1} = {2}", a, b, result);
}
```

# 第10章

# 配列と構造体
## ～データをまとめて扱うには

　この章では、最初に**配列**と**構造体**という2つのデータ形式について説明します。配列は、同じ型の複数のデータをまとめて扱うためのデータ構造です。これに対して構造体は、異なる型の複数のデータをまとめて扱うためのデータ構造です。

　また、null 値を許容する特殊な型や、C# 7から使えるようになった**タプル**、C# 9.0から導入された**レコード**についても、この章で説明します。

## 10.1　配列

**10**

　配列については、第3章で簡単に紹介しました。また、これまでのサンプルコードの中でも使用してきました。ここでは、あらためて基礎から詳しく説明していきます。

### 10.1.1　配列の基礎

　配列は、複数のデータをまとめて管理したい場合に使用します。配列に格納する個々のデータのことを配列の**要素**といい、すべて同じデータ型になります。配列の宣言は、次の構文で行います。

**[構文] 配列の宣言**

```
データ型[] 配列名;
```

　配列であることを示すために、要素のデータ型の後ろに[] を付けます。たとえば、int 型のa という配列なら、次のようにします。

```
int[] a;
```

　配列は参照型のデータ構造なので、配列名だけを宣言しても、すぐに使うことはできません。要素を格納するために、new キーワードでインスタンスを作成して、配列の領域を確保する必要があります。次のコードでは、10個の要素を持つint 型の配列を定義しています。

```
int[] a = new int[10];
```

　配列の中身である要素にアクセスするには、**インデックス**または**添字**と呼ばれる、0から始まる通し番号を[]の中に指定します。インデックスは、数値リテラルまたは整数の変数で指定します。

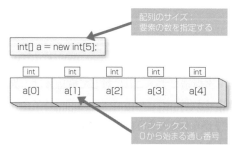

▲図10-1　配列の考え方

　次に、配列を定義して要素の代入と参照を行う、簡単なサンプルコードを示します。

[サンプル] ArrayInit.cs

```
static void Main()
{
    // int型配列の定義
    int[] array = new int[10];

    // 代入
    array[0] = 1;
    array[1] = 2;

    // 参照
    Console.WriteLine(array[0] + array[1]); // 出力値:3
}
```

　配列は、宣言時に初期化することもできます。

[構文] 配列の宣言時に初期化

データ型[] 配列名 = new データ型[] { 値1, 値2, ... };

　たとえば「2、3、1」という初期値を持つint 型の配列を作成するには、次のようにします。

```
int[] a = new int[] { 2, 3, 1 };   // 長さ3の配列が作成される
```

　このように右辺の[]の中に何も記述していない場合、配列の長さを明示的に指定しないことになり、初期値の個数だけ領域が自動で確保されます。配列の長さを指定することもできますが、次のように初期値の個数と等しい長さしか設定できません。それ以外の値ではエラーとなりますので、初期値を指定する場合は長さを指定する必要はありません。

```
int[] a = new int[3] { 2, 3, 1 };
```

　また、宣言時に配列を初期化するときは、次のように右辺のnewデータ型[]を省くこともできます。

[サンプル] ArrayData.cs

```
static void Main()
{
    int[] array2 = { 1, 3, 5 };
    string[] weekDays =
        { "Sun", "Mon", "Tue", "Wed", "Thu", "Fri", "Sat" };

    Console.WriteLine(weekDays[array2[1]]); // 出力値:Wed
}
```

## 10.1.2　配列の型推論

　第3章で述べたように、配列でも、明示的にデータ型を指定する代わりにvarキーワードを使用すると、要素の値から型が推論されます。型が推論できない場合やnull型になった場合は、コンパイル時にエラーとなります。たとえば、先ほどのサンプルコードの配列の宣言は、次のように記述することができます。

　ただし、varキーワードを使うと、new []は省略できません。

```
var array2 = new [] { 1, 3, 5 };
var weekDays = new [] { "Sun", "Mon", "Tue", "Wed", "Thu", "Fri", "Sat" };
```

## 10.1.3　多次元配列

　ここまで説明してきた配列は、すべて1つのインデックスしか持っていません。配列を机にたとえると、1列に机を並べるようなものです。これを1次元の配列といいます。それに対して、教室に机を並べるように、縦と横の方向に机を並べると2次元の配列になります。この場合、特定の机の位置を示すには、縦と横の2つのインデックスが必要です。

　構文は次元が増えても同様で、[] の中にそれぞれの次元の要素数をコンマで区切って記述します。2次元配列では、インデックスは2つになります。次のように定義します。

**[構文] 2次元配列の定義**

```
データ型[,] 配列名 = new データ型[要素数, 要素数];
```

　次のコードでは3行5列の配列を定義しています。

```
int[,] a = new int[3,5]; // 3 x 5のサイズを持つ2次元配列
```

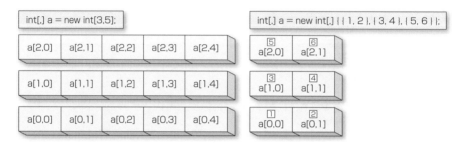

▲図10-2　2次元の多次元配列

　3次元配列なら次のように定義します。

```
int[,,] a = new int[2,3,4]; // 2 x 3 x 4のサイズを持つ3次元配列
```

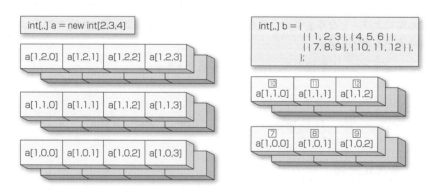

▲図10-3　3次元の多次元配列

　多次元配列を初期化するには、|| の中にさらに次元の数だけ要素を指定します。次元が多くなると、初期値で設定した値とインデックスで指定する位置の関係が複雑になってきます。次のサンプルコードを見てください。

[サンプル]　ArrayMulti.cs

```
static void Main()
{
    // 2次元配列
    int[,] a = new int[,] { { 1, 2 }, { 3, 4 }, { 5, 6 } };

    // 3次元配列
    int[,,] b = {
                  { { 1, 2, 3 }, { 4, 5, 6 } },
                  { { 7, 8, 9 }, { 10, 11, 12 } }
                };

    // 2次元配列の参照例
    Console.WriteLine(a[0, 0]); // 出力値:1
    Console.WriteLine(a[0, 1]); // 出力値:2
    Console.WriteLine(a[1, 0]); // 出力値:3
    Console.WriteLine(a[1, 1]); // 出力値:4
    Console.WriteLine(a[2, 0]); // 出力値:5
    Console.WriteLine(a[2, 1]); // 出力値:6

    // 3次元配列の参照例
    Console.WriteLine(b[0, 0, 0]); // 出力値:1
    Console.WriteLine(b[0, 0, 1]); // 出力値:2
    Console.WriteLine(b[0, 0, 2]); // 出力値:3
    Console.WriteLine(b[0, 1, 0]); // 出力値:4
    Console.WriteLine(b[0, 1, 1]); // 出力値:5
    Console.WriteLine(b[0, 1, 2]); // 出力値:6
    Console.WriteLine(b[1, 0, 0]); // 出力値:7
    Console.WriteLine(b[1, 0, 1]); // 出力値:8
    Console.WriteLine(b[1, 0, 2]); // 出力値:9
    Console.WriteLine(b[1, 1, 0]); // 出力値:10
    Console.WriteLine(b[1, 1, 1]); // 出力値:11
    Console.WriteLine(b[1, 1, 2]); // 出力値:12
}
```

　ここではインデックスを確認するために、あえて1行ごとに配列の1つの要素を参照していますが、通常、配列の要素に順にアクセスするにはforやforeachなどのループ文を使用します。ループでまとめて処理できるのが、配列の利点の1つです。

## 10.1.4　配列のプロパティ

　forループで配列の要素をすべて処理する場合、処理を繰り返す回数を指定するために、配列のサイズ（要素数）が必要です。配列のサイズはLengthプロパティで取得できます。

**[構文] 配列のサイズを示すプロパティ**

配列名.Length

　C# の配列は、System.Array という .NET のクラスとして実装されており、この他にもさまざまなプロパティやメソッドがあります。

　ループを使って配列にアクセスしてみましょう。次に示すのは1次元配列の例です。

［サンプル］ArrayLoop.cs

```
static void Main()
{
    string[] weekDays =
        { "Sun", "Mon", "Tue", "Wed", "Thu", "Fri", "Sat" };

    for (var i = 0; i < weekDays.Length; i++)
    {
        // 配列の要素をすべて出力
        Console.WriteLine(weekDays[i]);
    }

    foreach (string s in weekDays)
    {
        // 配列の要素をすべて出力(forループと結果は同じ)
        Console.WriteLine(s);
    }

    // 配列の要素の合計を求める
    int[] a = { 1, 2, 3 };
    var sum = 0;
    for (var i = 0; i < a.Length; i++)
    {
        sum += a[i];
    }
    Console.WriteLine(sum); // 出力値:6
}
```

　すべての要素を取り出して順番に処理する場合は、foreach ループが便利です。たとえば、前の項のサンプル array2.cs で3次元配列を参照する部分は、次の数行で書き換えられます。

```
// 3次元配列の参照例
foreach (int i in b)
{
    Console.WriteLine(i);
}
```

　多次元配列を for ループで処理する場合は、次のようになります。ここでは「次元の数だけ要素を出力してから改行する」という処理を繰り返しています（Write メソッドは出力後に改行されないので、横に要素が並びます。次元の要素をすべて出力してから、WriteLine メソッドで空の文字列を出力することにより改行しています）。

[サンプル] ArrayLoopMulti.cs

```
static void Main()
{
    // 2次元配列
    string[,] a = { { "一", "二" }, { "三", "四" }, { "五", "六" } };

    // 2次元配列を表現して出力する
    for (var i = 0; i < a.GetLength(0); i++)
    {
        // 2次元目の要素数だけ横に表示
        for (var j = 0; j < a.GetLength(1); j++)
        {
            Console.Write(a[i, j] + " ");
        }
        Console.WriteLine("");
    }
}
```

▽

```
一 二
三 四
五 六
```

　多次元配列でも、Length プロパティはすべての要素数を示します。次元ごとの要素数を知りたい場合には、Array クラスの **GetLength** メソッドを利用します。GetLength メソッドは、引数に指定した次元の要素数を返すメソッドです。ただし、指定する値は、0 から始まる次元とします。サンプルコードでは、GetLength メソッドを使って、最初の次元の要素数と、次の次元の要素数でループし、各要素を参照しています。

## 10.1.5　ジャグ配列

　多次元配列では、どの次元もサイズは一定です。たとえば 2 次元なら、教室の机として考えると、どの列も縦方向は同じ数の机が並んでいることになります。この形から、多次元配列のことを**矩形配列**と呼ぶこともあります。

　多次元配列と似た配列に、**ジャグ配列**と呼ばれる配列があります。ジャグ（jagged）とは「ぎざぎざ」という意味です。机の例でいうなら、ジャグ配列とは各列の机の数がバラバラの状態です。ジャグ配列は「配列の配列」と説明される場合もあります。ジャグ配列の内部的な実装が、そのようになっているためです[*1]。ジャグ配列の宣言の構文は、次のようになります。

[構文] ジャグ配列（1 次元配列の配列）の定義

```
データ型[][] 配列名 = new データ型[配列の数][];
配列名[インデックス] = new データ型[配列のサイズ];
```

----

＊1）C/C++ 言語では、実装的には多次元配列がジャグ配列となります。C# のような多次元配列はサポートしていません。

　　ジャグ配列は、多次元配列のように一度に定義することはできません。まず、最初にベース
となる配列を定義します。そして、その配列の要素としてサブの配列を定義するという形になり
ます。そのため、「配列の配列」と呼ばれるのです。次に、実際の定義例を示します。

```
// 基本の配列定義（サイズは3）
int[][] a = new int[3][];

// サブ配列の定義
a[0] = new int[] { 1, 2, 3 };
a[1] = new int[] { 4, 5, 6, 7 };
a[2] = new int[] { 8, 9 };
```

　　この配列を図にすると、次のようになります。

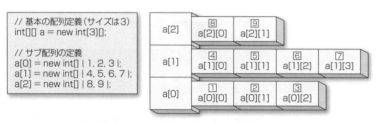

▲図10-4　ジャグ配列

　　ジャグ配列は、多次元配列の配列にもできます。この場合も、ベースとなる配列は1次元配
列です。なお、ジャグ配列では、サブ配列の定義で右辺のデータ型を省くことはできません。

```
// 2次元配列のベースとなる配列を定義
int[][,] a = new int[3][,];

// 2次元配列を定義して代入
a[0] = new int[,] { { 10, 20 }, { 100, 200 } };
a[1] = new int[,] { { 30, 40, 50 }, { 300, 400, 500 } };
a[2] = new int[,] { { 60, 70, 80, 90 }, { 600, 700, 800, 900 } };
```

　　ジャグ配列のLengthプロパティは、多次元配列のようにすべての要素数を示すのではなく、ベー
スとなる配列のサイズを示します。次のサンプルコードで確かめてみましょう。

[サンプル] ArrayJagged.cs

```
static void Main()
{
    // 2次元配列のベースとなる配列を定義
    int[][,] a = new int[3][,];
```

```
    // 2次元配列を定義して代入
    a[0] = new int[,] { { 10, 20 }, { 100, 200 } };
    a[1] = new int[,] { { 30, 40, 50 }, { 300, 400, 500 } };
    a[2] = new int[,] { { 60, 70, 80, 90 }, { 600, 700, 800, 900 } };

    // 配列の参照例
    Console.WriteLine(a[0][0, 0]);  // 出力値:10
    Console.WriteLine(a[1][1, 1]);  // 出力値:400
    Console.WriteLine(a[2][1, 3]);  // 出力値:900

    // ベースとなる配列のサイズを表示する
    Console.WriteLine(a.Length);    // 出力値:3

    // 各サブ配列のサイズを表示する
    Console.WriteLine(a[0].Length); // 出力値:4
    Console.WriteLine(a[1].Length); // 出力値:6
    Console.WriteLine(a[2].Length); // 出力値:8

    // 次元数を表示する
    Console.WriteLine(a.Rank);      // 出力値:1
    Console.WriteLine(a[0].Rank);   // 出力値:2
}
```

## 10.1.6　System.Array クラスのメソッド

前述したように、配列はSystem.Array クラスのインスタンスです。System.Array クラスには、配列を操作するための静的メソッドが定義されています。主なものを次の表にまとめました。

▼表10-1　System.Array クラスの主な静的メソッド

| メソッド名 | 処理内容 |
|---|---|
| Clear | 配列の要素を既定値に初期化する |
| Sort | 配列を昇順に並び替える |
| Reverse | 配列の要素を反転させる |
| BinarySearch | ソート済みの配列に対して高速な検索を行う |

ソートとは、複数のデータを一定の規則に従って並べ替えることです。小さいものから大きいものへの並びを**昇順**、その反対を**降順**といいます。次に、配列を昇順にソートしてから降順にする（要素を反転させる）サンプルコードを示します。

[サンプル] ArrayMethod.cs

```
// 配列を横一列に表示する
public static void PrintArray(int[] a)
{
    foreach (var x in a)
```

```
    {
        Console.Write("{0} ", x);
    }
    Console.WriteLine("");
}

static void Main()
{
    int[] arr = { 22, -14, 2, -17, 41, 6, 29 };

    // 配列を定義どおりに表示する
    PrintArray(arr);

    // 配列を昇順に並べる
    Array.Sort(arr);
    PrintArray(arr);

    // 配列を反転する(昇順になっていたので降順になる)
    Array.Reverse(arr);
    PrintArray(arr);
}
```

▼

```
22 -14 2 -17 41 6 29
-17 -14 2 6 22 29 41
41 29 22 6 2 -14 -17
```

## Column　コマンドライン引数

　これまでのサンプルコードでは、Main メソッドにパラメーター（引数）を指定していませんでした。実は Main メソッドにも引数を渡すことができます。この引数のことを**コマンドライン引数**といいます。

　たとえば、コマンドプロンプト画面で「dir」と入力して Enter キーを押してみてください。作成した日付と時刻と共にフォルダーとファイル名の一覧が表示されます。次に「dir /B」と入力してみると、今度はファイル名だけが表示されます。この表示を切り替えるスイッチである「/B」の部分が、コマンドライン引数です。プログラムへ何らかのデータを渡すときに使用します。

　プログラム名の後に入力した文字列が、プログラムの起動時にパラメーターとして渡されます。C# のプログラムでは、Main メソッドで次のように記述すると、コマンドライン引数をパラメーターとして受け取ることができます。

```
public static void Main(string[] args)
```

　パラメーターは string 型の配列に格納されます。また、パラメーターは、スペースで区切って複数指定することが可能です。入力された順番で配列に格納されていきます。

　次に、受け取ったコマンドライン引数をすべて出力するサンプルコードを示します。

[サンプル] CmdTest.cs

```
// コマンドライン引数を表示する
static void Main(string[] args)
{
    for (int i=0; i<args.Length; ++i)
    {
        // 配列argsの要素を表示する
        Console.WriteLine("パラメータ{0} : {1}", i, args[i]);
    }
}
```

　Visual Studioで、[プロジェクト]メニューの[<プロジェクト名>のプロパティ]を開き、スタートアップオブジェクトにこのクラスを指定し、アセンブリ名を「cmdtest」に設定してビルドします。そしてコマンドプロンプトを起動し、保存したプロジェクトの「¥bin¥Debug¥net6.0」フォルダーに移動して、「cmdtest a bb ccc」と入力して Enter キーを押します。「a bb ccc」がパラメーターです。

▲図10-5　コマンドライン引数を指定して実行

　または、Visual Studioからコマンドライン引数を指定して実行することもできます。[デバッグ]メニューの[<プロジェクト名>のデバッグプロパティ]を開き、[コマンドライン引数]ボックスに「a bb ccc」と入力します。ここに入力した文字列は、そのプログラムを Visual Studioから実行するときに、コマンドライン引数として渡されます。

▲図10-6　Visual Studio でコマンドライン引数を設定（画面はデバッグプロパティ）

10

どちらの場合も、実行すると次のような結果になります。

```
パラメーター0 : a
パラメーター1 : bb
パラメーター2 : ccc
```

 # 10.2 　構造体

**構造体**とは、異なるデータ型の複数のデータをまとめて扱うためのものです。これは、クラスが異なる型の複数のフィールドを定義できるのと似ています。実際、C++ 言語での構造体はクラスとの違いがほとんどありません。これに対して、C# の構造体はクラスとの違いが明確になっており、より適切に実装することができます。

## 10.2.1 　構造体とは

構造体は、特殊な形のクラスです。クラスと同様にフィールドやメソッド、プロパティ、コンストラクターを持つことができます。しかし、クラスとは決定的に違う点があります。それは、クラスが参照型であるのに対し、構造体は値型であるという点です。

値型であるということは、構造体は他の値型と同様に扱えるということを意味します。値型ではアドレスを介して間接的にデータを参照するのではなく、直接データを扱うため、参照型よりも動作が速くなります。しかし、構造体としてデータを組み合わせた結果、実体が大きくなりすぎると、実体そのものを代入したり参照したりする値型では、データを保存するためのメモリの領域や処理上の負荷が大きくなります。

もう1つの特徴として、構造体は継承できません（インターフェイスの実装は可能です）。

以上の特徴により、構造体はデータのサイズがあまり大きくなく、継承の必要がないものに使用します。それ以外の場合は、クラスとして定義するのが一般的です。

構造体は **struct** キーワードを使用して、次のように定義します。

**［構文］構造体の定義**
```
struct 構造体名
{
    // メンバーの定義
}
```

インターフェイスを実装する場合の記述は、クラスと同様です。

**［構文］構造体の定義（インターフェイスの実装）**
```
struct 構造体名 ： インターフェイス名
{
    // メンバーの定義
}
```

では、簡単なサンプルコードを見てみましょう。int 型と string 型のフィールドを持つ構造体を定義し、使用しています。

[サンプル] StructInit.cs

```
struct Simple
{
    public int Number;
    public string Name;
}

class MainClass
{
    static void Main()
    {
        Simple ss;              // newは不要

        ss.Number = 0;          // int型のフィールドに値を設定
        ss.Name = "test";   // string型のフィールドに値を設定

        Console.WriteLine(ss.Number);       // 出力値:0
        Console.WriteLine(ss.Name);         // 出力値:test
    }
}
```

構造体の定義では、フィールドの初期化を同時に行うことはできません。したがって、次のように記述するとコンパイルエラーになります。ただし、C# 10.0から、構造体フィールドの初期化子が認められるようになり、次のコードでもエラーになりません。

```
struct Simple
{
    public int Number = 0;
    public string Name = "test";
}
```

構造体をデータ型とした変数は、new キーワードを使ってインスタンスを作成しなくても使用できます。フィールドのアクセスには、クラスと同様、ドット演算子を使用します。

## 10.2.2　コンストラクター

構造体はインスタンス化しなくても使用できますが、クラスのように new キーワードを使ってインスタンス化することもできます。また、new キーワードだけでなく、default キーワードを用いてもインスタンスを得ることができます。インスタンス化する場合は、コンストラクターを呼び出すことができます。パラメーター付きのコンストラクターを定義しなかった場合には、クラスの場合と同様に既定のコンストラクターが呼び出されます。ただし、C# 10.0までの構造体

では、この既定のコンストラクター（パラメーターのないコンストラクター）を、クラスのように明示的に定義することができません。C# 10.0では、既定のコンストラクターやフィールド初期化子を書けるようになりました。その結果、既定のコンストラクターと、default を使った初期化とを区別することが可能になっています。

　次に、構造体のコンストラクターのサンプルコードを示します。

［サンプル］StructConstructor.cs

```
struct Simple
{
    public int Number;
    public string Name;

    // パラメーター付きのコンストラクター
    public Simple(int n, string s)
    {
        Number = n;
        Name = s;
    }
    // C# 10.0では定義できる
    public Simple()
    {
        Number = -1;
        Name = "既定";
    }
}

class MainClass
{
    static void Main()
    {
        // 既定のコンストラクターが呼び出される
        var s0 = new Simple();
        Console.WriteLine(s0.Number); // 出力値:-1
        Console.WriteLine(s0.Name);   // 出力値:既定

        // 既定値で初期化される
        Simple s1 = default;
        Console.WriteLine(s1.Number); // 出力値:0(int型の既定値)
        Console.WriteLine(s1.Name);   // 何も出力されない(string型の既定値null)

        // 明示的にコンストラクターを呼び出す
        var s2 = new Simple(1, "testname");

        Console.WriteLine(s2.Number); // 出力値:1
        Console.WriteLine(s2.Name);   // 出力値:testname

        // コンストラクターは呼ばれない
        Simple ss;
```

```
        // メンバーが未定義でコンパイルエラー
        // Console.WriteLine(ss.Name);
    }
}
```

　インスタンス化した場合、コンストラクターによってメンバーが初期化されるため、すぐにメンバーにアクセスできます。インスタンス化しない場合は、他の値型と同様、変数を宣言するだけでは使えません。初期化する前に参照しようとすると、エラーになります。

　構造体はクラスと同様に、静的なメンバーや静的なコンストラクターを定義することができます。ただし、構造体ではデストラクターを定義することはできません。

### 10.2.3　読み取り専用の構造体

　C# 7.2からは、構造体の定義にreadonly キーワードを用いると、変更不可な読み取り専用の構造体にすることができます。読み取り専用にするには、次のように、構造体自体の宣言と、すべてのフィールドにreadonly キーワードを付与します。なお、読み取り専用の自動プロパティの場合は、readonly キーワードは不要です。

[サンプル]　StructReadonly.cs

```
readonly struct ReadonlyStrct
{
    public readonly int A;
    public readonly string B;
    public double C { get; } // readonlyキーワードは不要

    // コンストラクター内は初期化可能
    public ReadonlyStrct(int a, string b, double c)
    {
        A = a;
        B = b;
        C = c;
    }
}
class MainClass
{
    static void Main()
    {
        var s = new ReadonlyStrct(1, "a" , 2);

        // エラーとなる
        // s.A = 3;
    }
}
```

**10**

### 10.2.4　読み取り専用の関数メンバー

　C# 8.0からは、構造体の関数メンバー（メソッドやプロパティ）個別に、readonly キーワードを付加できるようになりました。関数メンバーにreadonly キーワードを付加すると、フィールドのインスタンスデータを書き換えることができなくなります（読み取るだけ）。つまり、フィールドのメンバーを更新しないことが保証された関数メンバーになるということです。

［サンプル］StructReadonly.cs
```
struct ReadonlyStrctC8
{
    public int A = 0;
    public ReadonlyStrctC8()
    {
    }
    public readonly int Calc() => A * 2;

    // Aを書き換えているので定義できない
    // public readonly void Calc() => A *= 2;
}
```

### 10.2.5　組み込みデータ型と構造体

　既に説明したように、構造体は値型であり、C# の組み込み型のように扱えます。実は、第3章でも簡単に触れましたが、組み込み型は.NET で定義されている構造体の**エイリアス**（別名）となっているのです。また、それらの構造体はいくつかのインターフェイスを実装しています。次の表に、配列も含むC# の組み込み型と、.NET で定義されている型との対応を示します。

▼表10-2　C# の組み込み型とエイリアスの対応表

| C# | .NET | C# | .NET |
|---|---|---|---|
| bool | System.Boolean | ulong | System.UInt64 |
| byte | System.Byte | char | System.Char |
| sbyte | System.SByte | float | System.Single |
| short | System.Int16 | double | System.Double |
| ushort | System.UInt16 | decimal | System.Decimal |
| int | System.Int32 | object | System.Object |
| uint | System.UInt32 | string | System.String |
| long | System.Int64 | 配列 | System.Array |

　構造体がint 型などの組み込み型と同じであるのなら、次のこともすぐに理解できるでしょう。

● 構造体はボックス化とボックス化解除も行える
● 構造体はメソッドのパラメーターや戻り値として使用できる

● 構造体は ref または out キーワードを付けたパラメーターとして使用できる

　ref または out を付けずに構造体をパラメーターとして使った場合、構造体は値渡し、つまりコピーされることになります。

　次に長めのサンプルコードを示します。int 型と string 型のフィールドを持つ構造体 Player と、その構造体の配列 regular をメンバーに持つクラスを定義し、そのクラスをインスタンス化して構造体へのデータの追加と表示を行います。第9章で説明した例外処理も使用しています。

［サンプル］StructArray.cs

```
// 構造体
struct Player
{
    public string Name;     //名前
    public int Number;      //背番号
    public string Position;//ポジション名

    // パラメーター付きのコンストラクター
    public Player(int n, string s, string p)
    {
        Number = n;
        Name = s;
        Position = p;
    }
}

// 構造体の配列をメンバーに持つクラス
class Team
{
    // 配列regularにコピーしたデータ数
    int regularcnt;

    // Player型の配列、サイズは3
    readonly Player[] regular = new Player[3];

    // 配列regularに追加(構造体のパラメーター)
    public bool AddRegular(Player p)
    {
        // 配列のサイズに達するまで追加できる
        if (regularcnt < regular.Length)
        {
            // Player型のデータをコピー
            regular[regularcnt++] = p;
            return true;
        }
        return false;
    }

    // 配列regularの要素を表示
```

**10**

```csharp
    public void ShowRgular()
    {
        foreach (var p in regular)
        {
            // 名前があるものだけ表示
            if (p.Name != null)
            {
                Console.WriteLine("{0} {1} {2}", p.Name, p.Number, p.Position);
            }
        }
    }

    // 配列regularの要素を返す(構造体の戻り値)
    public Player GetRegular(int ix)
    {
        try
        {
            return regular[ix];
        }
        catch
        {
            // 範囲外のインデックスなら、空のPlayerを返す
            return new Player();
        }
    }
}

class StructArray
{
    static void Main()
    {
        var t = new Team();

        // Player型のデータを追加
        t.AddRegular(new Player(53, "青星", "センター"));
        t.AddRegular(new Player(6, "鉄本", "レフト"));
        t.AddRegular(new Player(1, "島谷", "ショート"));
        t.AddRegular(new Player(39, "矢田", "キャッチャー"));

        // 追加したPlayerを表示
        t.ShowRgular();

        // インデックスを指定してPlayerを取得
        var p = t.GetRegular(1);
        Console.WriteLine(p.Name);

        // インデックスが範囲を超えた場合
        p = t.GetRegular(5);
        Console.WriteLine(p.Name);  // 何も表示されない
    }
}
```

Main メソッドでは、まず Team クラスをインスタンス化し、AddRegular メソッドで Player 構造体の
データを追加しています。このメソッドのパラメーターは Player 構造体です。Team クラスの Player
型の配列 regular の長さは3と定義されているため、4つ目は追加されず false が返されます[2]。

次に、ShowRegular メソッドで配列 regular のすべての要素（Player）のすべてのフィール
ドを出力しています。その後、GetRegular メソッドで配列 regular から指定されたインデック
スの要素（Player）を取得し、その Name フィールドを出力しています。GetRegular メソッド
では例外が発生した場合は空の Player を返すよう定義されています。「t.GetRegular(5)」ではイ
ンデックスの範囲外にアクセスしようとしているため、例外が発生し、空の Player が返されます。

実行結果は次のようになります。

▲図 10-7　StructArray.cs の実行結果

**10**

# 10.3　タプル (C# バージョン 7)

**タプル型**とは、C# 7から利用できるようになった、複数のデータをひとまとめに扱うための機
能です。タプル型は、構造体のような定義の必要がなく、より汎用的に利用できるデータ型で
す[3]。

## 10.3.1　タプル型 (C# バージョン 7)

**タプル型**（tuple、組という意味）は、2つ以上の複数の型と値をまとめて1つの型として扱
うための機能で、C# 7から導入されました[4]。

タプル型は、次のようにメソッドの引数と同じような構文で、かっこの中にコンマ区切りでデー
タ型と変数名を記述します。

[構文] タプル

```
(型 メンバー₁, 型 メンバー₂, ...)
```

---

[2] メソッドの処理が正常に行えたかどうかなど、2種類の結果を表すには、bool 型の戻り値を用いるのが一般的です。通常は、true
  が正常など通常の結果、false がそれ以外という意味とします。
[3] 内部的には、構造体に変換されます。
[4] C# 7以前でも、.NET Framework 4.0 から提供されている Tuple クラスを使えば、複数の型と値をまとめて扱うことができます。
  ただし、あくまでクラスとしての存在ですので、C# 7のタプルのようにシンプルに使えず、冗長になります。

　タプル型は、内部的には構造体（値型）となっていますので、ローカル変数やフィールド、戻り値などの型に使うことでき、書き換え可能（ミュータブル、mutable）です。要素のアクセスは、クラスと同様に、ドット演算子を用います。

　タプル型が最も役に立つのは、メソッドの戻り値として複数の値を返したい場面でしょう。これまでは、複数の値を戻り値としたい場合、クラスや構造体が用いられていました。匿名型は、戻り値に型推論の var キーワードが記述できないため、使用できませんでした。タプル型を用いると、とてもシンプルに複数の値を返すことができます。

### 10.3.2　タプル型のリテラル

　タプル型は、次のような構文で**リテラル**を記述することができます。かっこの中に値だけを並べた場合は、メンバー定義の順番どおりの値になります。またメンバー名を指定することもできます。この場合は、名前付き引数と同じように、定義の順に関係なく、メンバーに値を設定できます。

[構文]　タプル型のリテラル

```
(値1, 値2, ...)
(メンバー1:値1, メンバー2:値2, ...)
```

　次のサンプルでは、タプル型の戻り値を持つローカル関数を定義し、戻り値をタプル型のローカル変数に代入しています。タプル型は、var キーワードによる型推論も利用できます。

[サンプル]　TupleLiteral.cs

```
static void Main()
{
    // タプル型の戻り値
    (string name, int age) GetMember()
    {
        var n = "Wings";
        var a = 18;
        return (n, a); // タプル型のリテラル
    }
    var m = GetMember();
    Console.WriteLine(m.name); // 出力値: Wings
    Console.WriteLine(m.age);  // 出力値: 18
}
```

　タプル型は、メンバー名を省略して定義することができます。たとえば、先ほどのローカル関数GetMember は、次のように書くことができます。なお、メンバー名を省略した場合でも、内部的に、Item1、Item2... という名前で定義されていますので、m.Item1 などの名前で参照することができます。

```
(string, int) GetMember()
```

### 10.3.3　タプル要素名の推論

　C# 7.1からは、要素の名前が推論で付けられるようになりました。推論で確定できない場合は、これまで同様「Item 〜」という名前になります。

[サンプル] TupleVar.cs

```
int x = 1, y = 2;
var t = (x, y);
Console.WriteLine(t.x); // 出力値:1
Console.WriteLine(t.y); // 出力値:2

// C# 7.0では、要素に名前が付かず、次のようにする必要があった
Console.WriteLine(t.Item1);
Console.WriteLine(t.Item2);
```

### 10.3.4　タプルの分解

　タプル型は、各メンバーそれぞれを、別の変数に受け取ることができます。次のサンプルでは、戻り値のタプルを分解[5]し、2つの変数に代入しています。

[サンプル] TupleDeconstruction.cs

```
// 戻り値のタプルを分解し、2つの変数に代入する
(string name, int age) = GetMember();
Console.WriteLine(name); // 出力値: Wings
Console.WriteLine(age);   // 出力値: 18

// 型推論
(var name1, var age1) = GetMember();
// 次のようにも書ける
// var (name1, age1) = GetMember();

// 不要な値は_で受け取る
(_, int age2) = GetMember();
Console.WriteLine(age2);   // 出力値: 18
```

　型推論も使用できます。すべての変数で型推論を使う場合は、var キーワードひとつのみで、まとめて宣言することも可能です。
　また、特定のメンバーだけを受け取ることもできます。変数の代わりに、アンダースコア（_）を記述することで、不要な値を無視できます。

---

[5] タプルだけでなく、Deconstruct という名前でプロパティを変数に分解するメソッドを定義すれば、任意の型で分解は可能です。

## 10.3.5　タプルの代入

　タプル型変数どうしの代入は、メンバーの型の並び順が一致、もしくは暗黙的変換が可能であれば、行うことができます。

［サンプル］TtupleAssign.cs

```
static void Main()
{
    (int n0, string name) t1 = (1, "sample");
    (int num, string str) t2 = (3, "テスト");

    // タプル型変数の代入
    t1 = t2;
    Console.WriteLine(t1.name);   // 出力値:テスト
}
```

　タプルのメンバー名が同じ名前であっても、その型が暗黙的変換できない場合、代入はコンパイルエラーとなります。

［サンプル］TupleAssign.cs

```
(int n, string name)  t1 = (1, "sample");
(byte n, string name) t3 = (3, "テスト");

// タプルの代入 (エラー、キャストが必要)
t3 = t1;
```

## 10.3.6　タプルどうしの比較

　C# 7.3 から、タプルどうしが等しいかどうかを判定する場合、比較演算子（==、!=）を用いてシンプルに記述できるようになりました。タプルに比較演算子を用いると、内部的に、== 演算子なら、メンバーどうしを == 演算子で比較して、論理演算子（&&）でつないだものに変換されます。同様に、!= 演算子なら、!= 演算子で比較したものを、論理演算子（||）でつないだものとなります。

［サンプル］TupleCompare.cs

```
(int n, string name)  t1 = (1, "sample");
(int num, string str) t2 = (3, "テスト");

Console.WriteLine(t1 != t2);   // 出力値:True
// 次のように変換される
Console.WriteLine(t1.n != t2.num || t1.name != t2.str);   // 出力値:True
```

```
t1 = t2;
Console.WriteLine(t1 == t2);  // 出力値:True
// 次のように変換される
Console.WriteLine(t1.n == t2.num && t1.name == t2.str);  // 出力値:True
```

# 10.4 null

null（ヌル、ナル）とは、プログラミング言語やデータベースの用語においては、「何もない」、「空っ
ぽ」という意味で使われます。C# でのnull は、多くの場合、参照型のオブジェクトでまだ初期
化されていない既定値の状態のことを指します。

## 10.4.1 null 許容型

C# で、null を値型のように扱うには、**null 許容型**（Nullable Type）という型を用います。
この型は、System.Nullable 構造体のインスタンスです。null 許容型の変数を宣言するには、値
型の型名の直後に? 記号を付けます。

**[構文] null 許容型の宣言**

データ型? 変数名;

[サンプル] NullableType.cs

```
static void Main()
{
    // nullが代入できる
    int? x = null;
    if(!x.HasValue) // 値がないなら
    {
        Console.WriteLine("null");  // 出力値:null
    }
    x = 10;
    if (x.HasValue) // 値があれば
    {
        Console.WriteLine(x.Value); // 出力値:10
    }
    Console.WriteLine(x == 10);     // 出力値:True
    Console.WriteLine(x + 10);      // 出力値:20
}
```

null 許容型では、HasValue と Value という読み取り専用のプロパティが提供されています。
HasValue プロパティは、変数に値が含まれる場合はtrue となり、null の場合はfalse となります。

　Value プロパティは、値が割り当てられている場合はその値を返し、それ以外の場合は System.InvalidOperationException 例外をスローします。また、null 許容型と値型による演算や比較を行った場合、暗黙的に Value プロパティが参照されます。

## 10.4.2　null 許容参照型

　C# 8.0 で追加になった機能のうち、最もインパクトが大きいのが、**null 許容参照型**と**null 非許容参照型**です。C# 8.0 では、既定で参照型の変数を null にできなくする、null 非許容型の設定が追加されました。従来は、参照型の既定値が null でしたので、null 非許容型になると、null 以外の初期値が必須になります。null 許容参照型は、このような null 非許容の設定のときでも、null を禁止にしたくない場合に用います。

　従来の参照型では、既定値が null であり、null は許されていました。ただそのため、参照型で意図しない null になったときに、null のチェックをしていないコードでは、実行時に例外が発生するなど、やっかいなバグの原因にもなっていました。また、null を想定することで、null かどうかを判別する処理が必要なため、コードが冗長になるケースもありました。

　参照型の null を非許容にすると、参照型変数に null を代入するコードで警告が発生します。どうしても null を許容したいときには、変数の宣言で、データ型に? 記号を付けます。

　null の許容／非許容の設定には、プロジェクトのプロパティで［ビルド］―［全般］にある［Null 許容］の項目で設定を変更する、#nullable ディレクティブをコードに追加する、という2つの方法があります。［Null 許容］の項目で設定すると、プロジェクト全体の設定となります。#nullable ディレクティブで設定すると、ソースコードの任意の範囲で設定が可能です。

　ソースコードに #nullable enable という行を追加すると、この #nullable ディレクティブを書いた以降の行から、null 許容参照型に null を設定すると警告が出るようになり、null 許容参照型が利用可能になります。また #nullable disable と書くと、それ以降の行で、C# 7 までの挙動に戻ります。

　なお、.NET 6.0（C# 10.0）では、新規プロジェクトを作成すると、既定で null 非許容型が有効となる設定が追加されます。

［サンプル］NullableEnable.cs

```
#nullable enable
class Simple // NG:警告
{
    public string Name { get; set; }
}

static void Main()
{
    string s1 = null;    // NG:警告
    string s2 = default; // NG:警告
```

```
    string? str1 = null; // OK

    var v = new Simple();
}
```

### 10.4.3　?? 演算子

?? 演算子は、null 合体演算子と呼ばれる二項演算子です。

?? 演算子の左側のオペランドがnull 値でない場合にはそのオペランドを返し、null 値の場合は右側のオペランドを返します。値型でも参照型でも使用できます。次にサンプルコードを示します。

なお、C# 8.0から、このnull 合体演算子は、複合代入（??=）でも使えるようになりました。

[サンプル] NullableCoalescing.cs

```
// null許容参照型を使用しない
#nullable disable
class NullableCoalescing
{
    static void Main()
    {
        int? a = null;
        Console.WriteLine(a ?? 10); // 出力値:10

        a = 5;
        Console.WriteLine(a ?? 10); // 出力値:5

        // 参照型でも使える
        string s = null;
        Console.WriteLine(s ?? "Empty" ); // 出力値:Empty

        // sがnullなら、右辺が代入される。
        s ??= "空の文字列";
        Console.WriteLine(s);// 出力値:空の文字列
    }
}
```

### 10.4.4　?. 演算子（C# バージョン 6）

?. 演算子は、null 条件演算子と呼ばれる特殊な演算子で、C# 6から提供されました。この演算子は、クラスのインスタンスや構造体で使用します。

?. 演算子の左側のオペランドがnull 値でない場合には、そのオペランドのメンバーを呼び出し、null 値の場合は、そのままnull（構造体の場合はnull 許容型）を返します。

**10**

　参照型の変数のメンバーを呼び出すコードで、その変数がnull になる可能性がある
なら、従来は、null の場合の処理が必要でした。null のオブジェクトを参照した場合、
NullReferenceException 例外がスローされるからです。たとえば次のように、初期化されてい
ないフィールドを参照しようとすると、実行時に例外が発生します。

［サンプル］NullableConditional1.cs
```
// 名前と番号のクラス
public class Person
{
    public int No = 0;
    public string Name = "";
}

// Personクラスのフィールドを持つクラス
public class Team
{
    public Person? Member;
}

class MainClass
{
    static void Main()
    {
        var t = new Team();

        string? n = t.Member.Name;
        // NullReferenceExceptionがスローされる

        Console.WriteLine(n);
    }
}
```

　このようなケースでは、参照するオブジェクトがnull でないことをチェックするか、try-catch
文での処理が必要でした。
　一方、?.演算子を使うと、次のようなコードでも例外は発生しません。

［サンプル］NullableConditional2.cs
```
 string? n = t.Member?.Name;
```

　また?.演算子は、?? 演算子と一緒に使うこともよくあります。次のサンプルコードでは、??
演算子と組み合わせて、初期化していない場合には別の値を返すようにしています。

[サンプル] NullableConditional2.cs

```
static void Main()
{
    var t2 = new Team();

    // ?.演算子と??演算子の組み合わせ
    string n2 = t2.Member?.Name ?? "nothing";
    Console.WriteLine(n2);   // 出力値:nothing
}
```

# 10.5 レコード（C# バージョン9）

C# 9.0から、**レコード**と呼ばれる新しい型が導入されました。レコードは、その名前が示すように、データをカプセル化するのに適しています。クラスの特性を持ちながら、構造体のようにふるまう型です。

またC# 10.0からは、レコードがさらに拡張されて、**レコード構造体**と呼ばれる型も追加されました。

## 10.5.1 レコードの宣言

レコードの宣言には、**record** キーワードを使用します。

**[構文] レコードの宣言**

```
アクセス修飾子 record レコード名
{
    メンバーの定義;
}
```

レコードのメンバーは、クラスと同様に、プロパティやフィールドとなります。またコンストラクターを定義することもできます。

[サンプル] RecordInit1.cs

```
// 3つのプロパティを持つレコードの宣言
record Point
{
    public String Name { get; init; } = "";
    public float Lat { get; init; } = default;
    public float Lon { get; init; } = default;
}

static void Main()
{
    var p1 = new Point();        // 既定値で初期化される
```

**10**

```
        Console.WriteLine(p1);      // ToString()メソッドが呼ばれる
        // 出力値:Point { Name = , Lat = 0, Lon = 0 }

        // オブジェクト初期化子による初期化
        p1 = new Point
        {
            Name = "大阪城",
            Lat = 34.687f,
            Lon = 135.526f
        };
        Console.WriteLine(p1);
        // 出力値:Point { Name = 大阪城, Lat = 34.687, Lon = 135.526 }
}
```

　サンプルコードのWriteLineで、プロパティを書かずにレコード本体を指定すると、自動的に作成されるToString()メソッドが呼ばれます。レコードのToString()メソッドは、サンプルコードの実行結果のように、プロパティをフォーマットして返します。

　さらに、レコードでは、次のように省略した書き方ができます。

**［構文］レコードの宣言（プライマリコンストラクター）**

```
アクセス修飾子 record レコード名(データ型 プロパティ名, ...);
```

　レコード名の直後に、コンストラクターのパラメーターを書くことができます。このようなコンストラクターの書き方を、**プライマリコンストラクター**と呼びます。レコードのプライマリコンストラクターでは、パラメーターと同じ名前のプロパティが自動的に作られます。またアクセサーは、getアクセサーと、初期化時以外に書き換えできないinitアクセサーとなります。

　先ほどのサンプルコードを、プライマリコンストラクターを使って書き換えると、次のようになります。

［サンプル］RecordInit2.cs

```
// プライマリコンストラクターで宣言
record Point(float Lat, float Lon);

static void Main()
{
    var p1 = new Point(34.687f, 135.526f);
    Console.WriteLine(p1.Lat); // 出力値:34.687
}
```

　レコードでは、このプライマリコンストラクターの宣言を用いるのが一般的です。レコードのメンバーには、変更可能なプロパティやフィールドを含めることも可能ですが、自動で生成されるプロパティのアクセサーからわかるように、レコードは、主にイミュータブル（不変）なデータを扱うことが目的の型です。

### 10.5.2　レコードの比較

　レコードと構造体との大きな違いは、レコードがクラスと同様に参照型で、構造体が値型であることです。ただしレコードは、値型のようにふるまいます。

　値型のようなふるまいとは、どういうことでしょうか。サンプルコードで確かめてみましょう。

［サンプル］RecordEquals.cs

```
record Point(String Name, float Lat, float Lon);

class CPoint
{
    public String Name { get; init; } = "";
    public float Lat { get; init; } = default;
    public float Lon { get; init; } = default;
}

static void Main()
{
    // クラスの比較
    var c1 = new CPoint();
    var c2 = new CPoint();
    Console.WriteLine(c1 == c2); // 出力値:False
    Console.WriteLine(c1 != c2); // 出力値:True

    // レコードの比較
    var p1 = new Point("", 0f, 0f);
    var p2 = new Point("", 0f, 0f);
    Console.WriteLine(p1 == p2); // 出力値:True
    Console.WriteLine(p1 != p2); // 出力値:False
}
```

　同じようなメンバーを持つレコードとクラスで、インスタンスを比較しています。クラスの場合は、たとえ同じクラスのインスタンスであっても、参照型のために、== 演算子で比較すると異なるインスタンスとなります（!= 演算子では、逆の結果になります）。

　一方レコードでは、参照型であっても、== 演算子で比較すると、True という結果になります。これは、レコードで == 演算子を使うと、そのインスタンスのメンバーの値を比較しているからです。これは、構造体と同様のふるまいです。

### 10.5.3　レコードの複製と with 式

　レコードで、同じプロパティのインスタンスや、一部のプロパティだけ異なるインスタンスを作りたい場合は、レコードのインスタンスに with 式を用います。init アクセサーで宣言されたイミュータブルなプロパティであっても、with 式なら書き換え可能です。

［サンプル］RecordWith.cs

```
record Point(String Name, float Lat, float Lon);

static void Main()
{
    var p1 = new Point("初期地点", 0f, 0f);
    // p1.Lat = 0f; エラーとなる

    var p2 = p1 with { Name = "どこか" };
    var p3 = p1 with { Lat = 34.687f, Lon = 135.526f };
    var p4 = p1 with { }; // p1の複製となる

    Console.WriteLine(p2);
    // 出力値:Point { Name = どこか, Lat = 0, Lon = 0 }

    Console.WriteLine(p3);
    // 出力値:Point { Name = 初期地点, Lat = 34.687, Lon = 135.526 }

    Console.WriteLine(p4);
    // 出力値:Point { Name = 初期地点, Lat = 0, Lon = 0 }

    Console.WriteLine(p1 == p4); // 出力値:True
}
```

　with式は、**with**キーワードに続けて、∥の中にプロパティを書き換えるコードを記述します。また、書き換えるコードがない場合は、インスタンスの複製となります。

## 10.5.4　レコードの継承

　レコードは、構造体とは異なり、クラスと同じように継承することができます。継承を使えば、既にあるレコードを利用して、新たなレコードを定義することができます。

　ただし、基底クラスにプライマリコンストラクターがあると、そのプライマリコンストラクターを呼び出す必要があります。プライマリコンストラクターを呼び出すには、基底クラス名に続けて、() の中にパラメーターを書きます。

　次のサンプルコードのように、プライマリコンストラクターに何らかの初期値を与えるか、継承したレコードにも、基底クラスのパラメーターと同じものを含めるようにします。

［サンプル］RecordInheritance.cs

```
record Point(String Name, float Lat, float Lon);

// プライマリコンストラクターに初期値を与える
record NewPoint1(float El) : Point("初期地点", 0f, 0f);

record NewPoint2(String Name, float Lat, float Lon, float El)
    : Point(Name, Lat, Lon);
```

```
static void Main()
{
    var p1 = new NewPoint1(0f);
    Console.WriteLine(p1);
    // 出力値:NewPoint1 { Name = 初期地点, Lat = 0, Lon = 0, El = 0 }

    var p2 = new NewPoint2("甲子園", 34.721279f, 135.361554f, 1.8f);
    Console.WriteLine(p2.Name);// 出力値:甲子園
}
```

### 10.5.5 レコード構造体

C# 10.0 から、レコードの機能が拡張されて、**レコード構造体**と呼ばれるレコードが追加されました。C# 9.0 では、レコードは参照型の固定でしたが、C# 10.0 のレコードでは、参照型と値型を区別して定義できるようになりました[6]。

値型のレコードであるレコード構造体は、次のように、record struct というキーワードを用いて宣言します。

**[構文] レコード構造体の宣言**

アクセス修飾子 record struct レコード名(データ型 プロパティ名, ...);

また、C# 9.0 での参照型のレコードは、record class というキーワードで、明示的に宣言することができます。C# 10.0 では、単に、record と宣言すると、record class と見なされます。

**[構文] (参照型) レコードの宣言**

アクセス修飾子 record class レコード名(データ型 プロパティ名, ...);

なお、レコードでは、プロパティが既定でイミュータブルになりましたが、レコード構造体では、既定で書き換え可能です。書き換え不可にするには、readonly キーワードの付加、または init アクセサーを定義する必要があります。

[サンプル] RecordStruct.cs

```
// レコード構造体
record struct Rstruct(int X, int Y);

// レコードクラス(C# 9.0のrecord)
record class Rclass(int X, int Y);

// 構造体
struct NormalStruct
{
```

---
＊6）内部的には、参照型レコードはクラスとして、レコード構造体は構造体としてコンパイルされます。

```
    public int X = -1;
    public int Y = -1;
    public NormalStruct()
    {
    }
}

static void Main()
{
    // レコード構造体
    var rs = new Rstruct { X = 2 };
    Console.WriteLine(rs);// 出力値:Rstruct { X = 2, Y = 0 }

    // 書き換え可能
    rs.Y = 2;
    Console.WriteLine(rs);// 出力値:Rstruct { X = 2, Y = 2 }

    // レコード
    var rc = new Rclass(0,0);
    Console.WriteLine(rc);// 出力値:Rclass { X = 0, Y = 0 }

    // エラーとなる(レコードでは書き換えできない)
    // rc.Y = 2;
    // Console.WriteLine(rc.Y);

    // 構造体
    var ns = new NormalStruct { X = 2 };
    Console.WriteLine(ns.X);// 出力値:2
    Console.WriteLine(ns.Y);// 出力値:-1
    Console.WriteLine(ns);
    // 出力値:Chap10_RecordStruct.RecordStruct + NormalStruct
}
```

　なお、構造体のToStringメソッドは、そのオブジェクトの文字列表現を返します。これは、クラスや構造体の基底クラスであるObjectクラスのToStringメソッドが呼び出されているためです。レコードやレコード構造体では、ToStringメソッドがオーバーライドされて、プロパティの文字列を返すようになっています。

## 第10章　練習問題

**1**　次の□□□□の中に入る正しい単語を記入してください。

　　C# の配列は、クラスと同様に □①□ 型ですが、構造体やタプル型は、□②□型です。配列には、要素の数を示す □③□ プロパティや、配列の次元を示す □④□ プロパティがあります。

　　従来、□②□ 型には、null を設定できませんでしたが、□⑤□ 型を用いれば、null を扱うことができます。

　　C# 8.0 から、null 許容参照型、およびnull □⑥□ がサポートされます。null □⑥□ では、参照は □⑦□ になることはないため、□⑦□ ではないことをチェックすることなく、変数を参照することができます。

**2**　次のコードは、2つの配列をまとめて1つの配列にし、要素を小さいものから順に表示するプログラムです。□□□□の中に入るコードを記入してください。

```
var arr1 = new int[] { 1, 3, 5 };
var arr2 = new int[] { 2, 4, 6 };

var arr3 = new int[ arr1.Length + ① ];
for (int i = 0; i < ② ; i++)
{
    arr3[i] = arr1[i];
}
for (var i = 0; i < arr2.Length; i++)
{
    arr3[ ③ + i ] = arr2[i];
}
// 昇順にソートする
 ④
for (var i = 0; i < ⑤ ; i++)
{
    Console.WriteLine(arr3[i]);
}
```

**3**　文字列をパラメーターとして、長さを返すメソッドを作成してください。ただし、文字列がnull のときは、長さを0とします。なおメソッドでは、?.演算子と、?? 演算子を使ってください。

**4** 次のコードは、指定の配列から、最大値とその次の数を求めるメソッドです。
〔　　〕に入るコードを記入してください。なお、配列の要素数が足りないときは、
2つの-1を返すようにします。

```
// 最大値とその次の数を求める
(int, int) GetMaxNext(int[] arr)
{
    // 要素数が2以上のとき
    if (arr.Length >= 2)
    {
        // 昇順に並べる
        ①
        return  ② ;
    }
    else
    {
        return (-1, -1);
    }
}
```

**5** 次のコードのCompetitionクラスに不足しているコードを追加してください。

```
class Competition
{
    public string? City { get; }

    public Competition(int y, int m, int d)
    {
        Year = y; Month = m; Day = d;
    }
}
static void Main()
{
    var os = new Competition(2020, 7, 24) { City = "東京" };
}
```

**6** **5**で修正したCompetitionクラスに、すべてのプロパティをタプルとして返す
GetOpeningメソッドを追加してください。

# 第11章

# 高度なプログラミング
## ～プログラミングの世界を広げる

　ここからは、C# の応用的な機能について説明していきます。この章では、**デリゲート**、**ラムダ式**、**イベント**、および**非同期処理**などを解説します。

 ## 11.1　デリゲート

　**デリゲート**（delegate）は、日本語に訳すと「代表」や「委任する」という意味です。C# では、異なる複数のメソッドを同じ形式で呼び出すためのしくみのことを指します。つまり、複数のメソッドの代表を作ることができるのです[*1]。ただし、異なるメソッドといっても、まったく違うものではなく、「戻り値の型」と「パラメーターリスト」が一致している必要があります。

　デリゲートはメソッドのカプセル化ともいうべき機能で、代表者さえわかっていれば、実装に触れることなくメソッドを呼び出すことができます。これは、後述する**イベント**の処理には欠かせない機能です。

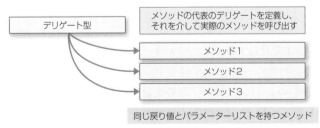

▲図11-1　デリゲート

---

　＊1）C 言語やC++ 言語では、同様の処理を「関数ポインター」という機能で行えます。

### 11.1.1　デリゲートの定義

　デリゲートを定義するには、次のように**delegate キーワード**を使用します[*2]。この構文で、同じ戻り値とパラメーターリストを持つメソッドの代表を定義します。

**[構文] デリゲートの定義**

```
delegate 戻り値の型 デリゲート型名(パラメーターリスト);
```

　代表を定義したら、実際に呼ばれるメソッドを設定する必要があります。これについては、実際にサンプルコードを見たほうがわかりやすいでしょう。次に簡単な例を示します。

[サンプル] DelegateInit.cs

```
// SampleDelという名前のデリゲートを定義
delegate void SampleDel(int x);

class DelegateInit
{
    // 実際に呼ばれるメソッド
    static void TestMethod(int n)
    {
        Console.WriteLine(n);
    }

    public static void Main()
    {
        // SampleDel型の変数を宣言
        SampleDel delVar;

        // デリゲート型の変数のインスタンス化(メソッド本体を登録)
        delVar = new SampleDel(TestMethod);

        // デリゲートを介してメソッドが呼び出される
        delVar(123);          // 出力値:123
    }
}
```

　デリゲート型の変数にメソッドを登録するには、new キーワードを使ってデリゲートのインスタンスを作成します。その際、パラメーターとして登録するメソッドを指定します。メソッドを登録した後は、「delVar(123);」のようにデリゲート型の変数をそのままメソッドの呼び出しのように記述するだけで、登録した TestMethod が実行されます。

　デリゲートの宣言とインスタンス化は、1つにまとめることができます。また、new キーワードを省略した記述も可能です。次の2つの定義は同じになります。

---

[*2]　デリゲートの実体は、.NET の Delegate クラスから派生したクラスです。sealed で定義されているため、デリゲート型の変数からは、独自のクラスを派生することはできません。

```
// SampleDel型の変数の宣言とメソッドの代入
SampleDel delVar = new SampleDel(TestMethod);

// 省略形
SampleDel delVar = TestMethod;
```

デリゲートには、インスタンスメソッドだけでなく静的メソッドを登録することもできます。

[サンプル] DelegateStatic.cs

```
// SampleDelという名前のデリゲートを定義
delegate void SampleDel(int x);

class TestClass
{
    public void TestMethod1(int n)
    {
        Console.WriteLine(n);
    }

    // 静的メソッド
    public static void TestMethod2(int n)
    {
        Console.WriteLine(n * 2);
    }
}

class DelegateStatic
{
    public static void Main()
    {
        // TestClassのインスタンス化
        var t = new TestClass();

        // インスタンスメソッドの登録
        SampleDel delVar = t.TestMethod1;

        delVar(123);          // 出力値:123

        // 静的メソッドの登録(同じ変数に代入できる)
        delVar = TestClass.TestMethod2;

        delVar(123);          // 出力値:246
    }
}
```

**11**

　デリゲートにはあらかじめ戻り値とパラメーターリストが定義されているので、デリゲート変数へのメソッド登録では、メソッドの名前だけを設定することになります。デリゲート型の変数は参照型なので、サンプルコードのように、メソッド本体の参照先を変更することができます。

　デリゲート型をパラメーターとして使用することもできます。先ほどのサンプルコードの
DelegateStatic クラスを書き換えてみます。

［サンプル］DelegateParam.cs

```csharp
// SampleDelという名前のデリゲートを定義
delegate void SampleDel(int x);

class TestClass
{
    public void TestMethod1(int n)
    {
        Console.WriteLine(n);
    }

    // 静的メソッド
    public static void TestMethod2(int n)
    {
        Console.WriteLine(n * 2);
    }
}

class DelegateParam
{
    // デリゲート型変数をパラメーターとしたメソッド
    public static void MethodCallback(int p, SampleDel delVar)
    {
        // デリゲートを介したメソッドの呼び出し
        delVar(p);
    }

    public static void Main()
    {
        var t = new TestClass();

        // パラメーターとしてメソッドを渡す
        MethodCallback(10, t.TestMethod1);          // 出力値:10
        MethodCallback(10, TestClass.TestMethod2);  // 出力値:20
    }
}
```

　MethodCallback メソッドでデリゲートを介してメソッドを実行しているだけなので、どのよ
うなメソッドでも呼び出すことができます。また、呼び出すメソッドをプログラムで動的に切り
替えることも可能です。

　このとき、デリゲートを使用するメソッドでは、呼び出すメソッドがどのような実装であるか
を意識する必要がありません。これはインターフェイスによるカプセル化と似ています。

### 11.1.2　メソッドの追加と削除

　デリゲートには複数のメソッドを登録することもできます。この機能は**マルチキャスティング**と呼ばれています。メソッドの登録は、数値の演算と同じように記述することができます。登録を追加するには、次のように加算の「+」演算子を使用します[3]。次のコードでは、デリゲート型の変数 delVar に TestMethod1 と TestMethod2 の2つを登録しています。

```
var delVar = t.TestMethod1;
delVar += t.TestMethod2;
```

　次のように記述することもできます。

```
var delVar1 = t.TestMethod1;
var delVar2 = t.TestMethod2;
delVar = delVar1 + delVar2;
```

　登録したメソッドを解除することもできます。次のように、減算の「-」演算子を使用します。

```
var delVar = t.TestMethod1;
delVar = t.TestMethod1 + t.TestMethod2;

// t.TestMethod2だけになる
delVar -= t.TestMethod1;
```

　デリゲートに複数のメソッドを登録すると、1回のデリゲートの呼び出しで、それらが順番にすべて実行されます。戻り値や out パラメーターのあるメソッドを登録している場合は、最後に実行されたメソッドの戻り値とパラメーターが返されます。次にサンプルコードを示します。

[サンプル] DelegateMulti.cs

```
class DelegateMulti
{
    // デリゲートの定義
    delegate int SampleDel(int x);

    class TestClass
    {
        public int TestMethod1(int n)
        {
            return n * 10;
        }
```

11

---

[3]　これは後述する**演算子のオーバーロード**によって既存の演算子に独自の機能が追加されたものです。

```
        public int TestMethod2(int n)
        {
            return n * 20;
        }
    }
    public static void Main()
    {
        var t = new TestClass();

        SampleDel? delVar = t.TestMethod1;

        // TestMethod2を追加
        delVar += t.TestMethod2;

        // TestMethod1とTestMethod2が実行される
        Console.WriteLine(delVar(10));      // 出力値:200

        // TestMethod2の削除
        delVar -= t.TestMethod2;

        if (delVar != null)
        {
            // TestMethod1のみ実行される
            Console.WriteLine(delVar(10));      // 出力値:100
        }
    }
}
```

　最初のデリゲートの呼び出しではTestMethod1とTestMethod2が順番に実行され、最後に実行されたTestMethod2の戻り値が返されます。次のデリゲートの呼び出しではTestMethod2が削除されているので、TestMethod1のみが実行され、その戻り値が返されます。

### 11.1.3　匿名メソッド

　ここまで、デリゲートには独立したメソッドを登録してきましたが、**匿名メソッド**を利用することもできます。匿名メソッドとは、デリゲートの定義としてメソッドブロックそのものを記述するというものです。メソッド名がないため、匿名メソッドと呼ばれています[4]。
　構文は次のようになります。匿名メソッドのブロックの最後にはセミコロン（;）が必要です。

**[構文] 匿名メソッドによる定義**
```
delegate {
    // デリゲートに登録する処理(パラメーターなし)
};
```

---

[4] C#では、ローカル関数を除いてメソッドは必ずクラスに属する必要があります。匿名メソッドも実際にはコンパイラが自動で「匿名クラス」のようなものを生成して、そのクラスに属しています。

または

```
delegate(パラメーターリスト) {
    // デリゲートに登録する処理
};
```

先ほどのDelegateInit.csを匿名メソッドで書き換えると、次のようになります。比較してみると、メソッドを別の場所で定義して呼び出す必要がないため、シンプルに記述できることがわかるでしょう。

[サンプル] DelegateAnon.cs

```
// SampleDelという名前のデリゲートを定義
delegate void SampleDel(int x);

class DelegateAnon
{
    public static void Main()
    {
        // 匿名メソッドを使ったデリゲート型の変数の定義
        var delVar = delegate(int n) { Console.WriteLine(n); };
        delVar(123);           // 出力値:123
    }
}
```

 ## 11.2 ラムダ式

**ラムダ式**とは、匿名メソッドと同様の機能を、より簡略した書き方にする構文です。匿名メソッドは、すべてラムダ式に置き換えることができます[*5]。ラムダ式を使用すると、同じ処理をかなり短く記述できる場合があり、プログラムの可読性（読みやすさ）が高まります。

### 11.2.1 ラムダ式の定義

ラムダ式の定義から見てみましょう。次のコードは、同じデリゲートの定義を、匿名メソッドとラムダ式で記述した例です。

```
// 匿名メソッド
MyDel del = delegate(int x)  { return x + 1; };

// ラムダ式
MyDel del = x => x + 1;
```

---

* 5) ラムダ式は、1.1.5項で説明した「関数型」と呼ばれる言語で用いられる機能です。Lisp 言語でも導入されています。

ラムダ式には delegate キーワードがなく、代わりに **=>** という**ラムダ演算子**を使用します。また、return 文もありません。return 文がないのは、ラムダ式自体が「式」であり、値を返す必要がないからです。さらに、パラメーターの型も指定していません。これは、第3章で説明した型推論の機能です（明示的に型を指定してもかまいません）。

このように、ラムダ演算子の右辺が式になっているラムダ式を、**式形式のラムダ**と呼びます。構文は次のようになります。入力パラメーターが1つの場合は、先ほどの例のようにかっこを省略できます。

**[構文] ラムダ式（式形式）**

（入力パラメーター）=> 式

式形式の他に、ラムダ式の右辺にブロックとして処理を記述することもできます。この場合は delegate キーワードとほとんど同じになり、return 文も省略できません。これは**ステートメント形式のラムダ**と呼ばれ、構文は次のようになります。

**[構文] ラムダ式（ステートメント形式）**

（入力パラメーター）=> { 処理; }

具体的には、次のようなコードになります。ブロックの最後にはセミコロン（;）が必要です。

```
MyDel del = a => {
                Console.WriteLine("aaa");
                return 0;
            };
```

先ほどの「DelegateAnon.cs」をラムダ式に置き換えると、次のサンプルコードのようになります。ここではさらに、Action<int> という汎用的なデリゲートを使用しています。これは.NETで定義されている、1つのパラメーターを受け取って戻り値を返さないメソッドのデリゲートです。このデリゲートは、12.1.2項で説明する**ジェネリック**という機能によって、どのような型のパラメーターを受け取るメソッドに対しても使用できるようになっています（次のサンプルコードではint型のパラメーターを受け取っています）。

[サンプル] DelegateLambda.cs
```
public static void Main()
{
    // ラムダ式を使ったデリゲート型変数の定義
    // Action<int>は、戻り値のないパラメーター1つの汎用デリゲート
    Action<int> delVar = n => { Console.WriteLine(n); };

    delVar(123);        // 出力値:123
}
```

### 11.2.2 入力パラメーターの破棄 (C# バージョン 9.0)

C# 9.0から、使用しない2個以上の入力パラメーターを、アンダースコア（_）を使って省略（破棄）できるようになりました。ただし、アンダースコア1つのみの場合は、通常のパラメーターと見なされます。

[サンプル] LambdaDestruction.cs

```
public static void Main()
{
    // 1つの_は、パラメーターとして使える
    Func<int, int, int> func1 = (_, p) => _ * p;

    // 2つの_は、破棄の意味になる
    Func<int, int, int> func2 = (_, _) => 0;

    Console.WriteLine(func1(5, 2)); // 出力値:10
    Console.WriteLine(func2(5, 2)); // 出力値:0
}
```

### 11.2.3 変数のキャプチャ

ラムダ式（および匿名メソッド、C# 7以降ではローカル関数でも可能）では、通常の名前のあるメソッドとは異なり、スコープの外にある変数にアクセスすることができます。

[サンプル] LambdaScope.cs

```
public static void Main()
{
    int b = 2;

    // 変数bを参照できる
    Action<int> Multi = n => { Console.WriteLine(n * b); };

    Multi(5);        // 出力値:10
}
```

**11**

このように、ラムダ式が定義されているメソッドのローカル変数を、ラムダ式の内部で参照することができます。またさらに、ラムダ式には**変数のキャプチャ**と呼ばれる特徴的な仕様があります。

次のサンプルコードは、ラムダ式を返すローカル関数とそのラムダ式を実行する例です。Action は、引数がなく、戻り値がvoid の定義済みラムダ式です。

[サンプル] LambdaLocal.cs

```
public static void Main()
{
    // 引数、戻り値がないラムダ式を返すローカル関数
    Action CreateLambda(int n)
    {
        int b = 2;
        return () => { Console.WriteLine(n * b); };
    }
    Action action = CreateLambda(3);

    // ラムダ式の実行
    action();            // 出力値:6
}
```

　CreateLambda 関数は、引数がなく、戻り値がvoid のラムダ式を返すローカル関数です。ラムダ式の内部では、上位のスコープである、CreateLambda 関数内のローカル変数を参照しています。

　これまでの感覚では、CreateLambda 関数が終了すると、そのローカル変数が有効でなくなるため、次のラムダ式の実行では、変数b は参照できないと思えるでしょう。ところが、エラーも発生せずに正常に実行されます。

　これが、「外部変数のキャプチャ」と呼ばれる機能です。ラムダ式が上位スコープの変数を参照しているとき、ラムダ式が有効のうちは（ガベージコレクションの対象になるまで）、変数にアクセスできるのです。

　外部変数のキャプチャは、変数を参照だけでなく変更することも可能です。次のサンプルコードでは、ラムダ式の中で上位スコープの変数をインクリメントしています。

[サンプル] LambdaCapture.cs

```
public static void Main()
{
    Action CreateLambda(int n)
    {
        int b = 2;
        return () =>
        {
            Console.WriteLine(n * b);
            // ローカル変数をインクリメントする
            b++;
        };
    }
    Action action = CreateLambda(3);

    action();            // 出力値:6
}
```

```
        // 次のラムダ式の実行でも変数bは有効
        action();            // 出力値:9
    }
```

2度めのラムダ式の実行結果は、インクリメントされた変数 b が有効ですので、9となります。

## 11.2.4　静的ローカル関数と静的匿名メソッド

C# 7以降では、ローカル関数でも変数のキャプチャが可能です。また、C# 9.0では、ローカル関数、ラムダ式、匿名メソッドに、static修飾子を付加できるようになりました（ただしC# 8.0では、ローカル関数のみ）。staticを付けた、**静的ローカル関数**や**静的匿名メソッド**内では、変数をキャプチャするとエラーとなります。

この機能により、変数をキャプチャしていないことを明示でき、意図せずに外部の変数をキャプチャするのを防止できます。

[サンプル] LambdaStatic.cs

```
public static void Main()
{
    int b = 2;

    // 外部変数をキャプチャしているので、staticを付けられない
    void LocalFunction(int n)
    {
        Console.WriteLine(n * b); // bをキャプチャしている
        b++;
    }

    // 静的ローカル関数(外部の変数をキャプチャしていない)
    static void LocalFunctionStatic(int n)
    {
        Console.WriteLine(n);
    }

    // 静的なラムダ式(外部の変数をキャプチャしていない)
    Action<int> action = static x => Console.WriteLine(x * 2);

    // 静的匿名メソッド(外部の変数をキャプチャしていない)
    Action<int> actiondele = static delegate (int x)
    {
        Console.WriteLine(x * 2);
    };

    LocalFunction(3);        // 出力値:6
    Console.WriteLine(b);    // 出力値:3
    LocalFunctionStatic(3); // 出力値:3
    action(5);              // 出力値:10
}
```

## 11.2.5 変数のシャドーイング

　C# 8.0では、ローカル関数の引数やローカル関数内の変数の名称を、外側のスコープに存在している変数や引数と同じ名称にすることができます。名称が同じでも、外側のものとは異なる別の変数／引数となります。そのため、外側の変数／引数を遮るという意味で、**変数のシャドーイング**（shadowing）と呼ばれます。

　次のコードのローカル関数LocalFunction3の引数bは、外側の変数bとは別の変数になります。なお、変数のシャドーイングは、静的でない、通常のローカル関数でも使えます。

[サンプル] LambdaShadow.cs

```
public static void Main()
{
    int b = 2;
    LocalFunctionShadow(3);        // 出力値:9

    static void LocalFunctionShadow(int b)
    {
        Console.WriteLine(b * b); // bは、外側のbとは別の変数
    }
}
```

## 11.2.6 ラムダ式によるメンバーの記述

　C# 6から、式形式のラムダ式でクラスのメンバーの本体を記述できる機能が導入されました。
　C# 6では、メソッド、プロパティのget アクセサーのみ可能でしたが、C# 7では、機能が拡張されて、コンストラクター、デストラクター、プロパティ、インデクサー（get、set）、イベント（add、remove）でも使えるようになりました。

[サンプル] LambdaMember.cs

```
public class SampleLambda
{
    private int num;
    private string[] str_nums = new string[5];

    // ラムダ式によるプロパティ(getアクセサーと同じ)
    public string Name => "nothing";

    public string this[int key]
    {
        // インデクサーのget
        get => str_nums[key];

        // インデクサーのset
```

```
        set => str_nums[key] = value;
    }

    // ラムダ式によるコンストラクター
    public SampleLambda() => num = 3;

    // ラムダ式によるメソッド
    public int Multi(int a) => a * num;
    // 以下と同じ
    // public int Multi(int a)
    // {
    //    return a * num;
    // }
}

class LambdaMember
{
    static void Main()
    {
        var c = new SampleLambda();

        Console.WriteLine(c.Name);        // 出力値:nothing
        Console.WriteLine(c.Multi(5));    // 出力値:15

        c[1] = "test";
        Console.WriteLine(c[1]);          // 出力値:test
    }
}
```

### 11.2.7　throw 式（C# バージョン 7）

**throw 式**は、ラムダ式の機能というわけではありませんが、ラムダ式に関連した機能ということで、ここで説明しておきます。

C# 7では、式としての throw（throw 式）が導入されました。例外処理の throw は、これまでステートメントでしか記述できなかったのです。

なお throw 式は、次の限定された構文のみで利用できます。

- ラムダ式の => 演算子の後
- null 合体演算子の後
- 条件演算子の第2または第3引数

[サンプル] LambdaThrow.cs

```
// ラムダ式の=>演算子の後
static public int Throw1() => throw new Exception("Lambda");
```

```
static public string Throw2(int ct)
{
    // 条件演算子の第2または第3引数
    return (ct < 0) ? throw new InvalidOperationException("nothing")
: ct.ToString();
}

object? sample_var = null;
// null合体演算子の後
var s = sample_var as string ?? throw new Exception();
```

# 11.3　イベント

　デリゲートの機能が最も多く使われるのが、これから説明する**イベント**の処理です。一般的には、イベントとは「キーボードのボタンを押す」、「マウスをクリックする」など、プログラムが直接コントロールしていないアクション（事象）のことを指します。

　「キーボードのボタンが押された」などのイベントが発生したときに特定の処理を行うようにするのが、**イベントドリブン**（またはイベント駆動）と呼ばれるプログラミング手法です。また、イベントに対応する処理のことを**イベントハンドラー**と呼びます。

　ここまでの本書のサンプルコードでの制御の流れは、メインメソッドの中で順番に処理が行われ、そこから直接メソッドを呼び出すというものでした。一方、イベントドリブンでは、イベントハンドラーを登録しておき、何らかのイベントが発生したときに、それに対応するイベントハンドラーが呼び出されます。

　多くのプログラミング言語では、イベントドリブンの処理を言語レベルではサポートしていません。独自にコードを書いて対処する必要があります。しかし C# には、イベントドリブンでのプログラミングに特化したしくみが組み込まれています。

　イベントドリブンの処理では、イベントとそのイベントが発生したときに呼び出されるイベントハンドラーをあらかじめ定義しておきます。そして、プログラムの中でイベントが発生すると、イベントハンドラーとして登録しておいたメソッドが呼び出されて実行されます。この動作はデリゲートと似ています。実際、イベントは特殊な形態のデリゲートであり、本質的な機能においてはデリゲートとの違いはありません。

　GUI を使用する Windows プログラムでは、マウスのクリック処理などにイベントドリブンを適用するのが一般的です。ただし、Visual Studio を使った.NET の GUI プログラミングでは、イベントをあまり意識する必要はありません。Visual Studio によって自動でイベントを処理するためのコードが生成され、簡単にプログラミングできます。ここでは、イベントの基本的なしくみを理解しておきましょう。

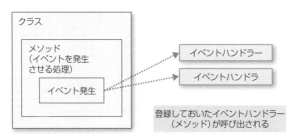

▲図11-2　イベント

## 11.3.1　C#のイベント

　イベントを宣言するには、次のようにデリゲートの宣言文に**event**キーワードを付けるだけです。これで、デリゲートではなくイベントとして定義されたことになります。

[構文] イベントの宣言

```
event デリゲート型名 イベント名;
```

　次にイベントを使ったサンプルコードを示します。GUIではなくCUIのプログラムです。特定の条件になったときにイベントを発生させ、イベントハンドラーを呼び出しています。ここではイベントの宣言とイベントハンドラーの追加に匿名メソッドを使用していますが、ラムダ式で書き換えた場合についてもコメントで併記しています。

[サンプル] EventInit.cs

**11**

```csharp
// SampleEventHandlerという名前のデリゲートを定義
delegate void SampleEventHandler();

// イベントを発生させるクラス
class TestClass
{
    // 匿名メソッドを使ってeventのthreeEventを初期化
    public event SampleEventHandler ThreeEvent = delegate { };

    // ラムダ式を使った場合
    // public event SampleEventHandler ThreeEvent = () => {};

    // 1～20を表示。ただし、3の倍数のときはイベントを発生させる
    public void OnThreeEvent()
    {
        for (int i=1; i<=20; i++)
        {
            Console.WriteLine(i);
            if (i % 3 == 0)
            {
                ThreeEvent();
```

```
            }
        }
    }
}

class EventInit
{
    public static void Main()
    {
        var t = new TestClass();

        // イベントハンドラーを追加
        t.ThreeEvent += delegate { Console.WriteLine("××"); };

        // ラムダ式を使った場合
        // t.ThreeEvent += () => Console.WriteLine("××");

        // イベントが発生する処理
        t.OnThreeEvent();
    }
}
```

　実行すると、1から20までが出力されます。その際、3の倍数が出力された次の行には、イベントによって「××」が出力されます。

▲図11-3　EventInit.cs の実行結果

　最初のdelegate文では、戻り値もパラメーターもない最も単純なメソッドのデリゲートを、SampleEventHandler という名前で定義しています。

次に、TestClass でイベントとメソッドを定義しています。イベントの定義は、デリゲート型の変数の定義とほとんど同じです。サンプルコードでは、匿名メソッドを使用して空のメソッドで初期化しています。これは、例外が発生しないようにするためです[6]。まだイベントハンドラーが登録されていないときにイベントハンドラーが呼び出されると、例外が発生してしまいます。イベントはいつ発生するか予測できないものに使われるので、イベントハンドラーを登録する前にイベントハンドラーの呼び出しが発生する可能性もあります。そのため、このように空のメソッドを登録しているのです。OnThreeEvent メソッドでは、for ループで数字を出力していく中で、値が3の倍数になったときに ThreeEvent イベントを発生させています。

EventInit クラスの Main メソッドでは、TestClass クラスをインスタンス化してイベントにイベントハンドラーを登録してから、OnThreeEvent メソッドを呼び出しています。

イベントハンドラーはデリゲートと同様に、複数登録することもできます。また、登録の解除の方法も同じです。ただし、匿名メソッドで追加したイベントハンドラーを個別に解除することはできません[7]。

このように、イベントを登録して呼び出す方法はデリゲートと変わりません。サンプルコードのイベントの初期化のところで event キーワードを削除しても、まったく同じように動作します。では、デリゲートとの違いはどこにあるのでしょうか。

## 11.3.2 イベントとデリゲートの違い

イベントには、デリゲートにはない、いくつかの制限があります。まず、イベントハンドラーを呼び出せるのは、そのイベントをメンバーとするクラスの内部からだけです。また、外部からイベントに対して行える操作は、イベントハンドラーの追加と削除のみになります。次のサンプルコードは、先ほどの EventInit.cs の Main メソッドを書き換えたものです。コメントの行に記述されているコードは、すべてエラーとなります。

**11**

```
public static void Main()
{
    var t = new TestClass();

    // イベントハンドラーを追加
    t.ThreeEvent += delegate { Console.WriteLine("××"); };

    // イベントにイベントハンドラーを代入することはできない
    // t.ThreeEvent = delegate { Console.WriteLine("××"); };
```

---

[6] 例外の抑止は、イベントハンドラー内で登録メソッドの有無を確認することでも可能です。このサンプルコードでメソッド登録の有無を確かめるには、ThreeEvent の値をチェックします。null であれば登録はありませんので、たとえばデリゲートの実行前に「if (ThreeEvent != null)」のようなコードを追加します。

[7] 匿名メソッドで追加したハンドラーを解除するのは、複雑な処理が必要です。解除する可能性がある場合は匿名メソッドにすべきではありません。

```
        t.OnThreeEvent();

    // イベントを直接呼び出すことはできない
    // t.ThreeEvent();
}
```

このような制限により、イベントではイベントハンドラーの登録と解除だけをクラスの外部に公開して、その他は非公開にするということができます。デリゲートの場合は、public にしてすべての操作を公開するか、private にしてすべて非公開にすることしかできません。

第6章でクラスの構成要素について説明した際、メソッドやプロパティなどと並んで、イベントがメンバーに含まれていたのを覚えているでしょうか。デリゲートは、クラスや構造体などと同じ「型」ですが、イベントはメソッドやフィールドのような「型のメンバー」となる要素です。つまりイベントで扱える型がデリゲート型だということです。

そもそもイベントの目的は、クラスで何かが発生したことを外部に伝えることにあります。そして、その通知を受けたときに行いたい処理を、外部でイベントハンドラーとして登録しておくのです。

# 11.4　非同期処理

ここまで説明してきた処理は、すべて**同期処理**（synchronous）でした。プログラムの上から順番に実行される処理です。**非同期処理**（asynchronous）とは、このように順番に実行されるのではなく、複数の処理が並んで実行されることです。

非同期処理を使うと、時間のかかる処理があっても、その処理の終了を待つことなく別の処理を行うことが可能です。たとえば、Web ブラウザーで画像の多いページを開いた場合、すべての画像が読み込まれる前にページが表示されて、その後に画像が表示されます。これは、各画像が非同期で読み込まれているからです。

非同期処理は、近年のプログラミングにおいては、避けて通ることができないほど重要になっています。複数のコアを持つ CPU が当たり前になり、その CPU のパフォーマンスを引き出すには、非同期処理が必須です。

C# でも、バージョンが上がるごとに非同期処理の機能が強化されています。特に、C# 5.0 から導入された**非同期メソッド**により、非同期処理の記述方法が一変しました。

ここでは、従来の非同期の記述方法から現在の書き方までを、基本的なコードを使って説明することにします。

### 11.4.1　非同期、並列、並行とは

　非同期処理のコードの説明の前に、非同期処理の概念や関連した用語について整理しておきましょう。

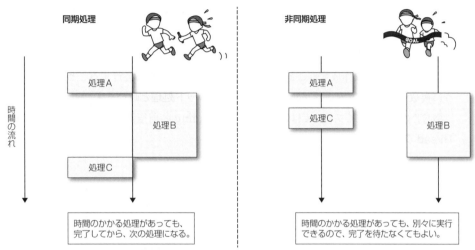

▲図11-4　同期処理と非同期処理

　同期処理は、順番に実行される処理です。たとえば、400メートルを4人で分担して走る場合、同期処理で行うなら、通常のリレー競技と同じようになるでしょう。バトンを持った人しか走れないので、順番に走ることになります。

　これが非同期処理なら、バトンはありません。4人が好き勝手に適当な場所を走り、合計400メートルになればいいのです。

　非同期処理は、同期処理の対義語であり、少し広い概念になっています。非同期処理の中には、**並行**（concurrent）や**並列**（parallel）と呼ばれる処理があります。

　並行は、非同期と同じ意味合いで使われることも多いのですが、「非同期で実行される処理がそれぞれ関連している」というニュアンスが含まれています。JIS（JIS X 0003）では、「共通の時間間隔内に生起し、共通の資源を交互に使用しなければならないこともある複数の処理に関する用語」と定義されています。先ほどの例を使えば、「自由に4人で走っていいが、だれかがバトンを持っている必要がある」というようなイメージでしょうか。

　並列は、JISでは、「互いに類似した別々の機能単位によって扱われる個々の事象がすべて同じ時間間隔内に生起する処理に関する用語」とあります。つまり、「1つの処理を分割して同時にそれぞれを実行する」というニュアンスになります。先ほどの例なら、並列は、トラックを4人が同時にスタートするイメージです。

**11**

### 11.4.2　スレッド

　スレッド（Thread）も、非同期処理には欠かせない概念です。スレッドとは、プログラムの最小の実行単位を指します。

　OS 上でプログラムを起動すると、**プロセス**と呼ばれる仮想的な領域が作られます。プロセスでは、仮想的に CPU やメモリを割り当てられ、他のプロセスとは独立して動作するようになります。スレッドは、プロセス内で実際にプログラムが実行している主体です。プロセスは、スレッド単位で動作しており、プロセスには少なくとも 1 つのスレッド（**メインスレッド**）が含まれます。またスレッドは複数作成することができ、それぞれを非同期に実行することができます。このように複数のスレッドで処理することを、**マルチスレッド処理**と呼びます。

　.NET のクラスライブラリでは、System.Threading 名前空間に、このスレッドを抽象化した **Thread クラス**が用意されています。

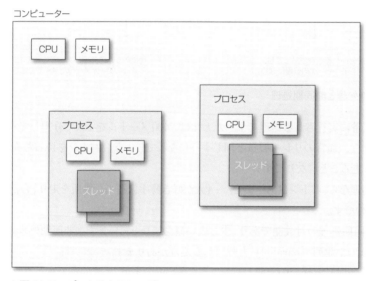

▲図 11-5　プロセスとスレッド

　次に、Thread クラスを使ったサンプルコードを示しますが、現在では通常、Thread クラスを直接利用することはありません。このサンプルは、少し古い書き方のコードになります。

［サンプル］ThreadOld.cs

```
// スレッドで実行したい処理
static public void ThreadMethod()
{
    // 3秒間停止する
    Thread.Sleep(3000);
    Console.WriteLine("finish");
```

```
        }

    public static void Main()
    {
        Console.WriteLine("start");

        // ThreadStartデリゲートを使ってスレッドを生成する
        var t = new Thread(new ThreadStart(ThreadMethod));

        // スレッド処理の開始
        t.Start();

        // スレッドが終了するまで待つ
        t.Join();
    }
```

　このコードを実行すると、「start」と表示してから3秒後に、「finish」と表示されます。Threadクラスを使う場合の基本のコードは、次のようになります。

1. スレッドで実行したい処理をメソッド（匿名メソッドやラムダ式も可能）に記述する。
2. 定義ずみのThreadStartデリゲートを使って、Threadクラスのコンストラクターに渡す。
3. ThreadクラスのStartメソッドでスレッドを開始する。
4. ThreadクラスのJoinメソッドでスレッドの終了を待つ。

　このように、スレッドの処理は、デリゲートを通して実行する方法が基本になります。

## 11.4.3　スレッドプール

　OSにとって、スレッドを生成する処理は、プロセスが作られる処理よりも負荷が小さい処理です。とはいえ、通常の命令の実行と比べると、かなり重い処理ですので、頻繁にスレッドの作成や破棄を繰り返すと大きな負荷になります。

　そこで、いったん作成したスレッドを破棄せずに貯めておいて使い回す**スレッドプール**という仕組みが考案されました。

　.NETでは、このスレッドプールを利用するために、System.Threading名前空間の**ThreadPoolクラス**が用意されています。ThreadPoolクラスも、Threadクラス同様、通常、直接使う必要はありません。

**11**

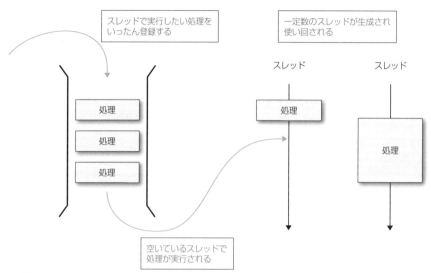

スレッドで実行したい処理を
いったん登録する

一定数のスレッドが生成され
使い回される

スレッド

スレッド

処理

処理

処理

処理

処理

処理

空いているスレッドで
処理が実行される

▲図11-6　ThreadPool クラス

　ThreadPool クラスでは、スレッドで実行したい処理を登録すると、作成したスレッドに順番
に割り当てられて実行されます。スレッドは、一定の数だけ生成されて、使い回されます。
　ThreadPool クラスを使ったサンプルコードは、次のようになります。

［サンプル］Threadpool.cs

```
static void Main()
{
    // スレッドで実行する処理
    void testThread(Object? stateInfo)
    {
        for (int i = 0; i < 3; i++)
        {
            Console.WriteLine(stateInfo + " " + i);
            Thread.Sleep(200);
        }
    }

    // WaitCallbackデリゲートを使ってスレッドプールにメソッドを登録する
    ThreadPool.QueueUserWorkItem(new WaitCallback(testThread), "1");
    ThreadPool.QueueUserWorkItem(new WaitCallback(testThread), "2");
    ThreadPool.QueueUserWorkItem(new WaitCallback(testThread), "3");

    // アプリケーションが終了しないように待機する
    Console.ReadLine();
}
```

```
2 0
1 0
3 0
3 1
1 1
2 1
1 2
3 2
2 2
```

　スレッドプールにメソッドを登録するには、ThreadPool.QueueUserWorkItem メソッドを利用します。第1引数には、WaitCallback デリゲートを用いて、スレッドで実行したいメソッドを指定します。第2引数には、そのメソッドに渡したい値を指定します。

　このサンプルコードを実行すると、0〜3までを表示する処理を、3つのスレッドで実行します。各行の先頭に表示された数字が、スレッドに渡した値です。この数字の並びは、実行するたびに異なります。スレッドが順不同に使われているためです[*8]。

## 11.4.4　タスク

　**タスク**とは、一般には仕事や処理といった意味です。ただ、ソフトウェアの世界では、タスクは、プロセスやスレッドと同じ意味で使われたり、もっとまとまった処理の意味で使われたりと、さまざまな文脈で使われる用語です。

　C# では、この「タスク」という言葉は、スレッドに代わる概念として使われています。.NET のクラスライブラリでは、Thread や ThreadPool クラスを統合した、**Task クラス**が提供されています。

　つまり、通常の非同期処理では、Thread や ThreadPool クラスを直接使うのではなく、それに代わる Task クラスを基本としたコードになります。

　先ほどの Thread クラスのサンプルコードを、Task クラスを使って書き換えると次のようになります。

[サンプル] ThreadTask.cs

```csharp
// スレッドで実行したい処理
static public void ThreadMethod()
{
    // 3秒間停止する
    Thread.Sleep(3000);
    Console.WriteLine("finish");
}
```

----

＊8）生成されるスレッドの数は、既定ではCPUのコア数と同じになります。したがって、コア数が3以下のCPUでサンプルコードを実行した場合は、最初にコア数のスレッドだけ実行されて、その後に残りのスレッドが実行されます。

```
public static void Main()
{
    Console.WriteLine("start");

    // RunメソッドにActionデリゲートを渡す
    var task = Task.Run(new Action(ThreadMethod));

    // タスクが完了するまでアプリケーションが終了しないように待機する
    task.Wait();
}
```

　TaskクラスのRunメソッドは、タスクの作成から実行まで行うメソッドです。引数には、タスクで行う処理のデリゲートを指定します。

　Taskクラス自体は、従来から提供されていますが、Runメソッドは、.NET Framework 4.5（C# 5.0）のクラスライブラリから導入されたメソッドです。

　コード上は、Threadクラスを使った例とあまり変わらないように見えますが、Taskクラスの内部ではThreadPoolクラスを利用しています。つまり、単純にRunメソッドを実行するだけで、スレッドプールが活用できるのです。

## 11.4.5　Parallelクラス

　Parallelクラスは、その名のとおり、処理を並列に実行できるクラスです。

［サンプル］ThreadParallel.cs
```
// スレッドで実行したい処理
static public void ThreadMethod()
{
    // 3秒間停止する
    Thread.Sleep(3000);
    Console.WriteLine("finish");
}

public static void Main()
{
    Console.WriteLine("start");

    // InvokeメソッドにActionデリゲートを渡す
    Parallel.Invoke(new Action(ThreadMethod),
        // ラムダ式でも可能
        () =>
        {
            // 5秒間停止する
            Thread.Sleep(5000);
            Console.WriteLine("finish");
        });
}
```

　このサンプルでは、Parallel.Invoke メソッドに、3秒待機する処理と、5秒待機する処理の2つの処理を指定しています。実行すると、2つの処理がスレッド化されて、並列に実行されます。「start」の後、3秒後に「finish」、さらに2秒後に「finish」が表示されます。

　Parallel.Invoke メソッドの引数には、いくつでも複数の処理をコンマ（,）で区切って指定可能です。また指定した処理がすべて終了するまで、メソッドは待機します。

## 11.4.6　async 修飾子と await 演算子（C# バージョン 5.0）

　C# 5.0から、**async 修飾子**と**await 演算子**が導入されました。これらは、非同期処理を言語レベルでサポートするためのキーワードです。async 修飾子と await 演算子を使えば、同期処理のような書き方で非同期処理が記述できます。

　最初に、async 修飾子と await 演算子の文法から説明しておきましょう。

　async 修飾子は、非同期に実行したいメソッド（匿名メソッド、ラムダ式も可能）の戻り値の型の前に記述します。これは、指定したメソッドが**非同期メソッド**であることを明示するもので、メソッド内に await 演算子が1つ以上あるときには必ず指定する必要があります。

**[構文] 非同期メソッド**

```
async Task  メソッド名()
{
    ...
    await タスクオブジェクト;
    ...
}
```

**11**

　非同期メソッドでは、後続の処理で特に戻り値を必要としない場合にも Task 型を指定します。戻り値が必要の場合は、その型を**ジェネリック**という機能を使って Task<T> 型とします[*9]。T には、実際の型を指定します。ジェネリックについては、12.1 節で詳しく説明します。

　戻り値を Task 型とするのは、非同期メソッドを呼び出した側に、タスクの状況や完了のタイミングなどを伝えるためです。なお非同期メソッドの名称は、慣習として、最後に「Async」を付けます。

　await 演算子は、指定したタスクオブジェクト（待機可能なオブジェクト）が完了するまで実行を待機します。

　先ほどの Task クラスを使ったサンプルを、async 修飾子と await 演算子を使って書き換えると次のようになります。

[サンプル] ThreadAwait.cs

```
// 非同期メソッド
public static async Task ThreadMethodAsync()
```

---

\* 9) 非同期メソッドの戻り値は、イベントハンドラーなどでは void も可能ですが、通常は、Task<T> ／ Task にします。

```
{
    await Task.Run(() => {
        // 3秒間停止する
        Thread.Sleep(3000);
        Console.WriteLine("finish");
    });
}

public static void Main()
{
    Console.WriteLine("start");

    var t = ThreadMethodAsync();

    // タスクが完了するまでアプリケーションが終了しないように待機する
    t.Wait();
}
```

　ThreadMethodAsync メソッドを、async 修飾子を付けて非同期メソッドとして定義しています。メソッドの中では、await 演算子でタスクの完了を待機しています。最後に、return で戻り値を返していませんが、メソッドの戻り値として Task 型を指定していることに注目してください。

### 11.4.7　非同期メソッドの値を利用する

　次に、非同期の処理で値を返す場合を見てみましょう。

[サンプル] ThreadResult.cs

```
// 非同期メソッド
public static async Task<long> ThreadMethodAsync()
{
    long val = 0;

    // Task<long>型を返す
    return await Task.Run(() =>
    {
        // 1から10億まで加算する
        for (long i = 1; i <= 1000000000; i++)
        {
            val += i;
        }
        // long型の値を返す
        return val;
    });
}

public static void Main()
```

```
{
    Console.WriteLine("start");

    Task<long> t = ThreadMethodAsync();

    // タスクが完了するまでアプリケーションが終了しないように待機する
    t.Wait();

    // 結果の表示
    Console.WriteLine(t.Result);  // 出力値:500000000500000000
}
```

このサンプルでは、1から10億の値を加算して結果をlong型で返すタスクを非同期に実行しています。非同期メソッドで、タスクの結果を利用する場合は、await演算子の結果をreturnで返す必要があります。タスクの結果はlong型なので、この場合の非同期メソッドの戻り値は、Task<long>型とします。

タスクの結果を参照するには、Task型のResultプロパティを利用します。

### 11.4.8 await 演算子の制限

await演算子は、戻り値が指定できないコンストラクターでは適用できません。

またC# 7.0までは、アプリケーションのエントリポイント（Mainメソッド）でも、await演算子は使えませんでした。C# 7.1からは、Mainメソッドの戻り値にTaskクラスが使えるようになったことで、Mainメソッドの中でも使えるようになりました。

[サンプル] AwaitMain.cs

```
const string Url = "http://www.yahoo.co.jp/";
static readonly HttpClient Client = new();

static async Task Main()
{
    // await演算子の利用
    var c = await Client.GetStringAsync(Url);
    Console.WriteLine($"{Url} : {c.Length}");
}
```

## 11.5 名前空間

名前空間については第2章で概要を説明していますが、ここでは名前空間の機能について、さらに詳しく解説します。

### 11.5.1　名前空間の定義

　これまでのサンプルコードでは、.NET のクラスライブラリで定義された System 名前空間以外は、特に指定しませんでした。名前空間は、あらかじめ定義されたものを使用するだけでなく、ユーザーが自由に定義して使用することもできます。これにより、特に多数のソースファイルで構成されるような大きなプロジェクトにおいて、クラスやメソッドを名前空間ごとに整理して、そのスコープを容易に管理することができます。

　名前空間を定義するには、**namespace** キーワードで名前空間を宣言し、それに続くブロックの中で、その名前空間に属するクラスや下位の名前空間を定義します。

```
namespace Window
{
    class Title
    {
        // Title の内容
    }

    namespace Drawing
    {
        class Image
        {
            // Image の内容
        }
    }
}
```

　この例では、Window 名前空間に Title クラスと Drawing 名前空間が属しています。また、Drawing 名前空間には Image クラスが含まれています。次のように名前空間をドット演算子で区切って宣言することで、階層構造を指定することもできます。

```
namespace Window
{
    class Title
    {
        // Title の内容
    }
}
namespace Window.Drawing
{
    class Image
    {
        // Image の内容
    }
}
```

さらに、名前空間は1つのブロックですべて定義する必要はなく、分割することもできます。次のプログラムでは、Space1名前空間を2つに分割して定義しています。

[サンプル] NameSpace.cs

```
namespace Space1
{
    class Class1
    {
        public static void Output()
        {
            Console.WriteLine("Space1.Class1");
        }
    }
}

namespace Space2
{
    class Class2
    {
        public static void Output()
        {
            Console.WriteLine("Space2.Class2");
        }
    }
}

namespace Space1
{
    class Class3
    {
        public static void Output()
        {
            Console.WriteLine("Space1.Class3");
        }
    }
}

namespace SampleSpace
{
    class Class1
    {
        static void Main()
        {
            Space1.Class1.Output(); // 出力値:Space1.Class1
            Space2.Class2.Output(); // 出力値:Space2.Class2
            Space1.Class3.Output(); // 出力値:Space1.Class3
        }
    }
}
```

## 11.5.2 ファイルスコープの名前空間（C# バージョン 10.0）

C# 10.0以降では、次のように、ブロックの指定をせずに名前空間を宣言できるようになりました。この場合の名前空間は、そのファイルで定義されているコード全体（ファイルスコープ）に適用されます。

```
namespace FileWindow;

class Title
{
}
```

この宣言では、次のコードと同じ意味になります。

```
namespace FileWindow
{
    class Title
    {
    }
}
```

なお、このファイルスコープの名前空間は、1つの.cs ファイルに1つしか宣言できません。つまり従来の書き方のような、複数の定義はできません。

## 11.5.3 using ディレクティブ

2.6.3項で説明した using ディレクティブを使用すると、名前空間の指定を省略できるだけでなく、名前空間やクラスなどに対してエイリアス（別名）を定義することもできます。次のコードでは、System 名前空間に sys、System.Console クラスに cout というエイリアスを定義してから、そのエイリアスを使って WriteLine メソッドを呼び出しています。

```
using sys = System;            // Systemのエイリアス
using cout = System.Console;   // System.Consoleのエイリアス


sys.Console.WriteLine("お名前は？≫ ");
cout.WriteLine("お名前は？≫ ");
```

using ディレクティブの構文をまとめると、次のようになります。

**[構文] using ディレクティブ**

```
using 名前空間の名称;
using エイリアス ＝ 名前空間やクラスの完全な名称;
```

　　なお、エイリアスの定義はあくまでエイリアスを使用できるようにするためのものであり、名前空間の指定を兼ねることはできません。

```
using sys = System;

sys.Console.Write("xxx"); // sysはエイリアスとして定義しているのでOK
Console.Write("xxx");     // Systemの使用は宣言していないのでエラー
```

### 11.5.4　using static（C# バージョン 6）

　　C# 6から、usingディレクティブが拡張されて、名前空間だけでなく、型（クラスや列挙体、構造体）も省略して記述できるようになりました。型を省略する場合は、using static ディレクティブを用います。

　　ただし、「using static ディレクティブ」という名前のとおり、型名を省略できるのは、指定した型で宣言したアクセス可能な静的（static）メンバーです。

［サンプル］NameSpaceUsing.cs
```
using static System.Console;
using static System.Math;
using static System.DateTime; // 構造体も可能

class NameSpaceUsing
{
    static void Main()
    {
        // System.Math.Sqrtの省略
        var sq = Sqrt(10 * 10);
        WriteLine(sq);              // 出力値:10

        // System.DateTime.Nowの省略
        WriteLine(Now);             // 出力値は現在日時
    }
}
```

### 11.5.5　global using ディレクティブ（C# バージョン 10.0）

　　C# 10.0からは、usingディレクティブ、using static ディレクティブに、global 修飾子を付加できるようになりました。このように宣言すると、プロジェクトすべてのコードに、宣言されたusingディレクティブが適用されます。

［構文］global using
```
global using 名前空間の完全修飾名;
global using static 型名;
```

global usingディレクティブは、任意の.cs ファイルに記述できますが、次の宣言よりも先に記述する必要があります。

- global 修飾子がない using ディレクティブ
- ファイル内の名前空間と型宣言

### 11.5.6 暗黙的な global using ディレクティブ (C# バージョン 10.0)

.NET 6以降をターゲットとするプロジェクトでは、**暗黙的な global using ディレクティブ**が使えるようになりました。Visual Studio 2022で、プロジェクトのプロパティを開くと、［暗黙的な global using］という項目があります。この項目にチェックを入れると、明示的に宣言しなくても、いくつかの global using ディレクティブが自動的に追加されます。

たとえば、コンソールアプリケーションのテンプレートでは、次の宣言が追加されています。

```
global using global::System;
global using global::System.Collections.Generic;
global using global::System.IO;
global using global::System.Linq;
global using global::System.Net.Http;
global using global::System.Threading;
global using global::System.Threading.Tasks;
```

なお、ここで追加されている「global::」は、**global 名前空間エイリアス**と呼ばれるもので、グローバル名前空間を明示的に指定するものです。また「::」は、**エイリアス修飾子**といい、明示的にエイリアスを指定する修飾子です。たとえば、エイリアスと同名のクラスがある場合、エイリアス修飾子を使うと、エイリアスを明示的に指定できます。

# 11.6 演算子のオーバーロード

C# では、「+」や「-」などの言語に組み込まれた演算子を、ユーザー独自の機能で拡張することできます。これを、**演算子のオーバーロード**といいます。

実は、既に何度かサンプルコードでオーバーロードされた演算子を使用しています。「+」演算子による文字列の連結やデリゲートの追加は、この機能によるものです。

演算子に追加するユーザー独自の機能は、クラスや構造体のメソッドとして定義します。ただし、どの演算子でもオーバーロードできるわけではありません。オーバーロードできるのは、次の表に示す演算子に限られています。

▼表11-1　オーバーロード可能な演算子

| 演算子 | 記号 |
|---|---|
| 単項演算子 | + - ! ˜ ++ -- true false |
| 二項演算子 | + - * / % & \| ^ << >> == != > < >= <= |

## 11.6.1　単項演算子と二項演算子のオーバーロード

　演算子をオーバーロードするには、次のように**operator**キーワードを付けてメソッドを定義します。メソッドは、publicな静的（static）メソッドである必要があります。

[構文] 演算子をオーバーロードするメソッド
```
public static 戻り値のデータ型 operator 演算子 （パラメーターリスト）
{
    // 演算子として定義する処理
}
```

　単項演算子なら1つ、二項演算子なら2つのパラメーターを受け取ります。パラメーターのうち少なくとも1つは、演算子を定義するクラス自身となります。

　演算子に割り当てる処理の内容に制限はありませんが、本来の演算子から直感的にわかるようなものにします。たとえば、「+」演算子にオブジェクトを削除する処理を割り当てたとしたら、使用するときに混乱するでしょう。予想と異なる結果を返すようなオーバーロードは避けるべきです。

　次のサンプルコードでは、int型とstring型のフィールドを持つクラスで二項演算子をオーバーロードしています。「+」演算子に、2つのクラスのint型のフィールドの数値を加算し、string型のフィールドの文字列を連結する処理を割り当てています。

**11**

[サンプル] OverloadBinary.cs
```
class TestClass
{
    private readonly int num;
    private readonly string str;

    public TestClass(int num, string str)
    {
        this.num = num;
        this.str = str;
    }

    public void Output()
    {
        Console.WriteLine(this.num);
        Console.WriteLine(this.str);
    }
```

```
    // +演算子のユーザー定義
    public static TestClass operator + (TestClass a, TestClass b)
    {
        return new TestClass(a.num + b.num, a.str + b.str);
    }
}

class OverloadBinary
{
    public static void Main()
    {
        var a = new TestClass(1,"演算子");
        var b = new TestClass(2,"オーバーロード");

        var c = a + b;
        c.Output();
    }
}
```

▼

3
演算子オーバーロード

　TestClass クラスでオーバーロードしている「+」演算子は、2つの TestClass クラスのインスタンスをパラメーターとして受け取ります。そして、num フィールドの数値を加算し、str フィールドの文字列を連結して、その結果をパラメーターとして TestClass クラスのコンストラクターを呼び出します。作成された TestClass クラスのインスタンスは演算の結果として変数c に代入され、そのフィールドの値が Output メソッドで出力されます。

　先ほどの表には複合代入演算子が含まれていませんでしたが、複合代入演算子は元の演算子をオーバーロードすると、暗黙的にオーバーロードされます。たとえば、先ほどのサンプルコードで「+=」演算子は暗黙的にオーバーロードされるので、Main メソッドの演算の部分を次のように書き換えても、同じ結果となります。

```
        a += b;
        a.Output();
```

　次に、単項演算子のtrue と false をオーバーロードしてみましょう。C# では、true と false はリテラルだけでなく、演算子としても扱えます。true と false のオーバーロードは、if 文の条件式などbool 型が要求されるところで利用することができます。

　true と false の演算子をオーバーロードする場合は、必ず両方を定義する必要があります[10]。また、戻り値はbool 型でなければなりません。

---

＊10）比較演算子についても同様です。たとえば、「<」演算子をオーバーロードした場合は、「>」演算子もオーバーロードする必要があります。

[サンプル] OverloadTrue.cs

```csharp
class TestClass
{
    private readonly int num;
    private readonly string? str;

    public TestClass(int num, string? str)
    {
        this.num = num;
        this.str = str;
    }

    // true演算子の定義
    public static bool operator true(TestClass a)
    {
        return (a.num != 0) && (a.str != null);
    }

    // false演算子の定義
    public static bool operator false(TestClass a)
    {
        return (a.num == 0) && (a.str == null);
    }
}

class OverloadTrue
{
    // true、falseの判定
    public static void BoolTest(TestClass t)
    {
        // true演算子で判断
        if (t)
        {
            Console.WriteLine("true");
        }
        else
        {
            Console.WriteLine("false");
        }
    }

    public static void Main()
    {
        var a = new TestClass(1, "演算子");
        var b = new TestClass(0, null);

        BoolTest(a);    // 出力値:true
        BoolTest(b);    // 出力値:false
    }
}
```

**11**

　　TestClass のフィールドの num が 0 以外かつ str が null でない場合は true、そうでない場合
は false となるように定義しています[*11]。

## 11.6.2　キャスト演算子のオーバーロード

　　キャスト演算子はオーバーロードできませんが、新しいユーザー定義の型変換（キャスト）を
定義することができます。C# では、代入演算子はオーバーロードできません。独自に代入の機
能を定義するには、その代替として型変換をユーザー定義することになります。

　　ユーザー定義の変換にも明示的な変換と暗黙的な変換があり、それぞれ別の変換として定義
することができます。明示的な変換とは、キャスト演算子を用いた変換です。3.4節で説明した
ように、明示的な変換ではデータが失われる場合があるため、コンパイラに対して強制的な変
換であるということを知らせます。明示的な変換を定義するには、operator キーワードの他に、
明示的な変換であることを意味する **explicit キーワード**を付けます。

　　キャスト演算子を使わない暗黙的な変換も定義できます。この場合は explicit キーワードの代
わりに **implicit キーワード**を付けます。暗黙的な変換だけを定義した場合、それを明示的な変換
にも使うことができます。

**[構文] ユーザー定義による型変換の定義**

```
public static explicit operator 変換後の型 (変換される型)
{
    // 明示的な変換として定義する処理
}

public static implicit operator 変換後の型 (変換される型)
{
    // 暗黙的な変換として定義する処理
}
```

　　先ほどのクラスに、ユーザー定義の変換を加えてみましょう。

[サンプル] OverloadUser.cs

```
class TestClass
{
    private readonly int num;
    private readonly string str;

    public TestClass(int num, string str)
    {
        this.num = num;
        this.str = str;
    }
```

----

＊11）コンパイル時は true と false の両方の演算子の定義がないとエラーになりますが、ほとんどの場合、実際のプログラムでは true 演
　　　算子しか評価されません。このサンプルコードでも true 演算子だけが呼び出されます。

```
    public void Output()
    {
        Console.WriteLine(this.num);
        Console.WriteLine(this.str);
    }

    // 明示的な変換
    public static explicit operator TestClass (int num)
    {
        return new TestClass(num,"明示的");
    }

    // 暗黙的な変換
    public static implicit operator TestClass(string str)
    {
        return new TestClass(0, str);
    }
}

class OverloadUser
{
    public static void Main()
    {
        // 明示的な変換
        var a = (TestClass)3;
        a.output();

        // 暗黙的な変換
        TestClass b = "暗黙的";
        b.Output();
    }
}
```

**11**

```
3
明示的
0
暗黙的
```

　int 型からは明示的に、string 型からは暗黙的に、TestClass 型に変換しています。実行結果を見ると、それぞれに対応する変換が実行されていることがわかります。

### 11.6.3　演算子オーバーロードの参照渡し

　C# 7.2 までは、演算子オーバーロードのパラメーターは、値渡しのみしかできませんでした。C# 7.2 からは、in パラメーター修飾子を使った参照渡しが可能になりました。ただし、ref キーワードや out キーワードは使えません。

　次のサンプルの＋演算子のオーバーロードでは、パラメーターに in キーワードを付けています。
in キーワードを追加することによって、この演算子内ではパラメーターの値を変更しない、とい
うことが明示できます。

［サンプル］OverloadIn.cs

```
class TestClass
{
    readonly string Str;
    readonly int Num;

    public TestClass(int num, string str)
    {
        this.Num = num;
        this.Str = str;
    }
    // ラムダ式による定義
    public void Output() => Console.WriteLine($"{this.Num} {this.Str}");

    // +演算子のユーザー定義(inキーワードはOK)
    public static TestClass operator +(in TestClass a, in TestClass b)
        => new (a.Num + b.Num, a.Str + b.Str);
}

class OverloadIn
{
    public static void Main()
    {
        var a = new TestClass(1, "演算子");
        a += new TestClass(2, "オーバーロード");

        a.Output(); // 出力値:3 演算子オーバーロード
    }
}
```

## 11.7　拡張メソッドと動的型付け変数

　**拡張メソッド**とは、既にあるクラスを継承せずにメソッドを追加するものです。派生クラスと
して機能を追加するのではなく、あたかも最初からそのメソッドが存在していたかのように、元
のクラスのメソッドとして呼び出すことができます。

　**動的型付け変数**は、Python や Ruby といった**動的型付け言語**と連携するために導入された機
能です。

### 11.7.1　拡張メソッド

　拡張メソッドの機能が強力なのは、ユーザー定義のクラスだけでなく、.NETであらかじめ定義されているクラスに対しても機能が追加できるという点です。さらに、継承できないシールクラス（sealedアクセス修飾子が指定されたクラス）にもメソッドを定義できます。ただし、拡張メソッドはクラスの外部から機能を拡張するものなので、元のクラスのprivateメンバーにはアクセスできません。

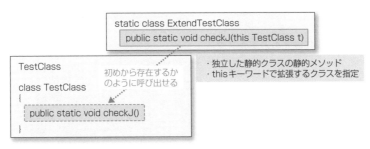

▲図11-7　拡張メソッド

　拡張メソッドは、独立した静的クラスの静的メソッドとして定義する必要があります。また、追加するメソッドの最初のパラメーターには、thisキーワードで拡張するクラスを指定します。

**[構文] 拡張メソッドの定義**

```
public static 拡張メソッド名(this 拡張すべき型, パラメーターリスト)
{
    // 拡張メソッドの定義
}
```

### 11.7.2　ユーザー定義のクラスを拡張する

　次のサンプルコードでは、TestClassを拡張するために、ExtendTestClassクラスで拡張メソッドcheckJを定義しています。

[サンプル] ExtendBMI.cs

```
// 拡張メソッドを定義したクラス
static class ExtendTestClass
{
    // 拡張メソッド(肥満度判定)
    public static void CheckJ(this TestClass t)
    {
        // BMIが25以上を肥満、18未満をやせすぎ、それ以外を標準とする
        if (25 <= t.BMI())
        {
```

**11**

```
                    Console.WriteLine("肥満です");
            }
            else if (t.BMI() < 18)
            {
                    Console.WriteLine("やせすぎです");
            }
            else
            {
                    Console.WriteLine("標準です");
            }
        }
    }

    // 体重、身長を保持してBMI値を出力するクラス
    class TestClass
    {
        // 体重のプロパティ
        public double Weight { get; }

        // 身長のプロパティ
        public double Height { get; set; }

        // 体重、身長を指定して初期化
        public TestClass(double w, double h)
        {
            this.Weight = w;         // キログラム
            this.Height = h / 100;   // センチメートルをメートルに変換して格納
        }

        // BMI値を求める
        public double BMI()
        {
            return this.Weight / (this.Height * this.Height);
        }
    }

    class ExtendBMI
    {
        public static void Main()
        {
            // 身長と体重を指定(キログラム、センチメートル)
            var a = new TestClass(80, 170);

            // 肥満度の判定(拡張メソッド)
            a.CheckJ();      // 出力値:肥満です

            var b = new TestClass(40, 160);
            b.CheckJ();      // 出力値:やせすぎです
        }
    }
```

　TestClass クラスでは、体重と身長を保持するプロパティを定義しています。身長の場合、初期値をセンチメートル単位と見なして、100で割ったメートル単位の値を取得できるようにしています。BMI メソッドは、肥満度を示すBMI 値を返します。

　拡張メソッドCheckJ では、BMI 値を利用して肥満度の判定を行い、結果を表示します。あたかも TestClass のメソッドであるかのように、a.CheckJ() という形で呼び出しています。

### 11.7.3　参照渡しの拡張メソッド

　C# 7.2 から、拡張メソッドの定義に参照渡しが使えるようになりました。11.7.1項で説明した拡張メソッドの定義で、拡張すべき型のところに参照渡しが使えます。ただし、その型は、構造体に対してのみ可能です。また、in キーワード、ref キーワードのパラメーターみで、out キーワードは使えません。

　次のサンプルは、緯度経度の値を持つ構造体に拡張メソッドを定義します。メソッドMesh1は、緯度経度の値から、標準地域メッシュコードの1次メッシュコードを計算します。in パラメーター修飾子により、メソッドMesh1では、パラメーターの値を変更しない、ということが明示できます。また、値渡しではないので、パラメーターの構造体の不要なコピーも防止できます。

[サンプル] ExtendRef.cs

```
// 構造体（緯度経度）
public struct Point
{
    public double lat, lon;

    public Point(double y, double x)
    {
        lon = x;
        lat = y;
    }
}

public static class GetMeshCode
{
    // 1次メッシュコードを求める（int型にキャストすることで小数点以下を切り捨てる）
    public static int Mesh1(in this Point p)
        => (int)(p.lat * 1.5) * 100 + (int)(p.lon - 100);
}

class ExtendRef
{
    public static void Main()
    {
        var p = new Point(34.687426, 135.525845);

        Console.WriteLine(p.Mesh1()); // 出力値:5235
```

```
        }
    }
```

### 11.7.4　.NET のクラスを拡張する

　今度は、.NET で定義されている System.String クラスを拡張してみましょう。次のサンプル
は、拡張メソッドとして 16 進数の文字列を数値に変換する処理を定義します。拡張メソッドの
パラメーターには、System.String のエイリアスである string を指定しています。なお、元のク
ラスに同じ名前のメソッドがあった場合はエラーにはならず、単に拡張メソッドが無視されます。

［サンプル］ExtendString.cs

```
public static class StringExtender
{
    // 拡張メソッド(16進文字列を数値型に変換)
    public static int Hex2Int(this string s)
    {
        return Convert.ToInt32(s, 16);
    }
}

class ExtendString
{
    static void Main()
    {
        var s = "D3";
        Console.WriteLine(s.Hex2Int()); // 出力値:211
    }
}
```

### 11.7.5　拡張メソッドと名前空間

　先ほどのサンプルコードでは名前空間を定義していないため、拡張メソッドも拡張されるクラ
スも、既定の同一の名前空間にあることになります。

　拡張されるクラスと異なる名前空間で拡張メソッドを定義している場合は、次のように**using
ディレクティブ**で使用したい拡張メソッドが含まれる名前空間の使用を宣言します。拡張メソッ
ドは通常のメソッドのように完全修飾名で指定できないため、どの名前空間の拡張メソッドを使
用するかを指定するためには、必ず using ディレクティブが必要です。

　先ほどの ExtendString.cs を書き換えて、拡張メソッドを別の名前空間に定義した場合のサ
ンプルコードを示します。

［サンプル］ExtendStringName.cs

```
using X;

namespace X
{
    public static class StringExtender
    {
        // 拡張メソッド(16進文字列を数値型に変換)
        public static int Hex2Int(this string s)
        {
            return Convert.ToInt32(s, 16);
        }
    }
}

class ExtendStringName
{
    static void Main()
    {
        var s = "D3";
        Console.WriteLine(s.Hex2Int()); // 出力値:211
    }
}
```

　拡張メソッドは名前空間 X で定義されているため、「using X;」の宣言を削除すると、拡張メソッドが見つからずエラーになります。

　当然ながら、同じ名前空間に同じ名前の拡張メソッドを定義すると、どの拡張メソッドを呼び出すのか特定できないためエラーになります。また、同じ名前の拡張メソッドを含む複数の名前空間の使用を宣言すると、同じ理由によりエラーになります。

## 11.7.6　参照設定とアセンブリ

　**参照設定**とは、.NET や他のプロジェクトで作成されたクラスライブラリを使う場合に、そのライブラリが含まれるアセンブリを指定するものです。.NET の基本的なライブラリについては、特に指定しなくても参照するようになっているため、これまでのサンプルコードでは追加の参照設定は不要でした。

　なお、.NET における**アセンブリ**とは、アプリケーションなどを管理する単位となるコンパイル済みのコード群のことです。実行ファイルであるexe ファイルやdll ファイルと同じ形式ですが、その中にバージョンやセキュリティに関する情報も含まれています。それらの付加情報を利用することで、アセンブリのバージョンの違いによって生じる不具合を回避することができます。

### 11.7.7　動的型付け変数

C# での型は、プログラムの実行よりも前のコンパイル時に決定します。コンパイル時に型の整合性をチェックすることにより、正しい型のデータのみを処理することを保証しています。このような言語の仕様を**静的型付け**と呼びます。

C# では、**dynamic** という型を使用することで、静的型付けではなく、**動的型付け変数**を定義できます。動的型付けとは、プログラムの実行時に型の整合性をチェックする方式です。

dynamic 型を利用すれば、前もって型を決定しづらい外部の COM オブジェクトの操作や、Python や Ruby などの動的型付け言語との連携が簡単になります。

なお、dynamic 型の宣言は、型推論の var と同じ構文となります。**dynamic** キーワードを付けて宣言した変数は、動的型付け変数になります。

### 11.7.8　動的型付け言語との連携

C# では、動的型付け言語と連携するための、**DLR（Dynamic Language Runtime）** というライブラリが提供されています。

DLR を利用すれば、動的型付け言語との連携が可能です。たとえば、次のような Python のプログラムを C# から利用してみます。この Python のコードは、文字列を結合するメソッド（getMessage）を持つクラスの定義です。

なお、この sample.py ファイルは、ソリューションエクスプローラーのファイルのプロパティにある［出力ディレクトリにコピー］を［新しい場合はコピーする］に設定しておきます。

［サンプル］sample.py

```
class PythonSample:
    def getMessage(self,arg):
        return "Hello Python + " + arg
```

C# から sample.py を実行するコードは、次のようになります。Python で定義されたクラスのインスタンスを生成し、メソッドを実行しています。

［サンプル］SampleDLR.cs

```
using IronPython.Hosting;
namespace Chap11_SampleDLR;

class SampleDLR
{
    static void Main()
    {
        var py = Python.CreateRuntime();
        dynamic sample = py.UseFile("sample.py");
```

```
        // Pythonのクラスのインスタンス生成
        var p = sample.PythonSample();

        Console.WriteLine(p.getMessage("C#"));
        // 出力値:Hello Python + C#
    }
}
```

　なお、このサンプルコードをコンパイルして実行するには、IronPythonという、.NET環境で動作するPython環境を次の手順でインストールする必要があります。

　Visual Studio 2022の［プロジェクト］メニューから、[NuGetパッケージの管理]を選択します。そして、［参照］タブをクリックして、検索ボックスにIronPythonと入力します。検索結果にいくつかIronPythonに関連したパッケージが表示されますが、その中の「IronPython」とだけ表示された項目を選択して、［インストール］ボタンをクリックします。IronPythonをインストールすれば、IronPythonを利用するための参照設定も完了します。

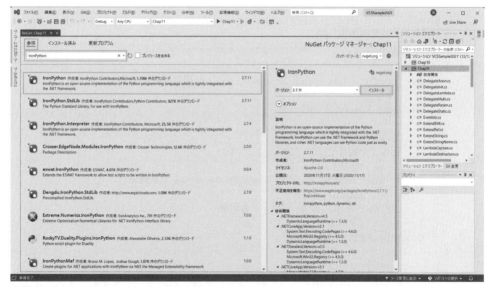

▲図11-8　IronPythonパッケージのインストール

## 11.8　パターンマッチング

　C# 7から、is演算子とswitchステートメントが拡張されて、型スイッチという機能が追加されました（8.3節）。C# 8では、さらにその機能が拡張されて、**パターンマッチング**と呼ばれる

機能となりました。パターンマッチングでは、型スイッチのような型による条件分岐や、指定の型への分解をすることができます。

### 11.8.1　switch 式

C# 8.0 では、**switch 式**という機能が追加されました。従来の switch 構文は、C 言語の構文を踏襲したもので、冗長なコードになりがちでした。switch 式を使用すると、ずっとシンプルな式として記述できるので、case や break といったキーワードを使わなくて済みます。switch 式は、最初に調べたい変数を記述し、その後に switch キーワードを書きます。

```
［構文］switch 式
変数 switch
{
    パターン1 => 式1, ... パターンn => 式n
};
```

たとえば 5.2.2 項のサンプルを、switch 式で書き換えると次のようになります。

［サンプル］PatternSwitch.cs

```
static void Main()
{
    var month = DateTime.Now.Month; // 現在の月を取得

    var str = month switch
    {
        1 => "睦月",
        2 => "如月",
        3 => "弥生",
        _ when month == 7 || month == 8 => "夏休み",
        _ => month + "月"
        // var m => m + "月"  でも可能
    };
    Console.WriteLine(str);
}
```

switch 式では、switch セクションが「=>」を使った構文になります。また、default の処理は、_（アンダースコア）キーワードによる**破棄パターン**として記述します。_ キーワードは、どのような値でも合致し、また合致した値を使わないパターンとなります（破棄パターン）。

また、C# 7 からサポートされた、変数として受け取れる **var パターン**も使うことができます。var パターンも、任意の型に合致します。

なお C# 9.0 からは、switch 構文での型のパターンの記述が簡略されて、型だけを直接書けるようになりました（**型パターン**）。それまでは、型スイッチのような変数宣言か、破棄パターン（_）を使う必要がありました。

[サンプル] PatternSwitchType.cs

```csharp
static void Main()
{
    object test = "test";

    // 型のパターンマッチング
    var str = test switch
    {
        // int _ => "int", // C#8での書き方
        int => "int",
        long => "long",
        string => "string",
        _ => "none"
    };
    Console.WriteLine(str);// 出力値:string
}
```

## 11.8.2　型の分解

　型の分解(deconstruction)とは、英語が示すとおり、コンストラクターとは逆の操作のことです。オブジェクトから、メンバーの変数を生成する処理になります。C# 7では、タプルや任意の型での分解の機能がサポートされました。C# 8.0では、その型の分解に、パターンが使えるようになりました。

　Deconstruct メソッドを持つ Member クラスを使って、基本的なパターンの使い方を見てみましょう。

**11**

[サンプル] PatternSample.cs

```csharp
// 数値と文字列のプロパティを持つクラス
public class Member
{
    public int No { get; }
    public string? Name { get; }

    public Member(int n, string s)
    {
        this.No = n;
        this.Name = s;
    }

    // 分解のメソッド(プロパティを取り出す)
    public void Deconstruct(out int No, out string? Name)
    {
        No = this.No;
        Name = this.Name;
    }
}
```

　Deconstructメソッドは、戻り値をvoidとして、分解したいクラスのメンバーの値を、out
パラメーターの引数として定義します。クラス（構造体、インターフェイスを含む）に、この
ようなDeconstructメソッドを実装すると、タプル型のように型を分解することができます。
Deconstructメソッドは、拡張メソッドとすることもできます。

　Deconstructメソッドがあれば、次のように、Memberクラスのインスタンスから、プロパ
ティを変数として分解することができます。Deconstructメソッドは、型の分解が必要な場所で、
自動的に（内部的に）呼び出されます。

［サンプル］PatternSample.cs

```
var m = new Member(2, "shota");

var (no1, name1) = m; // 分解
Console.WriteLine($"{no1},{name1}");  // 出力値:2,shota
```

　この場合、var (no1, name1) = m; のコードは、内部的に次のような処理に展開されます。

```
int no1;
string name1;
m.Deconstruct(out no1, out name1);
```

　次のコードは、is演算子にvarパターンを使ったサンプルです。指定した型に一致した場合、
nameという変数を生成しています。

［サンプル］PatternSample.cs

```
var m = new Member(2, "shota");

if (m is Member(2, var name)) // is演算子でのvarパターン
{
    Console.WriteLine(name);  // 出力値:shota
}
```

　次は、switch式でのパターンです。

［サンプル］PatternSample.cs

```
// switch式でのパターン
int select(Member? m)
{
    return m switch
    {
        (1, "keita") => 0,                  // 位置指定パターン
        { No:6, Name:"kazuki" } => m.No, // プロパティパターン
        (var x, _) when x > 0 => x,
```

```
        { } => -2,                      // プロパティパターン
                                        // (null以外すべてに合致する)
        _ => -1
    };
}
Console.WriteLine(select(m));                          // 出力値:2
Console.WriteLine(select(new Member(1, "keita")));     // 出力値:0
Console.WriteLine(select(new Member(6, "kazuki")));    // 出力値:6
Console.WriteLine(select(new Member(-1, null)));       // 出力値:-2
Console.WriteLine(select(null));                       // 出力値:-1
```

　Member オブジェクトのように、分解が可能な型であれば、プロパティの順番どおりに指定したり（**位置指定パターン**）、プロパティを指定したパターン（**プロパティパターン**）が使えます。プロパティパターンでは、∦ の中に、: キーワードを使ってプロパティを指定します。

　なお、プロパティパターンで∦ の中を空にした場合は、null 以外すべてに合致するパターンになります。_ キーワードの破棄パターンでは、null を含めたすべての型に合致します。

　また、Member オブジェクトそのものではなく、タプルを使ったパターンも可能です。

[サンプル] PatternSample.cs

```
int select2(int n, string m)
{
    return (n,m) switch
    {
        (1, "keita") => 0,             // タプルパターン
        _ => -1
    };
}
Console.WriteLine(select2(1, "keita")); // 出力値:0
```

　なお、タプルパターンのサポートに伴い、従来のswitch ステートメントで、複数の値が使えるようになりました。次のサンプルのように、コンマ（,）で区切って、複数の値を指定できます。

[サンプル] PatternSample.cs

```
// switchステートメントの複数の値の例
int select3(int n, string m)
{
    switch (n, m)
    {
        case (1, "keita"): return 0;
        default: return -1;
    }
}
```

**11**

### 11.8.3　パターンの組み合わせ（C# バージョン 9.0）

C# 9.0からは、パターンを組み合わせて使えるようになりました。パターンの組み合わせでは、論理演算子の記号ではなく、次のようなキーワードを使います。

▼表11-2　パターンの組み合わせで用いるキーワード

| キーワード | 名称 | 条件 |
|---|---|---|
| and | 論理積パターン | 両辺のパターン両方にマッチするとき |
| or | 論理和パターン | いずれかのパターンにマッチするとき |
| not | 否定パターン | 指定のパターンにマッチしないとき |

なおパターンの組み合わせでも、通常の式のように、かっこ () を使って組み合わせの優先順位を明示することができます。何も明示しない場合は、not、and、or の順に評価されます。

またC# 9.0では、関係演算子（<、<=、>、>=）を使って、数値の大小を判定することもできます。

[サンプル] PatternComb.cs

```csharp
public static void Main()
{
    // パターンの組み合わせ
    static string chkvalue(int v) => v switch
    {
        < 2 => "弱い",                  // 2未満
        >= 2 and < 10 => "普通の",      // 2以上10未満
        >= 10 and < 20 => "やや強い",   // 10以上20未満
        >= 20 and < 30 => "強い",       // 20以上30未満
        _ => "激しい"                   // 上記以外
    };

    for (int i = 1; i < 40; i += 10)
    {
        Console.WriteLine($"雨量{i}mmは{chkvalue(i)}雨です");

        // 出力値:
        // 雨量1mmは弱い雨です
        // 雨量11mmはやや強い雨です
        // 雨量21mmは強い雨です
        // 雨量31mmは激しい雨です
    }
}
```

**Column** 標準ライブラリの Deconstruct メソッド

.NET Core 3.0 以降では、いくつかの標準ライブラリのクラスに Deconstruct メソッドが追加され、型の分解ができるようになっています。たとえば、KeyValuePair<TKey, TValue> クラスにも追加されていて、第 12 章の 12.1.6 項のサンプルコード（GenericDictionary.cs）の最後、KeyValuePair クラスを使って値を取り出すコードは、次のように、タプルに変換でき、シンプルに記述できます。

```
var win = new Dictionary<string, Medal>();

win["Japan"] = new Medal(20, 10, 8);
win["China"] = new Medal(10, 5, 30);
win.Add("USA", new Medal(15, 10, 2));

// タプルで取り出せる
foreach (var (k, v) in win)
{
    Console.Write("{0}   ", k);
    v.Output();
}
```

この場合、foreach ループの、var (k, v) のところで、内部的には次のようなコードに展開され、Deconstruct メソッドが実行されます。

```
KeyValuePair<string, Medal> kp;
string k;
Medal v;
kp.Deconstruct(out k, out v);
```

## 第11章　練習問題

**1**　次の□□□の中に入る正しい単語を記入してください。

　C# のデリゲートは、異なる複数の　①　を同じ形式で呼び出すためのしくみのことを指します。　②　は、匿名メソッドと同様の機能を、より簡略した書き方にする構文です。

　「キーボードのボタンが押された」などの　③　が発生したときに特定の処理を行うようにするのが、　③　ドリブン（または　③　駆動）と呼ばれるプログラミング手法です。

　プログラムの上から順番に実行される処理を、　④　処理といいます。一方、順番に実行されるのではなく複数の処理が並んで実行される処理を、　⑤　処理と呼びます。

**2**　次の func メソッドを呼び出すデリゲートの定義として、正しいものはどれですか。

```
① delegate d(int i, string s);
② delegate void d(int, string);
③ delegate int d(int i, string s);
④ delegate void (int i, string s);
⑤ delegate int Sample.func(int i, string s);


class Sample
{
    public int func(int i, string s)
    {
    }
}
```

**3**　次の Sample クラスのメソッドを、ラムダ式に書き換えてください。

```
class Sample
{
    // 指定の数までの乱数を返す
    public int Random(int s)
    {
        return new Random().Next(s);
    }
}
```

**4** 次のコードは、int 型の最大値までインクリメントしてその値を返す処理を、非同期に行います。  に入るコードを記入してください。

```
class Sample
{
    public  ①   ②   SampleAsync()
    {
        // 非同期処理を実行
        return  ③   Task.Run(new Func< ④ >(() =>
        {
            // int型の最大値までインクリメントする
            int i = 0;
            for (; i < int.MaxValue; i++) { };
            return i;
        }) );
    }
    public void Do()
    {
        ②   t = SampleAsync();

        // タスクが完了するまでアプリケーションが終了しないように待機する
        t.Wait();

        Console.WriteLine("完了:{0}", t.Result);
    }
}
```

**11**

**5** 次のコードは、switch 式を使ったサンプルです。  に入るコードを記入してください。

```
static int Test(object? p)
{
    return p switch
    {
        ( ①  n,  ② ) when n < 10 =>  ③ ,
        string s =>  ④ ,
        { } =>  ⑤ ,
        ②  => -1
    };
}
Console.WriteLine(Test((5, "a")));   // 出力値:5
Console.WriteLine(Test((10, "b")));  // 出力値:0
Console.WriteLine(Test("sample"));   // 出力値:6
Console.WriteLine(Test(null));       // 出力値:-1
```

> **Column** **dotnet コマンド**
>
> 　本書の執筆時点では、本書のとおりに Visual Studio をインストールすると、.NET 6 の SDK（Software Development Kit：ソフトウェア開発キット）もインストールされます。名前が示すとおり、この SDK には、クラスライブラリや .NET の実行環境だけではなく、アプリケーションをビルドできるツールも含まれています。
>
> 　つまり、Visual Studio がなくても、SDK 単体でアプリケーションの開発が可能です。SDK 単体でアプリケーションを作成するには、コマンドラインツールの **dotnet** コマンドを用います。
>
> 　たとえば、コマンドラインから「dotnet new console」と入力すると、コンソールアプリケーションのテンプレートを用いたプロジェクトが作成されます。「dotnet run」と入力すると、プロジェクトがビルドされて、アプリケーションが実行されます。
>
>
>
> ▲図11-9　dotnet コマンドの実行例

 # 第12章

# クラスライブラリの活用
## ～.NET を使いこなす最初のステップ

　この章では、.NET のクラスライブラリで提供されている、いくつかのクラスについて説明します。.NET には汎用的に使用できる非常に多くのクラスが揃っています。とても本書ではすべてを紹介できませんが、ここでは特に頻繁に使用される基礎的なクラスについて説明します。

## ▶ 12.1　コレクション

　**コレクション**とは、同じ型のデータをまとめて管理するためのデータ構造を総称したものです[1]。10.1節で説明した**配列**もコレクションの一種です。

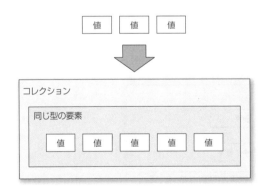

▲図12-1　コレクション

　コレクションには、データ構造やアルゴリズムが異なる、いくつかの種類があります。.NET のクラスライブラリでは、それぞれに対応したクラスが提供されており、それらは**コレクション**

---

＊1）C++ 言語ではコンテナともいいます。

クラスと呼ばれています。コレクションの種類によって、できることとできないことがあるため、用途に適したデータ構造を選択する必要があります。

　ここではまず、基本となるデータ構造について説明します。

## 12.1.1　リスト、スタック、キュー

　最も基本となるコレクションは、10.1節で説明した配列です。配列は、同じデータ型のデータを順番に並べて管理するものでした。一般的に配列は、前もってデータを格納する場所を確保しておく必要があります。データは決められたところに、順番に格納されます。たとえると、教室に並べられた机に順番に人が座っていくようなものです。配列ではデータが格納されている位置が決まっているため、インデックスを指定するだけで即座にデータを参照することができます。

　データを並べて管理するものに、もう1つリストと呼ばれるデータ構造があります。一般的なリストは、配列と異なり、データの格納場所を確保しておく必要はありません。たとえるなら、机のない教室で人が順番に手をつないでいくようなものです。決まった席がないので、場所や長さを決めていなくても、どんどん人と人をつないでいくことができます。ただし、データの位置が決まっていないため、インデックスを指定しても、前から順にたどっていくしかありません。隣の人の場所を知っているのは、つながっている人だけなのです。

　このようなデータ構造となっているリストをリンクリストといいます。その中で、次の要素のアドレスだけを保持しているものを単方向リンクリスト、次の要素だけでなく1つ前の要素のアドレスも保持しているものを双方向リンクリストといいます。

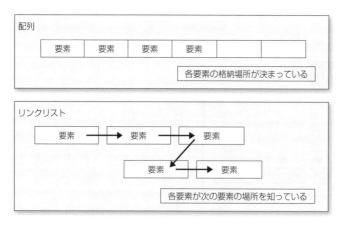

▲図12-2　配列とリンクリストの違い

　今度は、データを管理する構造ではなく、機能的な面に目を向けてみましょう。コレクションには、特徴的な機能を持った2つのデータ構造があります。

1つは**スタック**と呼ばれる構造です。スタックは**後入れ先出し**（LIFO：Last In First Out）とも呼ばれ、最後に格納したデータから順に取り出すことができます。

たとえるなら、1つの出入り口しかない細長い車庫のようなものです。車を入庫する際には制限はありませんが、最後に入庫した車からしか出庫できません。

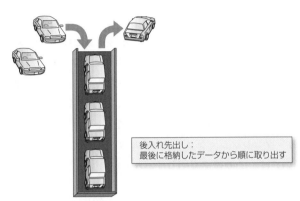

後入れ先出し：
最後に格納したデータから順に取り出す

▲図12-3　スタック

スタックは、コンピューター内部でのメモリ管理や、コンパイラでの内部処理で活用されています[2]。ただし、一般的なアプリケーションでの使用頻度は低いでしょう。

2つ目は**キュー**と呼ばれるデータ構造です。**先入れ先出し**（FIFO：First In First Out）、または**待ち行列**とも呼ばれます。こちらは銀行のATMに1列で並ぶ顧客のように、追加した順番のまま、先頭からデータを取り出すことができます。

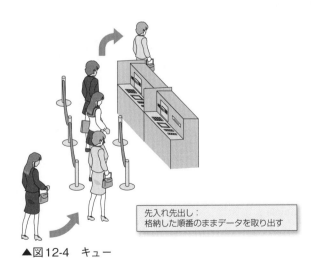

先入れ先出し：
格納した順番のままデータを取り出す

▲図12-4　キュー

**12**

---

＊2）3.5節で触れたメモリ領域のスタックは、このデータ構造を利用しています。

スタックと異なり、キューは応用範囲の広いデータ構造です。多くのデータを順番に処理する場合や、バッファー*3のような大きなデータを一時的に格納する用途に使用されます。

以上がコレクションの基本的なデータ構造です。ここからは、個々のコレクションクラスについて説明していきます。

## 12.1.2 ジェネリック

ジェネリックは、クラスやメソッドのパラメーターにおいて、処理対象とするデータ型を特定することなく汎用的な形で記述できるしくみです。これは、コレクションクラスのためだけに導入されたわけではなく、ユーザー定義のクラスでも使用することができます。特に、複数のデータ型に対応したメソッドや汎用的に使えるクラスライブラリなどに、たいへん有効です。

System.Collections.Generic 名前空間で、ジェネリックを使ったコレクションクラスが提供されています。次の表は、ジェネリックコレクションクラスをアルゴリズム別に一覧にしたものです（それぞれのアルゴリズムについては、この後で説明していきます）。

▼表12-1　従来のコレクションクラスとジェネリックコレクションクラスの比較

| アルゴリズム | System.Collections.Generic |
| --- | --- |
| リスト | List |
| 双方向リンクリスト | LinkedList |
| ソート済みリスト | SortedList |
| スタック | Stack |
| キュー | Queue |
| ハッシュテーブル | Dictionary |
| バイナリサーチツリー | SortedDictionary |

たとえば、List ジェネリッククラスは、List<T> として定義されています。大文字の「T」は**型パラメーター**と呼ばれるもので、List をインスタンス化する際に「T」の代わりに要素として使いたいデータ型を指定します。

サンプルコードを見てみましょう。

［サンプル］GenericList.cs
```
static void Main()
{
    // string型のListとしてインスタンス化
    List<string> slist = new();

    slist.Add("Hello");
```

---

*3) キーボードやプリンターなどの入出力装置とCPUなどの処理装置でデータをやり取りする際、処理速度や通信速度の差を補うためにデータを一時的に保存する記憶領域のことです。

```
    slist.Add("World");

    // インデックスによる参照(キャスト不要)
    string s = slist[1];    // 出力値:World

    Console.WriteLine(s);
}
```

「List<string>」とすると、string 型の List クラスとなります。データを参照する際には string 型のデータが返されるため、キャストは不要です。string 型のリストとしてインスタンス化しているため、次のようにそれ以外のデータを追加しようとすると、コンパイルエラーとなります。

```
// 数値型は追加できない
slist.Add(123);
```

### 12.1.3　コレクション初期化子

　先ほどのサンプルコードでは List クラスをインスタンス化する際に、右辺は「new()」と記述しています。型推論を利用すれば次のように書き換えられます。

```
var slist = new List<string>();
```

　また、**コレクション初期化子**を使用すると、定義と同時に初期化することもできます。次のサンプルコードでは、List クラスのインスタンス化と同時に 3 つの要素を格納しています。

[サンプル] GenericListInit.cs

```
static void Main()
{
    // コレクション初期化子を用いた定義
    var list = new List<string>() { "Hello", "World", "Good-Bye" };

    // foreachによるデータ参照
    foreach (var s in list)
    {
        Console.WriteLine(s);
    }
}
```

```
Hello
World
Good-Bye
```

　　コレクション初期化子はList<T> クラスだけではなく、コレクションクラスであれば、どれでも使用できます。

## 12.1.4　LinkedList クラス

　　**LinkedList** クラスは、双方向リンクリストのクラスです。配列がベースの List クラスとは異なり、インデックスによるデータの参照はできません。その代わり、リストの途中への要素の削除と挿入が高速にできるという特徴があります。

　　次に、LinkedList クラスのデータ構造を確認するための、簡単なサンプルコードを示します。

［サンプル］GenericLinkedList.cs
```
static void Main()
{
    // LinkedListクラスの利用
    var list = new LinkedList<string>();

    // 1つ目の要素を追加
    list.AddFirst("First");

    // 2つ目の要素を追加
    list.AddFirst("Last");

    for (int i = 0; i < 3; i++)
    {
        // 先頭の要素の後にiの値を文字列に変換したものを追加
        list.AddAfter(list.First!, i.ToString());
    }

    // すべての要素を順番に表示
    foreach (var s in list)
    {
        Console.WriteLine(s);
    }
}
```

▼

```
Last
2
1
0
First
```

　　AddFirst メソッドは、先頭に要素を追加します。AddAfter メソッドは、指定したノードの後に要素を追加するメソッドです。First は先頭のノードを指すプロパティです。LinkedList では、データそのものをつなぐのではなく、ノードと呼ばれるオブジェクトにデータを格納するこ

とによって連結します。サンプルコードでは、「First」が格納された先頭のノードの後（「Last」が格納されたノードの前）に、for ループのカウンター変数を文字列に変換した値を挿入しています。このように、リンクリストではリストの途中に要素を追加することができます。指定した値を含むノードを検索するFind メソッドや指定したノードを削除するRemove メソッドなどを使用して、リストの途中の要素を削除することもできます。

なお、サンプルコードの list.First の後に付加している！演算子は、null 許容型を null 非許容として扱う演算子です。ここでの list.First は、null ではないことが明らかですが、コンパイラでは判断できないため、null 非許容の設定では警告が出てしまいます。そのため、！演算子を使って、警告を抑制しています。

その他の主なコレクションクラスの主要なプロパティとメソッドを、次の表にまとめました。

▼表12-2　主なコレクションクラスの主要なプロパティとメソッド

| コレクション名 | メンバー | 概要 |
| --- | --- | --- |
| List | Count | 実際に格納されている要素の数を返す。 |
| | Add(item) | 末尾にオブジェクトを追加する。 |
| | Clear() | すべての要素を削除する。 |
| | Insert(index, item) | 指定したインデックスの位置に要素を挿入する。 |
| | Remove(item) | 最初に見つかった特定のオブジェクトを削除する。 |
| Stack | Count | 格納されている要素の数を取得する。 |
| | Contains(item) | ある要素がスタック内に存在するかどうかを判断する。 |
| | Peek() | 先頭にあるオブジェクトを削除せずに返す。 |
| | Pop() | 先頭にあるオブジェクトを返し、削除する。 |
| | Push(item) | 先頭にオブジェクトを挿入する。 |
| Queue | Count | 格納されている要素の数を取得する。 |
| | Clear() | すべてのオブジェクトを削除する。 |
| | Dequeue() | 先頭にあるオブジェクトを返し、削除する。 |
| | Enqueue(item) | 末尾にオブジェクトを追加する。 |
| | Peek() | 先頭にあるオブジェクトを削除せずに返す。 |
| Dictionary | Add(key, value) | 指定したキーと値を追加する。 |
| | Clear() | すべてのキーと値を削除する。 |
| | TryGetValue(key, out value) | 指定したキーに対応する値を取得する。 |
| | ContainsKey(key) | 指定したキーが存在するかどうかを判定する。 |
| | ContainsValue(value) | 指定した値が格納されているかどうかを判定する。 |
| | Remove(key) | 指定したキーを持つ要素を削除する。 |

## 12.1.5　Stack クラスと Queue クラス

次に、Stack（スタック）クラスと Queue（キュー）クラスを見ていくことにしましょう。まずは、Stack クラスの例です。

[サンプル] GenericStack.cs

```csharp
static void Main()
{
    var st = new Stack<int>();

    // 要素を追加
    st.Push(10);
    st.Push(11);
    st.Push(12);
    st.Push(13);

    // 先頭の要素を取得して削除
    Console.WriteLine(st.Pop());    // 出力値:13
    Console.WriteLine(st.Pop());    // 出力値:12

    // 先頭の要素を取得
    Console.WriteLine(st.Peek());   // 出力値:11

    // 先頭の要素を取得して削除
    Console.WriteLine(st.Pop());    // 出力値:11

    // すべての要素の削除
    st.Clear();

    // 要素を追加
    st.Push(1);
    st.Push(2);
    st.Push(3);

    // すべての要素を順番に取得
    foreach (var i in st)
    {
        Console.WriteLine(i);
    }

    // 先頭の要素を取得して削除
    Console.WriteLine(st.Pop());    // 出力値:3
}
```

　スタックへ要素を追加するにはPush メソッド、要素を取得するにはPop メソッドを使用します。Pop メソッドは、スタックの先頭にある要素を返して、スタックからその要素を削除します。スタックの先頭にある要素を削除せずに取得したい場合は、Peek メソッドを使用します。スタックの操作を図に示すと、図12-5のようになります。

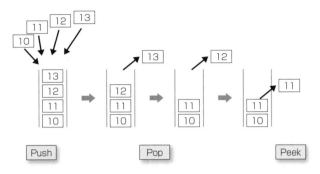

▲図12-5　スタックの操作

　Clear メソッドはすべての要素を削除します。foreach ループで要素を参照する際には、Peek メソッドと同様に要素は削除されません。

　次の Queue クラスも操作は Stack クラスとほとんど同じです。ただし、一部のメソッドの名前が異なっています。


［サンプル］GenericQueue.cs

```csharp
static void Main()
{
    var q = new Queue<int>();

    // 要素を追加
    q.Enqueue(10);
    q.Enqueue(11);
    q.Enqueue(12);
    q.Enqueue(13);

    // 先頭の要素を取得して削除
    Console.WriteLine(q.Dequeue());      // 出力値:10
    Console.WriteLine(q.Dequeue());      // 出力値:11

    // 先頭の要素を取得
    Console.WriteLine(q.Peek());         // 出力値:12

    // 先頭の要素を取得して削除
    Console.WriteLine(q.Dequeue());      // 出力値:12

    // すべての要素の削除
    q.Clear();

    // 要素を追加
    q.Enqueue(1);
    q.Enqueue(2);
    q.Enqueue(3);
```

```
    // すべての要素の取得
    foreach (var i in q)
    {
        Console.WriteLine(i);
    }

    // 先頭の要素を取得して削除
    Console.WriteLine(q.Dequeue());      // 出力値:1
}
```

　キューへ要素を追加するにはEnqueueメソッド、要素を取得するにはDequeueメソッドを使用します。Dequeueメソッドは、キューの先頭にある要素を返して、キューからその要素を削除します。キューの先頭にある要素を削除しないで取得したい場合は、Peekメソッドを使用します。キューの操作を図に示すと、図12-6のようになります。

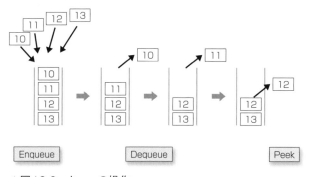

▲図12-6　キューの操作

　Clearメソッドはすべての要素を削除します。foreachループによる参照では、Peekメソッドと同様に要素は削除されません。StackとQueueクラスは、要素を取り出す順序が反対になっているだけです。また、どちらのクラスにもインデクサーが定義されていないため、配列のようなインデックスでの参照はできません。

## 12.1.6　Dictionaryクラス

　ハッシュテーブルは、以前のバージョンでは**Hashtable**クラスとして提供されていましたが、ジェネリックコレクションクラスでは**Dictionary**クラスになりました。

　ハッシュテーブルとは、**キー**（key）と値（value）のペアでデータを保持しているコレクションです。基本的な配列では数値のインデックスで要素にアクセスしますが、ハッシュテーブルでは数値以外のデータ型のキーで値にアクセスすることもできます。このようなインデックスを使用できる配列のことを、**連想配列**と呼びます。ハッシュテーブルとは、連想配列を実装したデータ構造の1つです。たとえば、7.2.7項のサンプルコード「indexer2.cs」では、英語の曜日（Mon、Tue）をキーとして、日本語の曜日（月、火）を格納していました。

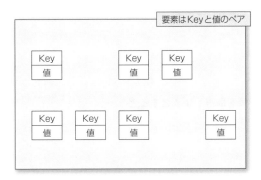

▲図12-7　ハッシュテーブル

　次に、文字列をキーとしてクラスを値とするハッシュテーブル（Dictionary クラス）を操作するサンプルコードを示します。

[サンプル] GenericDictionary.cs

```
class Medal
{
    readonly int gold;
    readonly int silver;
    readonly int bronze;

    // コンストラクター
    public Medal(int g, int s, int b)
    {
        gold = g;
        silver = s;
        bronze = b;
    }

    // フィールドの値を出力
    public void Output()
    {
        Console.WriteLine("金:{0}, 銀:{1}, 銅:{2}", gold, silver, bronze);
    }
}

static void Main()
{
    // 1:キーを文字列、値をMedalクラスとしてインスタンス化
    var win = new Dictionary<string, Medal>();

    // 2:要素を追加
    win["Japan"] = new Medal(20, 10, 8);
    win["China"] = new Medal(10, 5, 30);
    win.Add("USA", new Medal(15, 10, 2));
```

**12**

```csharp
    // 3:"USA"がキーのMedalクラスを取得して出力
    var m = win["USA"];
    m.Output();

    try
    {
        // 4:"Russia"をキーとして値を取得しようとすると
        m = win["Russia"];
        m.Output();
    }
    catch (Exception e)
    {
        // "Russia"はキーにないので例外が発生
        Console.WriteLine( e.Message );
    }

    // 5:"China"がキーのMedalクラスを取得して出力
    win.TryGetValue("China", out m);
    m?.Output();

    // 6:"中国"はキーにないのでmは参照型の既定値であるnullとなる
    win.TryGetValue("中国", out m);
    Console.WriteLine(m == null);

    // 7:キーが存在するかどうかを確認
    if (win.ContainsKey("Japan"))
    {
        Console.WriteLine("存在");
    }

    // 8:値があるかどうかの確認
    win.TryGetValue("USA", out m);
    if (win.ContainsValue(m!))
    {
        Console.WriteLine("値あり");
    }

    // 9:キーと値を列挙
    foreach (KeyValuePair<string, Medal> kp in win)
    {
        Console.Write("{0}    ", kp.Key);
        kp.Value.Output();
    }
}
```

▼

```
金:15, 銀:10, 銅:2
指定されたキーはディレクトリ内に存在しませんでした。
金:10, 銀:5, 銅:30
True
```

```
存在
値あり
Japan  金:20, 銀:10, 銅:8
China  金:10, 銀:5, 銅:30
USA    金:15, 銀:10, 銅:2
```

　少し長いコードなので、コメントに番号を付けてあります。以降の説明に示してある番号が、それぞれに対応します。

　Medal クラスは、3つの int 型のフィールドを持つクラスです。コンストラクターで受け取った値がフィールドに設定されます。フィールドの値を「金：＜ gold の値＞、銀：＜ silver の値＞、銅：＜ bronze の値＞」の形式で出力する Output メソッドも定義してあります。

　Main メソッドでは、文字列をキーとして Model クラスを値とする Dictionary クラスをインスタンス化しています（1）。Dictionary に要素を追加するには、インデクサーの [] を使用するか、Add メソッドを使用します（2）。指定したキーがまだなければ、新しい要素として登録されます。キーが既にあった場合は、[] による追加では指定した新しい値に置き換えられ、Add メソッドでは例外が発生します。

　キーの値を取得するには、「インスタンス名 [ キー ]」という形式でキーを指定します（3）。この場合、指定したキーが存在しないと例外が発生します（4）。これを防ぐには、TryGetValue メソッドを使用します。TryGetValue メソッドでは、キーがある場合は対応する値が返され（5）、キーがない場合は値が参照型の既定値である null に初期化されて返されます（6）。

　また、ContainsKey メソッドではキーが存在するかどうかを確認でき（7）、ContainsValue メソッドでは値が存在するかどうかを確認できます（8）。

　foreach ループでキーと値を列挙することもできます。キーと値を同時に取得または設定する場合は、KeyValuePair 構造体を用います（9）。この構造体は Add メソッドのパラメーターとして指定することもできます。

　Dictionary クラスの他の主なメソッドについては、先ほどの表を参照してください。

## 12.1.7　インデックス初期化子（C# バージョン 6）

　これまで初期化子には、**オブジェクト初期化子**、**コレクション初期化子**がありましたが、C# 6から、**インデックス初期化子**という初期化子が追加されました。

　インデックス初期化子を使うと、インデクサーを持っているクラスに対して、配列のような書式で初期化できます。

**[構文] インデックス初期化子**
```
[ インデックス ] = 値
```

　先ほどのサンプルコードで、要素を追加している処理をインデックス初期化子で書き換えると、次のようになります。

［サンプル］GenericDictionaryInit.cs

```
// インデックス初期化子での初期化
var win = new Dictionary<string, Medal>()
{
    ["Japan"] = new Medal(20, 10, 8),
    ["China"] = new Medal(10, 5, 30),
    ["USA"] = new Medal(15, 10, 2)
};
```

## 12.1.8　SortedList クラスと SortedDictionary クラス

　**SortedList** クラスは、キーによって自動的に並べ替えられるコレクションです。データ構造は配列をベースにしています。一方、**SortedDictionary** クラスは、**バイナリサーチツリー**と呼ばれるデータ構造です。

　**ツリー構造**とは、木が枝をのばすような構造のことです。ツリーの中でも、あるノードが持つ枝の数が2つ以下であるものを**バイナリツリー**と呼びます。また、バイナリツリーの中で、データの大小によってノードの位置を決めるツリーをバイナリサーチツリーと呼びます。

　ここでは、この2つのクラスの使い方を簡単に紹介します。詳しくはMicrosoft Docs の Sorted List クラスおよびSortedDictionary ジェネリッククラスの解説を参照してください。

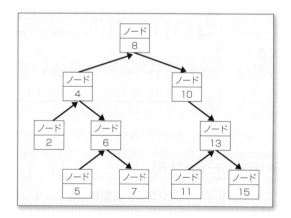

▲図12-8　バイナリサーチツリー

　どちらのクラスも Dictionary クラスと同様、要素はキーと値のペアになりますが、要素はキーの順番によって並べ替えられて格納されます。そのため、キーとインデックスのどちらを使ってアクセスすることも可能です。2つのクラスの違いは、List クラスと LinkedList クラスとの違いに似ています。主な相違点は次のとおりです。

● SortedList クラスのほうが、メモリ使用量が少ない

- SortedDictionary クラスのほうが、挿入および削除が高速
- すべての要素を一度に取り出す場合は、SortedList クラスのほうが高速

どちらのクラスも、メソッドは Dictionary クラスとほとんど同じです。先ほどのサンプルコードで、クラス名を入れ替えるだけで実行することができます。つまり、最初のインスタンス化の部分を次のように変更するだけです。

```
var win = new SortedList<string, Medal>();
var win = new SortedDictionary<string, Medal>();
```

この3つのクラスによる実行結果は、最後の foreach ループによる列挙のみ異なります。Sorted List クラスと SortedDictionary クラスでは、要素を追加した際に、次のようにキーがアルファベット順に並べ替えられています。

```
China  金:10, 銀:5, 銅:30
Japan  金:20, 銀:10, 銅:8
USA    金:15, 銀:10, 銅:2
```

既定では単純にキーが比較されて並べ替えられますが、並べ替える処理をユーザーが実装することもできます。その場合、キーを比較する Compare メソッドが宣言されている **IComparer イ ンターフェイス**を実装して、SortedDictionary クラスまたは SortedList クラスのコンストラクターで指定します[4]。次のサンプルコードは、キーの降順に要素を格納する SortedList クラスの例です。

[サンプル] GenericSorted.cs

```
// 独自の比較処理
public class MyReverserClass : IComparer
{
    int IComparer.Compare(Object? x, Object? y)
    {
        // パラメーターを逆にして比較した結果を返す
        return ((new CaseInsensitiveComparer()).Compare(y, x));
    }
}

public static void Main()
{
    // SortedListに独自の比較処理を組み込む
    var myList = new SortedList(new MyReverserClass())
    {
```

**12**

---

*4) Compare メソッドの実装では、1番目のオブジェクトが2番目のオブジェクトより小さいときは負の値、等しいときは0、大きいときは正の値を返すようにします。

```
            { "1st", "Tigers" },
            { "2nd", "Giants" },
            { "3rd", "Dragons" }
    };
    for ( int i = 0; i < myList.Count; i++ )
    {
        // キーと値を表示
        Console.WriteLine("[{0}]{1}", myList.GetKey(i),
            myList.GetBy Index(i));
    }
}
```

▼

```
[3rd]Dragons
[2nd]Giants
[1st]Tigers
```

## 12.1.9　yield キーワード

　yield キーワードは、予約語ではありませんが、return 文や break 文の前に付加すると、特別な意味を持ちます。

**[構文] yield キーワード**

```
yield return 値;
yield break;
```

　このyield return や、yield break を使うと、コレクションを作成して、その要素を列挙するような場合に、メソッドだけでコレクションを作成することができます。文章にするとわかりにくいので、サンプルコードで説明しましょう。

　次のサンプルは、1から任意の正の整数のコレクションを作成して、その値を列挙するコードです。

[サンプル] YieldEnum.cs

```
static void Main()
{
    // 1～numberまでを列挙する関数
    IEnumerable<int> factorial(int number)
    {
        for (int i = number; 0 < i; i--)
        {
            yield return i;
        }
    }
    foreach (int v in factorial(3))
    {
```

```
        Console.WriteLine(v);
    }
}
```

```
3
2
1
```

　yield return を用いたメソッドの返り値は、通常IEnumerable<T> インターフェイスとします。T には、yield return 文で返す要素の型を指定します。このサンプルでは、int 型にしています。

　IEnumerable<T> インターフェイスは、foreach 文などで要素を列挙するためのインターフェイスです。インターフェイスなので自分で実装する必要があるのですが、yield キーワードを使うと、すべて自動的にコードが生成されます。そのため、yield return 文は、通常の return 文とは、かなり異なる動作となります。

　yield return 文は、値を返してメソッドを終えるのではありません。foreach 文などで値が列挙される時に、自動的にコレクションオブジェクトが生成されて、そのオブジェクトに値を追加するような動きになります（メソッドは終わらない）。したがって、このサンプルコードのfactorial 関数は、foreach 文が実行される際に、引数number-1の数だけfor ループが実行されて、変数iをコレクションに追加します。その結果、foreach 文で値を順に取り出すことができるのです。

　なお、yield return 文では、通常の return 文のようにメソッドを終了できません。途中で終了したいときは、yield break 文を用います。たとえば次のように、factorial 関数の引数によって、処理を終えたい場合は、yield break を使って関数の処理を停止します。

[サンプル] YieldReturn.cs

```
static void Main()
{
    IEnumerable<int> factorial(int number)
    {
        if ((number < 1) || (100 < number))
        {
            Console.WriteLine("error");
            yield break;
        }
        for (int i = number; 0 < i; i--)
        {
            yield return i;
        }
    }
    foreach (int v in factorial(101))
    {
        Console.WriteLine(v); // 出力値:error
```

```
    }
}
```

## 12.1.10 非同期ストリーム

C# 8.0から、非同期メソッドで、複数の値を返すことができるようになりました（**非同期ストリーム**）。

従来の非同期メソッドでは、1つの値しか返すことができない、という制限があり、yieldキーワードとの併用ができませんでした。

非同期ストリームは、IAsyncEnumerable<T>というオブジェクトを用いて、ストリームを返します。非同期ストリームを返すメソッドには、yieldキーワードを使うことができます。

なおIAsyncEnumerable<T>からforeachループで値を取り出すには、先頭にawaitキーワードを付けて、await foreachと記述します。

次のサンプルは、指定の数までを100ミリ秒ごとに列挙するコードです。このサンプルでは単に時間を浪費しているだけですが、実際のコードでは、データベースからのデータ取得や、ファイルのダウンロード処理など、時間がかかる処理を非同期に処理したいときに応用できるでしょう。

［サンプル］AasyncStream.cs
```
// 非同期で1～numberまでを列挙する関数
async IAsyncEnumerable<int> factorial(int number)
{
    for (int i = number; 0 < i; i--)
    {
        await Task.Delay(100); // 100ミリ秒待機
        yield return i;
    }
}

await foreach (var d in factorial(50))
{
    Console.WriteLine(d);
}
```

## 12.1.11 defaultキーワード

defaultキーワードは、参照型の場合にはnullを返し、数値の値型には0を返します。

**［構文］defaultキーワード**
```
default(型)
```

この機能は、主にジェネリックの任意の型に既定値を割り当てる場合に利用します。

```
T temp = default(T);  // 任意の型の既定値が得られる
```

　なお、C# 7.1から、型を推論できるケースでは型を省略できるようになりました。特に長いクラス名を指定する場合では、コードをシンプルにできます。

```
int n = default;      // 0
string? s = default;  // null
```

## 12.1.12 ジェネリックを用いたクラスやメソッドの定義

　前述したとおり、ジェネリックをユーザー定義のクラスやメソッドでも使うことができます。

　クラスのフィールドにジェネリックを用いる場合と、メソッドのパラメーターにジェネリックを用いる場合、それぞれの構文は次のようになります。

**[構文] ジェネリックを用いたクラスの定義**

```
アクセス修飾子 class クラス名<型パラメーター>
{
    メンバーの定義
}
```

**[構文] ジェネリックを用いたメソッドの定義**

```
アクセス修飾子 戻り値の型 メソッド名<型パラメーター>(パラメーターリスト)
{
    メソッドの本体
}
```

　通常のクラス／メソッドの定義に、<型パラメーター> を追加した形となります。なお型パラメーターには任意の文字列が使えますが、通常はT、またはT で始まる文字列とします。

[サンプル] GenericMethod.cs

```
class TestMethod
{
    // ジェネリックを用いたメソッド
    public void Info<T>(in T p)
    {
        Console.WriteLine("データ型は{0}です", p?.GetType());
    }
}

// ジェネリックを用いたクラス
class TestClass<Type>
{
    // ジェネリックなフィールド
    private Type[] ary = new Type[2];
```

**12**

```
    public Type? Add(int idx, Type p)
    {
        if (0 <= idx && idx < ary.Count())
        {
            ary[idx] = p;
            return ary[idx];
        }
        return default;
    }
}

class GenericMethod
{
    static void Main()
    {
        var m = new TestMethod();
        m.Info("123");  // 出力値：データ型はSystem.Stringです
        m.Info(m);      // 出力値：データ型はChap12_generic1.TestMethodです

        var t = new TestClass<string>();
        Console.WriteLine(t.Add(1, "test"));  // 出力値：test
    }
}
```

　サンプルでは、1つの型にしかジェネリックを使っていませんが、複数の型をジェネリックにすることもできます。ただしその場合、型パラメーターはT1、T2などと異なる文字にします。

　またジェネリックは、インターフェイスやデリゲートにも用いることが可能です。

### 12.1.13　ジェネリックの制約条件

　ジェネリックとはいえ、まったくの汎用の型だけでなく、たとえば、あるクラスやインターフェイスを実装した型の処理を行いたいケースがあるでしょう。そのような場合、メソッドの型パラメーターに制約を付けることができます。制約を付けるには、型パラメーターのところで、where キーワードと制約の条件（where 句）を、「where 型パラメーター：制約」という構文で付加します。

　使用できる条件は、次の表のとおりです。

▼表12-3　制約条件

| 制約 | 型Tの条件 | 備考 |
|---|---|---|
| where T：struct | （Nullable を除く）値型であること | |
| where T：class | 参照型であること | |
| where T：new() | パラメーターなしのコンストラクターを持つこと | 他の制約条件と併用する場合、一番最後に指定する |
| where T：基底クラス | 基底クラスで指定された型か、それを継承していること | |
| where T：インターフェイス | 指定されたインターフェイスか、それを実装していること | |

| 制約 | 型Tの条件 | 備考 |
|---|---|---|
| where T : Enum | System.Enum 型であること | C# 7.3以降で利用可能 |
| where T : Delegate | System.Delegate<br>または System.MulticastDelegate 型であること | 〃 |
| where T : unmanaged | アンマネージ型であること | 〃 |

　型パラメーターに制約条件を付けると、単に指定した条件の型しか使えないだけでなく、その指定した型で定義されているメソッドなどのメンバーが使えるようになります。制約条件を付けないと、特定のクラスなどに定義された処理は、呼び出すことができません。

[サンプル]　GenericWhere.cs

```
// Tは、IEnumerableインターフェイスの制約付き
void ListPrint<T>(in T col) where T : IEnumerable
{
    // IEnumerableインターフェイスなので、foreachループが使える
    foreach (var v in col)
    {
        Console.Write(v);
    }
}

var list = new List<string>() { "Hello", "World", "Good-Bye" };

ListPrint(list); // 出力値：HelloWorldGood-Bye
```

　制約を複数の型パラメーターに対して設けたい場合は、where 句をスペースや改行で区切って複数つなげます。また、型パラメーターに複数の制約を併用する場合は、コンマ（,）で区切って並べます。

**12**

```
class Sample<TItem1, TItem2> where TItem1 : class, IEquatable<TItem2>,
new() where TItem2 : struct
```

# 12.2　文字列処理

　C# で文字列を扱う string 型は、.NET のクラスライブラリの System.String クラスのエイリアスです。次の表に、特によく使われるプロパティとメソッドをまとめます。

▼表12-4 System.String クラスの主なプロパティとメソッド

| メンバー | 概要 | 静的 | 「string s = "Hello World";」としたときの例 |
|---|---|---|---|
| Chars | 指定した位置の文字を返す。 | | Console.WriteLine(s[1]); // 出力値：e |
| Empty | 文字列か空かどうかを返す。 | | Console.WriteLine(s == string.Empty);<br>// 出力値：False |
| Length | 文字列の文字数を返す。内部ではUnicode で保持されているため、日本語も1文字としてカウントされる。 | | Console.WriteLine(s.Length); // 出力値：11 |
| Compare(str, str) | 2つの文字列を比較する。比較対象より文字が大きい場合は1、小さい場合は-1、等しい場合は0を返す（詳しくは12.2.1項を参照）。 | ○ | Console.WriteLine(string.Compare(s, s));<br>// 出力値：0<br>Console.WriteLine(string.Compare(s, "G"));<br>// 出力値：1<br>Console.WriteLine(string.Compare(s, "J"));<br>// 出力値：-1 |
| CompareTo(str) | 指定した文字列と比較する。結果はCompare と同じ。 | | Console.WriteLine(s.CompareTo("G"));<br>// 出力値：1 |
| Contains(str) | 指定した文字列が存在するかどうかを返す。 | | Console.WriteLine(s.Contains("llo"));<br>// 出力値：True |
| Format(str, object) | 指定した書式で文字列データをフォーマットする（詳しくは12.2.2項を参照）。 | ○ | Console.WriteLine(string.Format("#{0} {1}#",<br>s, "!"));<br>// 出力値：#Hello World !# |
| Join(str, str[]) | 配列を指定した区切り文字で結合した文字列を返す。 | ○ | Console.WriteLine(string.Join(",", new string[]<br>{ "a", "b", "c" }));<br>// 出力値：a,b,c |
| IsNullOrEmpty(str) | 該当する文字列がnull または空文字かどうかを返す。 | ○ | Console.WriteLine(string.IsNullOrEmpty(s));<br>// 出力値：False |
| Split(char[]) | 指定した文字で文字列を分割して返す。 | | foreach(string c in "1,a/b/c".Split(new char[]<br>{ ',', '/' }))<br>{<br>　Console.Write(c);<br>}　// 出力値：1abc |
| Substring(n) | 0から始まるインデックスと文字数を指定して、文字列を切り出す。文字数を省略した場合は最後の文字まで。 | | Console.WriteLine(s.Substring(2, 6));<br>// 出力値：llo Wo |
| ToLower(str) | すべて小文字に変換して返す。 | | Console.WriteLine(s.ToLower());<br>// 出力値：hello world |
| ToUpper(str) | すべて大文字に変換して返す。 | | Console.WriteLine(s.ToUpper());<br>// 出力値：HELLO WORLD |
| Trim(char[]) | 先頭と末尾の空白文字または配列で指定した文字セットを削除した文字列を返す。空白文字にはスペースと改行コードが含まれる。 | | Console.WriteLine(s.Trim(new char[]<br>{ 'H', 'd' }));<br>// 出力値：ello Worl |
| TrimEnd(char[]) | 末尾の空白文字または配列で指定した文字セットを削除した文字列を返す。 | | Console.WriteLine(s.TrimEnd(new char[]<br>{ 'H', 'd' }));<br>// 出力値：Hello Worl |

表ではパラメーターも示していますが、メソッドがオーバーロードされている場合は、代表例として1つだけ挙げています。詳細については、Microsoft Docsで「String クラス（System）」の解説を参照してください。例からもわかるように、これらの使い方は比較的単純ですが、ここでは少しわかりにくい「比較」と「書式指定」のメソッドについて補足しておきます。

### 12.2.1　比較

Compareメソッドと CompareToメソッドは、文字列を比較します。この2つのメソッドは、比較対象（Compareの場合は2番目のパラメーター）より大きければ正の値（1）、小さければ負の値（-1）、等しい場合は0を返します。

比較は、異なる文字が現れるまで2つの文字列を1文字ずつ判定していきます。つまり、「こんにちは」と「こんばんは」を比較した場合、「こん」は一致しているので「に」と「ば」が比較され、「に」のほうが小さいので「-1」が返されます。表の Compareメソッドの例では1文字目から異なっているので、H を G、I と比較することになります。

文字の大小は基本的には文字コード順ですが、大文字と小文字を無視するなど、比較の設定を変更することもできます。詳しくは、Microsoft Docs でそれぞれのメソッドの解説を参照してください。

### 12.2.2　書式指定

String クラスのFormat 静的メソッドでは、**書式指定文字列**を使用して、文字列の書式を指定することができます。また、Object クラスのToString メソッドやConsole クラスのWrite および Write Line メソッドでも、書式を指定することができます。Format メソッドの構文は、次のようになります。

**[構文] Format メソッド**
```
string.Format(書式指定文字列, 指定オブジェクト, ...);
```

**12**

書式指定でよく使用されるのは、これまでのサンプルでも使ってきたような、文字列中に変数の値を埋め込むというものです。

[サンプル] StringFormat.cs
```
string one = "1";
int n1 = 2;
int n2 = 3;

Console.WriteLine(string.Format("{0}プラス{1}は{2}です", one, n1, n2));
// 出力値:1プラス2は3です
```

書式指定文字列に含まれる {0} や {1} は**書式指定項目**といい、0から始まるインデックスを指定します。この部分はインデックスに対応して、書式に続くパラメーターで指定した変数に置き換えられます。その際、ToString メソッドが呼び出されて暗黙的に文字列に変換されます。

　書式指定項目には、パラメーターを追加することができます。たとえば、次のように文字列の幅を指定することができます。

```
string.Format("【{0,3}】月【{1,-2}】日", 1, 2)
// 出力値:【  1】月【2 】
```

　パラメーターのコンマの左側にインデックスを指定し、右側に文字列の長さを指定します。この例では、最初の文字列は3文字に揃えられます。つまり、1つ目のパラメーター変数が1文字の場合は2つ、2文字の場合は1つの半角スペースが文字列の左側に出力されます。3文字以上の場合はそのまますべてが出力されます。また、負の数値を指定した場合は左詰めになります。
　桁を0で埋めたり、有効桁数を表示したりするなど、数値の書式を細かく設定するには、**標準の数値書式指定文字列**を使用します。たとえば、桁数を指定して、先頭を0で埋めて表示するには、次のように指定します。

```
string.Format("{0:D4}, {1:D5}", 123, 12)
// 出力値:0123, 00012
```

　パラメーターの最初の数値はインデックス、コロン（:）の後の「D」が標準の数値書式指定文字列、その右の数値が桁数です。
　主な標準の数値書式指定文字列には、次のようなものがあります。

▼表12-5　主な標準の数値書式指定文字列

| 書式指定子 | 名前 | 概要 |
|---|---|---|
| C | 通貨 | 国別の通貨記号や小数桁等を挿入 |
| D | 10進数 | 10進数の整数 |
| Eまたはe | 指数 | 指数表現 |
| F | 固定小数点 | 小数 |
| N | 数値 | 整数部に3桁ごとの区切りを挿入 |
| P | パーセント | 小数値を100倍して末尾に%記号を付加 |
| Xまたはx | 16進数 | 16進数の整数をXなら大文字、xなら小文字で表記 |

　次に「D」以外の数値書式指定文字列の使用例を示します。コメントは出力値です。数値書式指定文字列の右側の数値は小数点以下の桁数になり、それ以下の桁は四捨五入されます。

```
string.Format("{0:C2}", 12345)    // ¥12,345.00
string.Format("{0:E}", 12345)     // 1.234500E+004
string.Format("{0:F2}", 12.345)   // 12.35
string.Format("{0:N2}", 12345)    // 12,345.00
string.Format("{0:P2}", 0.12345)  // 12.35%
string.Format("{0:X}", 76476)     // 12ABC
```

　さらに細かく指定したい場合は、**カスタム数値書式指定文字列**という文字列で指定します。カスタム数値書式指定文字列には、**ゼロプレースホルダー**と呼ばれる数字の「0」や、**桁プレースホルダー**と呼ばれる「#」があります。基本的には「0」なら0で埋められて、「#」はそのまま値が置き換えられます。その他の詳細は、Microsoft Docs の解説を参照してください。次に使用例を示します。コメントは出力値です。

［サンプル］StringFormat.cs

```
double n = 1234567.89;

string.Format("{0:0.#}", n)          // 1234567.9
string.Format("{0:#.#}", n)          // 1234567.9
string.Format("{0:#}", n)            // 1234568
string.Format("{0:#.##}", n)         // 1234567.89
string.Format("{0:#.###}", n)        // 1234567.89
string.Format("{0:#.0}", n)          // 1234567.9
string.Format("{0:#.00}", n)         // 1234567.89
string.Format("{0:#.000}", n)        // 1234567.890
string.Format("{0:#,0.000}", n)      // 1,234,567.890
string.Format("{0:0,0.000}", n)      // 1,234,567.890
string.Format("{0:00,000,000.000}", n)
// 01,234,567.890
```

## 12.2.3　文字列補間（C# バージョン 6）

　前の項で、string.Formatメソッドの書式指定を説明しましたが、C# 6から、このFormatメソッドをより簡単に、わかりやすく記述できるようになりました（**文字列補間**）。

　文字列リテラルのダブルクォーテーション（"）の前に$を付けて記述すると、書式指定項目に、インデックスではなく変数などを直接指定できるようになります。

　string.Format メソッドでは、値を埋め込みたい文字列と、埋め込む値の指定が離れていて読みにくいといった問題がありました。この記法では、変数を直接指定できるので、シンプルなコードになります。

［サンプル］StringFormat.cs

```
static void Main()
{
    var first = "日経";
    var last = "太郎";
    var str1 = String.Format("私の名前は {0} {1} です。", first, last);
    Console.WriteLine(str1); // 出力値:私の名前は 日経 太郎 です。

    // C# 6での書き方
    var str2 = $"私の名前は {first} {last} です。";
```

**12**

```
    Console.WriteLine(str2); // 出力値:私の名前は 日経 太郎 です。
}
```

{や}を2つ重ねて書くことで、変数の挿入ではなく、{や}の記号そのままの意味になります。また、{}の中には、書式指定文字列や任意の式を書くことができます。

さらに、$の次に@を付けると、逐語的文字列リテラルと併用することができます。なお、C# 8.0からは、$@だけでなく、@$の順に書くこともできます。

[サンプル] StringFormat.cs

```
static void Main()
{
    var price = 645;
    var str3 = $@"
Price: {price:C}-
Tax: {price * 0.08:C}-
";
    Console.WriteLine(str3);
    // 出力値:
    // Price: ¥645-
    // Tax: ¥52-
}
```

C# 10.0からは、定数の定義に文字列補完が使えるようになりました。ただし、{}内に指定できるのは、定数と見なせる文字列のみです。

[サンプル] StringConst.cs

```
const string C1 = "日経";
const string C2 = $"{C1}{" "}太郎";
const string C3 = $"私の名前は {C2} です。";

Console.WriteLine(C3); // 出力値:私の名前は 日経 太郎 です。
```

## 12.2.4　nameof 演算子 (C# バージョン6)

nameof 演算子は、変装や、クラス、メソッド、プロパティなどを指定すると、その名前を文字列として返します。これまでは、変数名などを文字列に変換する手段はなく、直接、文字列リテラルとして定義する必要がありました。

たとえば、次のサンプルコードでは、ArgumentNullException クラスのコンストラクターの引数に、nameof演算子を使って、変数名を文字列として指定しています。この場合は、"chk_str" という文字列を指定したことになります。

［サンプル］ StringNameof.cs

```
static void Main()
{
    void test(string? chk_str)
    {
        if (chk_str == null)
        {
            throw new ArgumentNullException(nameof(chk_str));
        }
    }
    try
    {
        test(null);
    }
    catch (Exception e)
    {
        Console.WriteLine(e.Message);
        // 出力値:Value cannot be null. (Parameter 'chk_str')
        // 意味:値をnullにすることはできません(パラメーター名:chk_str)
    }
}
```

 ## 12.3 ファイルへの入出力

　ファイルの入出力処理とは、データをファイルに書き込んだり、ファイルから読み出したりする処理です。ユーザーが作成した文書や表、画像などを保存する、保存されたファイルを開く、ログファイルに処理の履歴やエラーを記録するなど、さまざまな種類の多くのアプリケーションでファイルの入出力処理が使用されています。ここでは、.NET でのファイル入出力の基本について説明します。

### 12.3.1　テキストファイルの操作

　ファイルやデータベースといったリソースを操作するには、次のような手順が必要です。

1. リソースをオープンする。
2. リソースの内容を操作する。
3. リソースをクローズする。

　**オープン**とはリソースに接続すること、**クローズ**とはそれを閉じることです。

12

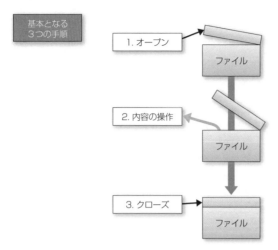

▲図12-9    ファイル操作

　.NETのクラスライブラリのSystem.IO名前空間には、ファイルを操作するためのさまざまな
クラスが用意されています。その中には、1つのメソッドを呼び出すだけで、上記のリソースの
操作の3つの手順を実現できるものもあります。ただし、ここではファイル操作の基本の形を確
認するために、そのように処理が隠蔽されているメソッドではなく、基本の手順に沿って操作す
るメソッドを使用して説明していきます。

　ここでは、StreamReaderというクラスを使用して、入出力処理の基本手順を解説します。.NET
での入出力処理は、**ストリーム**（Stream）という概念に基づいています。ストリームとは、デー
タの流れを抽象化した考え方です。ファイルだけでなく、メモリへの入出力やネットワークのデー
タ処理も、ストリームとして扱うことができます。

　まずはファイルの読み込み処理から始めます。次に示すのは、「sample.txt」という名前のテ
キストファイルをオープンして、その内容を出力するサンプルコードです。

［サンプル］FileBasic.cs

```
static void Main()
{
    // ファイルのオープン
    StreamReader sr =
        new("sample.txt", System.Text.Encoding.Default);

    // ファイルの内容すべてを、1つの文字列に読み込む
    string text = sr.ReadToEnd();

    // ファイルのクローズ
    sr.Close();
```

```
    // 読み込んだファイルの内容の出力
    Console.Write(text);
}
```

StreamReaderクラスのコンストラクターで、1つ目のパラメーターにファイル名を指定してファイルをオープンします。コンストラクターの2つ目のパラメーターでは、ファイルの文字コードを指定します。System.Text.Encoding.Default は Windows での標準文字コードを指し、日本語環境ではシフト JIS コードを指定したことになります（省略すると既定の「UTF-8」になります）。

次に、ReadToEnd メソッドでファイルの内容を読み出して文字列に代入します。その後、Close メソッドでファイルをクローズしてから、Console.Write メソッドで読み込んだテキストの内容をそのまま表示します。

それでは、実行してみましょう。例外が発生したはずです。まだオープンすべきファイルを用意していませんでした。ファイルの処理では、このようなエラーを避けて通ることはできません。ファイルがなかったり、ファイルがあっても破損していてオープンできなかったり、ファイルの中身が意図したものと違っていたりすると、例外が発生してしまいます。そのため、ファイル処理においては例外処理が重要です。

先ほどのサンプルコードに例外処理を加えてみます。

[サンプル] FileBasicTry.cs

```
static void Main()
{
    try {
        // ファイルのオープン
        StreamReader sr =
            new("sample.txt",System.Text.Encoding.Default);

        // ファイルの内容すべてを、1つの文字列に読み込む
        string text = sr.ReadToEnd();

        // ファイルのクローズ
        sr.Close();

        // 読み込んだファイルの内容の出力
        Console.Write(text);
    }
    catch (Exception e) {
        // 例外の内容の出力
        Console.WriteLine(e.Message);
    }
}
```

実行すると「Could not find file.」というエラーメッセージが表示され、ファイルが存在しないことを検出できます。ただし、この例外処理には問題があります。それは、例外が発生した場所によっては、Close メソッドが実行されない場合があることです。

　.NET では、何のオプションも指定せずにファイルをオープンすると、クローズするまでそのファイルにアクセスすることができなくなってしまいます。そのため、クローズする前に例外によって処理が中断されると、思わぬ事態が発生するかもしれません。ファイルをはじめとするリソースは、必要な処理が済んだらすぐにクローズすることが基本です。

　確実にファイルをクローズするためには、Close メソッドを finally ブロックに記述します。

［サンプル］FileBasicFinally.cs

```csharp
static void Main()
{
    StreamReader? sr = null;

    try
    {
        // ファイルのオープン
        sr = new("sample.txt", System.Text.Encoding.Default);

        // ファイルの内容すべてを、1つの文字列に読み込む
        string text = sr.ReadToEnd();

        // 読み込んだファイルの内容の出力
        Console.Write(text);
    }
    catch (Exception e)
    {
        // 例外の内容の出力
        Console.WriteLine(e.Message);
    }
    finally
    {
        // ファイルがオープンされている場合はクローズする
        sr?.Close();
    }
}
```

　StreamReader のコンストラクターで例外が発生した場合は、ファイルがオープンされていないので、クローズする処理は不要です。不要というより、StreamReader のインスタンス化より前に例外が発生するため、Close メソッドを呼び出すことができません。そのため、最初に StreamReader 型の変数を null で初期化しておいて、finally ブロックでは StreamReader クラスがインスタンス化されているかどうか（null でないかどうか）を、null 条件演算子を使って判断し、Close メソッドを呼び出しています。

## 12.3.2 using ステートメント

C# には、先ほどの「try-finally」の処理を自動的に補ってくれる便利な構文があります。それは、**using** ステートメントです。名前空間の using ディレクティブとキーワードは同じですが、用途はまったく異なります。using ステートメントを使用して書き換えると、次のようになります。

[サンプル] FileBasicUsing.cs

```
static void Main()
{
    try
    {
        // ファイルのオープン
        using (StreamReader sr =
            new("sample.txt", System.Text.Encoding.Default))
        {
            // ファイルの内容すべてを、1つの文字列に読み込む
            string text = sr.ReadToEnd();

            // 読み込んだファイルの内容の出力
            Console.Write(text);
        }
    }
    catch (Exception e)
    {
        // 例外の内容の出力
        Console.WriteLine(e.Message);
    }
}
```

using に続くかっこ内には、対象となるオブジェクトを指定します。このオブジェクトはIDisposable インターフェイスを実装している必要があります[*5]。

using の次に書かれたブロックから制御が移るときに、IDisposable インターフェイスで実装されたDispose メソッドが呼び出されます。Dispose メソッドとは、オブジェクトの終了処理を実装したメソッドです。StreamReader クラスでも、Close メソッドはDispose メソッドを呼び出しているだけで、実際の終了処理はDispose メソッドが行っています。つまり、using ステートメントはDispose メソッドを呼び出すfinally ブロックを自動で補ってくれるため、Close メソッドの記述は不要となります。

**12**

---

＊5）.NET では、終了時に確実にリソースを解放しなければならないクラスは、このIDisposable インターフェイスを実装して、解放処理を記述することになっています。

### 12.3.3 using 変数宣言

　C# 8.0では、変数の宣言時にusingキーワードを付けることで（**using変数宣言**）、usingステートメントと同等の処理が可能です。using変数宣言では、その変数のスコープから外れるときに、Disposeメソッドが呼び出されます。

　先ほどのコードは、次のように、よりシンプルに記述できます。

[サンプル] FileBasicUsingC8.cs

```
try
{
    // using変数宣言
    using StreamReader sr =
        new("sample.txt", System.Text.Encoding.Default);

    string text = sr.ReadToEnd();
    Console.Write(text);
}
```

### 12.3.4 1行ずつの読み取り

　先ほどのサンプルコードでは、ファイルの内容すべてを1つの文字列に読み込んでいます。しかし、読み込むファイルのサイズが大きくなる可能性がある場合は、1つの文字列にすべてを読み込むのではなく、1行ずつ読み込んで処理を行ったほうがよいでしょう。また、サイズの問題だけでなく、1行ずつデータを区切ったほうが、処理が簡単になる場合もあります。

　ファイルから1行分を読み込むには、StreamReaderクラスのReadLineメソッドを使用します。ReadLineメソッドは、オープンされたファイルから1行だけ読み取り、ファイルの読み取り位置を1行分だけ進めます。読み取り位置がファイルの最後に達すると、nullを返します。

　先ほどのサンプルコードをReadLineメソッドで書き換えると、次のようになります。ファイルを1行ずつ読み込み、そのまま出力します。

[サンプル] FileBasicLine.cs

```
static void Main()
{
    try
    {
        // ファイルのオープン
        using StreamReader sr =
            new("sample.txt", System.Text.Encoding.Default);

        string? line = default;
        while ((line = sr.ReadLine()) != null) // 1行ずつ読み込み
```

```
            {
                // 読み込んだ1行の出力
                Console.WriteLine(line);
            }
        }
        catch (Exception e)
        {
            // 例外の内容の出力
            Console.WriteLine(e.Message);
        }
    }
```

それでは次に、ファイルの書き込み処理について説明します。基本の手順は読み取り処理と同じです。つまり、ファイルをオープンして、ファイルに書き込み、ファイルをクローズするという流れになります。

次のサンプルコードではファイルに文字列を書き込み、それを読み込んで出力します。

［サンプル］FileBasicWrite.cs

```
// ファイル書き込み(常に上書き)
void Write(string name)
{
    using StreamWriter sw = new(name, false, System.Text.Encoding.Default);

    // 1行書き込み
    sw.WriteLine("サンプル1");
    sw.WriteLine("サンプル2");
    sw.WriteLine("サンプル3");
}

// ファイル読み込み
void Read(string name)
{
    using StreamReader sr = new(name, System.Text.Encoding.Default);

    string? line = default;
    while ((line = sr.ReadLine()) != null) // 1行ずつ読み込み
    {
        Console.WriteLine(line);
    }
}

try
{
    string name = "sample.txt";

    // ファイル書き込み
    Write(name);
```

```
    // ファイル読み込み
    Read(name);
}
catch (Exception e)
{
    Console.WriteLine(e.Message);
}
```

▼

サンプル1
サンプル2
サンプル3

　ファイルへの書き込み処理を行う Write メソッドと、読み込み処理を行う Read メソッドを定義しています。どちらもパラメーターとしてファイル名を受け取ります。

　Write メソッドの処理を見ていきましょう。ファイルへの書き込みには、StreamWriter クラスを使用します。1つ目のパラメーターとして指定されたファイルが存在しなければ、その名前で新しいファイルが作成されます。コンストラクターの2つ目のパラメーターは、既にファイルが存在していた場合、データをファイルの末尾に追加するか、上書きするかを指定するものです。true なら末尾に追加され、false なら上書きになります。その後 StreamWriter クラスの WriteLine メソッドで、ファイルに文字列を1行ずつ書き込んでいます。using ステートメントにより、処理が完了したらファイルはクローズされます。Read メソッドについては、先ほどのサンプルコード FileBasicLine.cs の処理と同様です。

　このサンプルプログラムを実行した後で、この節のこれまでのサンプルプログラム（FileBasicXXX.cs）を実行してみてください。オープンすべきファイル sample.txt が作成されたので、今度は結果としてファイルの内容が出力されます。すべての内容を1つの文字列に読み込んだ場合も、1行ずつ読み込んだ場合も、すべて同じ結果になっているはずです。なお、この sample.txt はソースファイルをビルドしたときに実行可能ファイルが作成されるフォルダーに作成されています[6]。

## 12.3.5　バイナリファイルの操作

　テキストファイルとは、文字コードのみから構成されるファイルのことです。一方、**バイナリファイル**とは、テキストファイル以外のファイルのことです。たとえば、画像や動画などを格納したファイルは、バイナリファイルです。

　C# でバイナリファイルを操作する方法もいくつかあります。ここでは、最も簡単に操作できる、File クラス（System.IO 名前空間）の ReadAllBytes ／ WriteAllBytes メソッドを説明します。

----

[6] 他のフォルダーのファイルを読み込みたい場合は、ファイル名としてファイルのパスを記述します。つまり、C:¥test フォルダーの sample.txt なら「C:¥¥test¥¥sample.txt」または「@"C:¥test¥sample.txt"」と指定します（「¥¥」はエスケープシーケンス、「@」は逐語的文字列リテラルの指定）。書き込みの場合も同様に記述できますが、フォルダーが存在しない場合はエラーになります。フォルダーやファイルの作成には、System.IO 名前空間に用意されている、その他のファイル入出力のためのクラスを使用します。

これ以外には、FileStream クラスと BinaryReader ／ BinaryWriter クラスを用いる方法があります。

### 12.3.6　ReadAllBytes メソッドと WriteAllBytes メソッド

　File.ReadAllBytes メソッドは、バイナリファイルを一度に byte 型配列に読み込む静的メソッドです。

　File.WriteAllBytes メソッドは、byte 型配列の内容をファイルに書き込みます。ファイルがなければ新規作成、既に存在している場合は上書きになります。

　いずれのメソッドも、ファイルのオープンからクローズまでを行います。例外が発生してもファイルは閉じられますので、クローズ処理は不要です。

　次のサンプルコードは、BitConverter クラスを用いて、バイナリファイルを16進数の文字列に変換して表示しています。

[サンプル] FileBinary.cs

```
static void Main()
{
    try
    {
        // バイナリファイルをバイト型配列に読み込む
        var bytes = File.ReadAllBytes("sample.png");

        // データの先頭10バイトを16進表示する
        Console.WriteLine( BitConverter.ToString(bytes, 0, 10));
        // 出力値:89-50-4E-47-0D-0A-1A-0A-00-00

        byte[] bytes2 = { 0x1, 0x2, 0x3 };

        // バイト型配列の内容を書き込む
        File.WriteAllBytes("test.dat", bytes2);
        Console.WriteLine(
            BitConverter.ToString(File.ReadAllBytes("test.dat")));
        // 出力値:01 - 02 - 03
    }
    catch (Exception e)
    {
        Console.WriteLine(e.Message);
    }
}
```

**12**

# 12.4　ネットワーク

　今やコンピューターは、ネットワークを介して接続され、連携して処理を行うことが当たり前になっています。また、インターネットが世界的に普及し、コンピューターのみならず、すべての機器がインターネットに接続（**IoT**：Internet of Things）されようとしています。

　このような時代においては、ネットワーク通信を行うプログラミングの知識は不可欠です。ここでは、C# でのネットワークプログラミングの基本を解説します。

## 12.4.1　TCP/IPとソケット通信

　インターネットの通信は、**TCP/IP** と呼ばれる**プロトコル**（通信手順）が用いられます。TCP/IP とは、**TCP**（Transmission Control Protocol）という伝送制御用と、**IP**（Internet Protocol）という情報伝達用の2つのプロトコルの意味でしたが、今日では、TCP や IP を基礎とした、FTP や HTTP といったさまざまなプロトコル一式を意味する場合もあります。

　ネットワーク通信の1つに、**ソケット**という仕組みがあります。ソケットとは、通信を行うアプリケーションの出入口のようなもので、**IP アドレス**と**ポート番号**を組み合わせたネットワークアドレスで通信先を識別します。

　ソケットで通信を行う際には、**TCP**（Transmission Control Protocol）または**UDP**（User Datagram Protocol）のいずれかを使用します。TCP では、電話をかけるように、まず通信のために特定の相手と接続を行います。接続した後は、確保された通信経路を用いて相互に通信し、終了するには接続を閉じます。

　UDP は、事前に接続の必要はありません。いきなり大声で話すように、高速で同時に複数の相手と通信できますが、TCP のような通信の信頼性はありません。

　通信の信頼性が求められる場合はTCP、信頼性よりもシンプルに通信したい場合にはUDPが向いています。

　なお、インターネットで標準的に使用されている **HTTP** や **SMTP**、**POP** などのプロトコルは、ソケットをベースとした通信になっています。

## 12.4.2　TCP でのソケット通信

　ソケット通信では、通信する機器やアプリケーションが、**クライアント**と**サーバー**という役割に分かれて通信を行います。クライアントとは、接続を要求する側で、サーバーは、接続の要求を待ち受ける側になります。

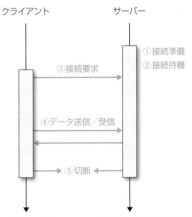

▲図12-10　ソケット通信の処理の流れ

一般的なソケット通信処理の流れは、次のようになります。

1. サーバー側で、ソケット通信の接続設定などを行う。
2. サーバー側が接続待機する。
3. クライアント側から、接続要求を行い、接続する。
4. 双方でデータの送受信を行う。
5. （サーバー／クライアントの一方または双方が）接続を切断（クローズ）する。

　.NET では、このようなソケット通信を行うために、System.Net.Sockets 名前空間に、Socket クラスや、それをベースとした TcpClient クラスと TcpListener クラスが用意されています。次に、これらのクラスを使ったソケット通信の基本のプログラムを説明しましょう。

### 12.4.3　TCP サーバー

　最初はサーバー側のプログラムです。基本的な手順は、先ほどの図のようになります。

[サンプル] SocketServer.cs

```
static void Main()
{
    // ①接続準備(すべてのIPアドレス、ポート番号30000使用)
    TcpListener listener = new(IPAddress.Any, 30000);
    Console.WriteLine("①接続を準備しています");

    // ②接続待機を開始する
    listener.Start();
    Console.WriteLine("②接続を待機しています");
```

**12**

```
    while (true)
    {
        // ③接続要求を受け入れる
        using (var client = listener.AcceptTcpClient())
        {
            Console.WriteLine("③接続しました");

            // NetworkStreamの取得
            using var ns = client.GetStream();

            // ④データ受信
            byte[] rb = new byte[3];
            ns.Read(rb, 0, rb.Length);
            Console.WriteLine($"④受信 ← {BitConverter.ToString(rb)}");

            // ④データ送信
            byte[] sb = { 3, 4, 5 };
            ns.Write(sb, 0, sb.Length);
            Console.WriteLine($"④送信 → {BitConverter.ToString(sb)}");
        }
        // ⑤切断
        Console.WriteLine("⑤切断しました");
    }
}
```

まずTcpListenerクラスのオブジェクトを作成し、通信に使用するIPアドレスとポート番号を設定します。そして、TcpListenerクラスのStartメソッドで接続待機を開始します。

クライアントからの接続要求を受け入れると、AcceptTcpClientメソッドから、TcpClientオブジェクトが返されます。

そしてTcpClientオブジェクトのGetStreamメソッドでNetworkStreamオブジェクトを取得し、データの送受信を行います。データの送受信は、このNetworkStreamオブジェクトを利用します。ここでは、NetworkStreamを直接使って、byte型配列の3バイトのデータを送受信しています。

データを送信後、接続を切断し、再度、接続の待機状態にしています。

### 12.4.4　TCPクライアント

次に、クライアント側のプログラムです。最初に、TcpClientクラスのConnectメソッドで、サーバーに対して接続要求を行います。サーバー名やIPアドレス、ポート番号は、サーバー側と同じ設定にする必要があります。このサンプルでは、同一のPC上で実行されることを想定しています。

サーバーに接続後は、サーバーの側プログラムと同様に、TcpClientクラスのGetStreamメソッドでNetworkStreamオブジェクトを取得し、データの送受信を行います。最後に、サーバーとの接続を終了します（usingステートメントにより、自動的にCloseメソッドが呼ばれます）。

[サンプル] SocketClient.cs

```
static void Main()
{
    using TcpClient client = new();

    // ③接続要求
    Console.WriteLine("③接続を要求します");
    client.Connect("localhost", 30000);

    // NetworkStreamの取得
    using var ns = client.GetStream();

    // ④データ送信
    byte[] sb = { 0, 1, 2 };
    ns.Write(sb, 0, sb.Length);
    Console.WriteLine($"④送信 → {BitConverter.ToString(sb)}");

    // ④データ受信
    byte[] rb = new byte[3];
    ns.Read(rb, 0, rb.Length);
    Console.WriteLine($"④受信 ← {BitConverter.ToString(rb)}");

    // ⑤切断
    Console.WriteLine("⑤切断しました");
}
```

### 12.4.5　ソケット通信プログラムの実行

　最初にサーバー側のプログラムを起動し、次にクライアント側のプログラムを実行します。実行結果は、次のようになります。

▼サーバーの実行結果

①接続を準備しています
②接続を待機しています
③接続しました
④受信 ← 00-01-02
④送信 → 03-04-05
⑤切断しました

▼クライアントの実行結果

③接続を要求します
④送信 → 00-01-02
④受信 ← 03-04-05
⑤切断しました

　なお、クライアント側のプログラムはデータの送受信後にプログラムが終了しますが、サーバー側は終了しません。何度もクライアントから接続できるようになっています。

　ただし、複数のクライアントと同時に接続することはできません。サーバー側で複数のクライアントに同時に接続するためには、AcceptTcpClient メソッド後の処理をスレッドで実行する必要があります。

## 12.4.6　HTTP 通信

　Web やメールでのプロトコルである HTTP や SMTP 通信なども、ソケット通信がベースになっています。また、.NET のクラスライブラリには、これらのプロトコルを比較的簡単に実現できるクラスが用意されています。ここでは、HTTP 通信でのクライアント処理を行う HttpClient クラスを、非同期メソッドで利用するサンプルプログラムを説明します。

　ネットワークでの通信処理は、単純な計算処理などに比べると、かなり時間のかかる処理です。そのような処理は、非同期として実行するのが適しています。

　次のサンプルプログラムは、非同期に HTTP 通信を行い、指定の URL で取得した Web ページのデータサイズを表示します。

［サンプル］HttpSimple.cs

```
static readonly HttpClient Client = new();

static void Main()
{
    // 非同期メソッド
    async Task GetWebLengthAsync(string url)
    {
        // Webページの内容を文字列で取得する
        var c = await Client.GetStringAsync(url);

        // 取得した文字列のサイズを表示する
        Console.WriteLine($"{url} : {c.Length}");
    }
    GetWebLengthAsync("http://www.yahoo.co.jp/").Wait();
    GetWebLengthAsync("http://www.msn.com/").Wait();
}
```

　HTTP 通信といっても、HttpClient クラスを使えばシンプルなコードになります。HttpClient クラスの GetStringAsync メソッドは、指定した URL の Web ページの内容を文字列で取得する非同期メソッドです。サンプルの GetWebLengthAsync メソッドでは、GetStringAsync メソッドの実行を await キーワードで待機しています。

　このサンプルプログラムを実行すると、指定した2つの Web ページの内容を非同期に文字列に取得し、その文字列のサイズを表示します。

# 12.5　Span<T> 構造体と配列

　C# 7.2以降では、構造体と参照型に関連した機能が多く追加されています。ここでは、C# 7.2 で追加されたSpan<T> 構造体や、配列などに追加された演算子について解説します。

## 12.5.1　Span<T> 構造体とは

　**Span<T> 構造体**とは、Span（範囲）という名前からわかるように、配列などのデータが並んでいるものから一部を取り出して、値を読み書きするものです。取り出すといっても、データをコピーしてオブジェクトを作成するわけではありません。Span<T> 構造体は、通常の構造体と異なり、**ref 構造体**と呼ばれる参照型の構造体になっており、元のデータを直接参照できます*[7]。

　Span<T> 構造体は、配列だけでなく、文字列など、任意の種類の連続したメモリ領域を参照できます。Span<T> 構造体を用いれば、通信データや画像ファイルなどのバイナリデータを、C 言語のポインターのような感覚で効率的に、かつ安全に（.NET 環境でのメモリ管理下で）扱うことができます。

　なお、読み書き可能なSpan<T> 構造体の他に、読み取りのみ可能なReadOnlySpan<T> 構造体も提供されています。

　次のサンプルは、配列を参照するSpan<T> 構造体と、文字列を参照するReadOnlySpan<T> 構造体の例です。

[サンプル] Span.cs

```
// int型の配列
var dartaary = new int[]{ 2020,7, 24, 9, 0 };

// dataaryの2番目(1番目は0)から2要素分の参照
var span = new Span<int>(dartaary, 1, 2);

foreach (var d in span)
{
    Console.Write(d); // 出力値:724
}

span[0] = 5; // span構造体の要素を更新

foreach (var d in dartaary)
{
    Console.Write(d); // 出力値:202052490
    // 元の配列の値が書き換わっている
```

---

＊7）ref 構造体は、Span<T> 構造体を実現するために追加された機能です。

```
}

// 文字列から作成(3番目から1文字)
var span2 = "Microsoft".AsSpan().Slice(2, 1);
Console.Write(span2[0]); // 出力値:c

// span2は、ReadOnlySpanなので書き換えできない
// span2[0] = "a";
```

　最初の変数 span では、配列の位置と長さを指定して、Span<T> 構造体を作成しています。次の変数 span2 では、Span<T> 構造体を返す拡張メソッドの AsSpan を使っています。Slice メソッドは、Span<T> 構造体で定義されている、位置と長さを指定してデータを切り出すメソッドです。

　なお、C# の文字列は、変更できないオブジェクトなので、AsSpan メソッドは、ReadOnlySpan を返します。配列に AsSpan メソッドを使う場合は、Span になります。

## 12.5.2　stackalloc キーワード

　3.5節で説明したように、メモリ領域には、スタックとヒープの2種類があります。ヒープは、可能な限り大きな領域を確保できますが、スタックは、限られたサイズの領域です(通常1メガバイト程度)。ただし、スタックは、ヒープより高速にデータの読み書きが可能です。

　配列をインスタンス化した場合、本体はヒープ領域に確保されます。ヒープではなくスタック領域に割り当てたい場合は、**stackalloc キーワード**を使います。ただ、C# 7.2 までは、stackalloc を使うには、.NET 環境でのメモリ管理を行わない **unsafe コード**である必要がありました[8]。

　unsafe コードでは、ポインターと呼ばれる、メモリを直接アクセスする機能が使えたりする反面、不正なメモリ領域のアクセスがあっても実行時にエラーとならず、発見しにくいバグの原因となるケースがありました。

　C# 7.2 からは、Span<T> 構造体と併用することで、unsafe でない通常のコードでも stackalloc が使えるようになりました。unsafe コードで stackalloc を使うには、次のような特殊な書式で定義していました。

```
データ型* 変数 = stackalloc データ型[長さ]
```

　Span<T> 構造体は、上記の「データ型*」の代わりに使用することができます。

---

[8] unsafe コードとするには、unsafe キーワードのブロック内に記述するか、クラスや構造体などの定義の先頭に unsafe キーワードを付加します。

[サンプル]　SpanUnsafe.cs

```
try
{
    unsafe
    {
        int* x = stackalloc int[3];
        x[5] = 1; // エラーとならない
    }

    // Span<T>構造体でスタック上の配列を参照する
    Span<int> sp = stackalloc int[] { 0, 1, 2 };
    sp[5] = 1; // 実行時にエラーとなる
}
catch (Exception e)
{
    Console.WriteLine(e.Message);
}
```

　なお、unsafe コードが含まれるコードを Visual Studio でビルドするには、プロジェクトのプロパティページを開き、[ビルド] タブで [アンセーフコード] 欄のチェックボックスを選択します。

### 12.5.3　インデックスと範囲の演算子

　C# 8.0から、配列や Span<T>、ReadOnlySpan<T> に、範囲を指定するため2つの演算子（^と..）が追加されました。この演算子を使うと、範囲を指定する構文がシンプルに記述できます。

▼表12-6　インデックスと範囲の演算子

| 演算子 | 概要 | 例 |
|---|---|---|
| ^ | 末尾からの位置を指定する | ^N：最後からN番目、^0：最後の要素の後 |
| .. | 範囲を指定する | N..^M：N＋1からM番目、0..^0：全体 |

　^演算子は、末尾からN番目の位置となり、..演算子はN+1からM番目となります。..演算子では、先頭の位置は0から数えます。また..演算子の右のオペランドが示す位置は、先頭を0から数えた場合には含まれないことに注意してください。

[サンプル]　IndexRange.cs

```
var dartaary = new int[] { 2020, 7, 24, 9, 0 };

// 最後から3番目
Console.WriteLine(dartaary[^3]); // 出力値:24

// 2～3番目
var span = dartaary.AsSpan()[1..3];
```

12

```
foreach (var d in span)
{
    Console.Write(d); // 出力値:724
}
```

## 12.6　LINQ

　LINQ（Language Integrated Query：統合言語クエリ）とは、簡単に言うと、**SQL文**と呼ばれるデータベースの操作に使われる構文を、C#の言語に取り込んだものです。これまでそれぞれ異なっていたデータベース、コレクション、XMLドキュメントなどの操作を、統一した構文で扱うことができます。

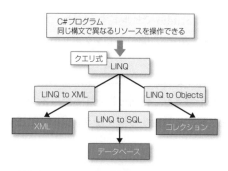

▲図12-11　LINQの概念

　次に示すのは、LINQを用いたサンプルコードです。LINQを使用するには、参照設定にSystem.Coreを追加し、usingディレクティブでSystem.Linq名前空間を宣言する必要があります。このサンプルコードでは、数値の配列から、ある条件に合致したデータを抽出して出力しています。LINQ構文を使うと、データを抽出するという処理が簡単に記述できることがわかるでしょう。

[サンプル] LinqBasic.cs

```
static void Main()
{
    // 数値型の配列データ
    int[] num = { 1, 2, 9, 28, 30, 31, 15, 42 };

    // 30未満を抽出(LINQのクエリ式)
    var numsQuery = from n in num
                    where n < 30
                    select n;
```

```
    // 結果データを表示
    foreach (var x in numsQuery)
    {
        Console.Write("{0}, ", x);
    }

    Console.WriteLine();

    // 3の倍数を抽出(LINQのメソッド構文)
    var numsMethod = num.Where(x => (x % 3)==0);

    // 結果データを表示
    foreach (var x in numsMethod)
    {
        Console.Write("{0}, ", x);
    }
}
```

```
1, 2, 9, 28, 15,
9, 30, 15, 42,
```

「統合言語クエリ」の**クエリ**は、日本語に訳すと「照会」あるいは「問い合わせる」という意味になります。LINQ におけるクエリとは、あるデータの集まりに問い合わせて、結果を取得するための命令文です。

結果を取得する問い合わせ先のデータのことを、**データソース**といいます。LINQ では、前述のとおりデータソースとして、データベースやコレクション、XML ドキュメントなどを利用できます。このような異なるデータソースに対して統一された構文が使えるのは、**LINQ プロバイダー**の働きによるものです。LINQ プロバイダーはデータソースごとに存在し、各種のデータソースとの橋渡しをする、一種のドライバーのような役割をしています。

## 12.6.1　LINQ 構文の基礎

LINQ の構文には、先ほどのサンプルコードで示したように、クエリを式として定義した**クエリ式**と、クエリ式を分解してメソッドの形式にした**メソッド構文**があります。形式が異なるだけで、機能に違いはありません。

クエリ式は一連の「句」と呼ばれる単位で構成されていて、他のC# の式と同じように使用できます。次の表に、クエリ式の句をまとめます。

▼表12-7　クエリ式を構成する主な句

| キーワード | 機能 |
| --- | --- |
| from | データソースと範囲変数を指定する |
| where | 抽出条件を指定する |
| select | 取得結果の形式を指定する |
| group | 指定したキーで結果グループ化する |
| orderby | 結果をソートする |
| join | データソースを結合する |
| let | 新しい範囲変数を作成する |

　ここでは、クエリ式の基本となる**from句**と**select句**、および**where句**について説明します。その他の詳細については、Microsoft Docs の「クエリキーワード（C# リファレンス）」の解説を参照してください。

　なお、ここでの構文の説明では、原則としてLINQ プロバイダーに**LINQ to Objects** を使ったものを使用します。LINQ to Objects は、コレクションや配列をデータソースにする場合のLINQ プロバイダーです[9]。

## 12.6.2　from句とselect句

　クエリ式は**from句**で始まり、**select句**または**group句**で終わる必要があります。その2つの句の間には、オプションの句として**where句**、**orderby句**、**join句**、**let句**を記述することができます。最小のクエリ式の構文は、from 句と select 句の2つから構成されます。

　from 句では、データソースと**範囲変数**を定義します。foreach ループと同じように、個々の要素を格納する変数名（範囲変数）の後に「in」を記述し、その後にデータソースとなるコレクションを指定します。先ほどのサンプルコードでは、配列numの要素を範囲変数nに格納しています。

**［構文］from句**
```
from 範囲変数 in データソース
```

　select 句では、取得するデータをどのような形式に加工するかを指定します。クエリ式の戻り値の型は、ここで定義した型になります。

**［構文］select句**
```
select 結果の形式
```

　次に例を示します。このサンプルコードでは、.NET の System.IO.Directory クラスの GetFiles メソッドでC ドライブ直下にあるすべてのファイル名を取得し、それを1行に1つずつ出力して

---

[9] この他に、データソースに応じてLINQ to XML、LINQ to DataSet、LINQ to SQL などがあり、今後、その他のデータソースに対応するLINQ プロバイダーが増えていくものと思われます。

います。GetFiles メソッドは、指定したフォルダー内にあるファイル名が格納された、string 型の配列を返すメソッドです。

[サンプル] LinqFrom.cs

```
static void Main()
{
    // c:¥以下のファイルを取得
    var result = from f in System.IO.Directory.GetFiles(@"c:¥") select f;

    // 結果データを表示
    foreach (var x in result)
    {
        Console.WriteLine(x);
    }
}
```

　実行すると、C ドライブ直下にあるファイルのファイル名が列挙されます。

　このサンプルコードでは、単にデータを列挙しているだけです。select 句では、取得したデータが格納される範囲変数 f を、そのまま定義しています。この場合、直接 foreach ループの式にGetFiles メソッドを記述して、戻り値を列挙しても、同様の結果が得られます。しかし、取得した戻り値から特定のデータを抽出したり、データの並べ替えやグループ化を行ったりしたい場合には、foreach ループの中に複雑な処理を記述する必要があります。LINQ では、先ほどの表に示した句を使用して、それらを最小限のコードで簡潔に記述することができます。

　また、先ほどのサンプルコードで取得したファイル名の文字列をすべて大文字にして出力したい場合は、次のように **select 句**に ToUpper メソッドを記述するだけで、大文字に変換することができます（ToUpper メソッドについては、12.2節の表12-6を参照）。

```
// c:¥以下のファイルを取得
var result = from f in System.IO.Directory.GetFiles(@"c:¥") select f.ToUpper();
```

　また、ここでは文字列のみが格納された配列からデータを取得してそのまま列挙していますが、複数のフィールドを持つオブジェクトが格納された配列から、特定のフィールドのみを結果として返すこともできます。たとえば6.1節では name と seats という2つのフィールドを持つ Car クラスを扱いましたが、次のように記述すると、Car 型の配列のすべての要素について、name フィールドのみをクエリの結果として返すことができます。

```
Car [] CarArray = { mycar1, mycar2 };

// Car型の配列CarArrayからnameフィールドのみを取得
var result = from ca in CarArray select ca.name;
```

**12**

このようにselect句では、完全なオブジェクトだけでなく、1つのメンバー、特定の複数のメンバー、あるいは何らかの計算に基づいた結果などを、結果の形式として指定することができます[10]。

### 12.6.3 where句

where句では、データを抽出するための条件式を指定します。これはC#の条件式とまったく同じです。この条件式がtrueとなるデータのみが、結果に含まれることになります。

**[構文] where句**

```
where 条件式
```

先ほどのサンプルコードにwhere句を追加してみましょう。

[サンプル] LinqWhere.cs

```
static void Main()
{
    // c:¥以下のファイルを取得
    var result = from f in System.IO.Directory.GetFiles(@"c:¥")
                 where f.Length < 10 // 長さが10未満のもの
                 select f;

    // 結果データを表示
    foreach (var x in result)
    {
        Console.WriteLine(x);
    }
}
```

実行すると、ファイル名の文字列の長さが10未満のものだけが出力されます。

### 12.6.4 LINQのタイミング

基本となる3つの句について説明しましたが、LINQには、もう1つ重要なポイントがあります。それは、LINQが処理されるタイミングです。

次のサンプルコードを見てください。文字列のリストを定義して、LINQを使って列挙しています。

[サンプル] LinqDeferred.cs

```
static void Main()
{
    // string型のリスト
```

---

[10] たとえばLINQでデータベースからテーブルを取得する際には、select句で取得する列を指定することができます。

```
        var names = new List<string>() { "Tigers", "Giants", "Dragons" };

        // LINQによるデータの取得
        var result = from n in names select n;

        // 取得したデータを出力
        foreach (var x in result)
        {
            Console.WriteLine(x);
        }

        Console.WriteLine("");

        // names[1]とnames[2]を入れ替える
        string tmp = names[1];
        names[1] = names[2];
        names[2] = tmp;

        // 再びデータを出力
        foreach (var x in result)
        {
            Console.WriteLine(x);
        }
    }
```

　リスト names を定義してからクエリ式を定義して、戻り値を変数 result に代入しています。その後、取得したデータを出力してからリスト names のデータを入れ替えて、再び出力しています。データの入れ替えはリスト names に対して行っているだけなので、LINQ で取得した結果の変数 result には影響せず、同じ出力結果になるように思えます。しかし実際には、次のような結果になります。

```
Tigers
Giants
Dragons

Tigers
Dragons
Giants
```

　データが入れ替わって出力されています。つまりクエリ式は、それを定義して変数に代入した時点では処理されず、実際にデータを取り出すときに実行されるのです。サンプルコードでは、foreach ループのところです。これは、**遅延実行**（deferred execution）と呼ばれる機能です。処理が必要なときにだけクエリが実行されるため、プログラムのパフォーマンスが向上します。

　遅延実行されると困る場合もあります。その場合には、クエリ式に対して ToArray メソッドや ToList メソッドを呼び出して、クエリの結果を配列やリストに変換します。そうすれば、クエリを直ちに実行して、結果を確定させることができます。

　先ほどのサンプルコードのクエリ式に ToArray メソッドを追加すると、次のようになります。

[サンプル] LinqToArray.cs

```
static void Main()
{
    // string型のリスト
    var names = new List<string>() { "Tigers", "Giants", "Dragons" };

    // LINQにより取得したデータを配列に変換
    var result = (from n in names select n).ToArray();

    // 取得したデータを出力
    foreach (var x in result)
    {
        Console.WriteLine(x);
    }

    Console.WriteLine("");

    // names[1]とnames[2]を入れ替える
    string tmp = names[1];
    names[1] = names[2];
    names[2] = tmp;

    // 再びデータを出力
    foreach (var x in result)
    {
        Console.WriteLine(x);
    }
}
```

▼

```
Tigers
Giants
Dragons

Tigers
Giants
Dragons
```

　この場合はデータが確定しているため、クエリが再び実行されることはありません。したがって、元のデータソースを変更しても出力結果は同じになっています。

## 第12章　練習問題

**1** 次の中で、データ構造を示すものではないものはどれでしょうか。
①リスト　②スタック　③配列　④ジェネリック　⑤キュー

**2** 次のプログラムは、1〜10までの整数をListコレクションに保存し、その合計を計算します。　　　にコードを記入して完成させてください。

```
var list = new   ①   ;

// 1から10を格納する
for (   ②   )
{
    list.Add(i);
}

int sum = 0;
// 1から10を合計する
foreach (   ③   )
{
      ④   ;
}
Console.WriteLine(sum);
```

**3** 次のプログラムは、非同期にWebページの内容を取得し、テキストファイルに書き込みます。　　　にコードを記入して完成させてください。

```
static readonly HttpClient Client = new HttpClient();

static void Main()
{
    // 指定のファイル名のファイルに文字列を上書きで書き込む
    static void WriteContents(   ①   )
    {
          ②     var sw = new StreamWriter(name,    ③    ,
            System.Text.Encoding.Default);
        sw.Write(contents);
    }

    // 非同期メソッド
    static    ④      ⑤   GetWebAsync(string url)
    {
```

```
        // Webページの内容を文字列で取得する
        string c =    ⑥    Client.GetStringAsync(url);
            ⑦   ("yahoo.txt", c);
    }
    try
    {
        Task t = GetWebAsync("http://www.yahoo.co.jp/");
        t.Wait();
    }
    catch (Exception e)
    {
        Console.WriteLine(e.Message);
    }
}
```

**4** 次のコードは、int型の配列から、偶数だけを取得して表示します。□□□□に入るコードを記入してください。

```
static void Main()
{
    var numbers = new int[] { 5, 8, 2, 9, 4, 6 };

    // 偶数だけを取得する
    var evenQuery = numbers.Where(  ①  );

    // 表示
    foreach (int n in   ②  )
    {
        Console.WriteLine(n);
    }
}
```

第 **13** 章

# GUI アプリケーションの基礎
## ～ Windows のプログラミングを学ぶ

　本書の主題は C# の言語そのものを解説することなので、これまでのサンプルプログラムは、すべてコードがシンプルなコンソールアプリケーションでした。主に Windows を使っている場合、あまり見慣れない形式だったのではないでしょうか。

　この章では本書の締めくくりとして、標準的な Windows アプリケーションである GUI アプリケーションの基本について解説します。

 ## 13.1　.NET での GUI 技術

　Windows のような OS の GUI アプリケーションは、ある決められた作法に従ってプログラムを作成する必要があります。キーボードやマウスからの入力、画面の表示など、ユーザーとのインターフェイスは基本的にすべて OS が制御していて、何をするにも OS とのやり取りが必要となるからです。その作法に従わないと、プログラムでキーボードやマウスからの入力を受け取ったり、画面にウィンドウやボタンを表示したりするなど、OS でのユーザーインターフェイスを制御することができません。これは簡単な処理ではなく、従来の C や C++ 言語では、手軽に GUI アプリケーションを作成することができませんでした[1]。

　.NET では、そのような決められた作法が GUI フレームワークとして提供されています。この章で実際に GUI アプリケーションを作成してみるとわかると思いますが、煩雑な処理が隠蔽されているため、プログラマはアプリケーション固有の処理に注力することができます。さらに、テンプレートによってアプリケーションのひな形のソースコードが自動的に作成されるため、標準的なアプリケーションであれば、短時間で簡単に作ることができます。

　.NET 環境で、GUI アプリケーションを作成するための技術として、次のようなものがあります。

**13**

----

[1] Visual C++ では、.NET Framework を用いない環境のために、MFC と呼ばれるクラスライブラリが提供されています。MFC は、GUI をはじめ広範囲に利用することができます。

### 13.1.1 Windowsフォーム

Windowsフォームとは、従来からの.NET Framework で標準のGUIアプリケーションを構築するためのクラスライブラリです。Windowsフォームを用いた開発では、次に説明する**WPF**の場合と異なり、すべてをC#（またはVisual Basic）で記述します。

### 13.1.2 WPF

**WPF**（Windows Presentation Foundation）とは、、.NET（.NET Framework 3以降）でサポートされているユーザーインターフェイスの基盤技術です。これまでは2D画像と3D画像の描画、音声や動画の再生などには、それぞれ異なるWindowsの技術が使われていました。WPFでは、それらを統一的に扱えるようになっています。

これまでの開発スタイルとは異なり、ユーザーインターフェイスを**XAML**（eXtensible Application Markup Language：ザムル）と呼ばれるXMLベースの言語で記述できるのも特徴的です。イベントハンドラーなどの処理が必要であれば、その部分はC#やVisual Basicで記述します。このスタイルによって、ユーザーインターフェイスと内部の処理、つまりデザイナーとプログラマの作業を明確に分離した開発が可能になっています[2]。

さらにWPFでは、Windowsで動作する通常のアプリケーションだけでなく、**ブラウザーアプリケーション**と呼ばれるWebブラウザーで動作するアプリケーションも標準で作成できます。

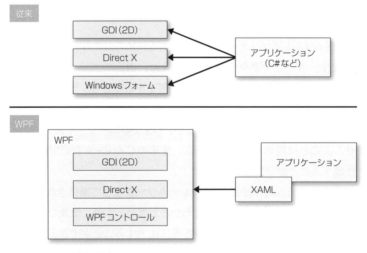

▲図13-1　WPFの概念

--------

*2) XAMLを使わずに、C#等だけでWPFアプリケーションを作成することも可能です。

### 13.1.3　マルチプラットフォーム向け GUI フレームワーク

　.NET では、Windows だけでなく、Linux、macOS や、Android、iOS などのモバイル環境も含めたマルチプラットフォームで動作する GUI アプリケーションも開発することができます。そのようなマルチプラットフォーム向け GUI 技術として、次のようなフレームワークがあります。

#### ・Xamarin.Forms

　Xamarin（https://dotnet.microsoft.com/ja-jp/apps/xamarin）は、第1章で説明したように Mono を基盤とした、オープンソースの開発環境およびライブラリです。C# を用いて、iOS や Android 用のモバイルアプリケーションが開発できます。

　Xamarin には、Xamarin.Forms と呼ばれるフレームワークが含まれています。Xamarin.Forms を使用すると、1つのソースコードから、Android や iOS で動作するアプリを作成可能です。Xamarin.Forms では、WPF と同じように、C# と XAML を利用します。

#### ・.NET MAUI

　.NET MAUI（.NET マルチプラットフォームアプリ UI）とは、.NET 6から提供されるマルチプラットフォームに対応したフレームワークです（本書執筆時点ではプレビューリリース）。.NET MAUI は、Xamarin.Forms の後継とも呼べるもので、C# と XAML を利用して、ネイティブのモバイルアプリケーションとデスクトップアプリケーションの開発が可能です。

#### ・Uno Platform

　Uno Platform（https://platform.uno/）は、オープンソースとして公開されている UI ライブラリで、.NET 環境を基盤としてマルチプラットフォーム向けのアプリを開発することができます。Uno Platform も、C# と XAML を使って、同じソースコードからマルチプラットフォーム環境で動作するアプリの開発が可能です。Uno Platform で特徴的なのは、ブラウザー上で動作する Web アプリケーションまで、同じコードで開発できることです。

### 13.1.4　本書での GUI アプリケーション

　このように、GUI の技術やアプリケーションの実行環境は、今後も変わっていくことが予想されます。こうした変化に対応できるアプリケーションを開発するためには、特定の技術に依存するところと普遍的なところを分離するようにアプリケーションを設計するとよいでしょう。

　なお、.NET での GUI アプリケーションの開発には、今後も XAML の使用が見込まれること、マルチプラットフォーム向けのアプリケーションは、まだコードが複雑になることから、本書では、WPF を使ったアプリケーションを取り上げることにします。

**13**

# 13.2　はじめての GUI アプリケーション

ではさっそく、Visual Studio で GUI アプリケーションを作成してみましょう。

### 13.2.1　作成するアプリ

Visual Studio では、WPF アプリケーションも、基本的にはテンプレートを利用してプロジェクトを新規作成することから始めます。

なお、WPF での開発は自由度が高く、WPF の特徴的な機能をあまり使わずに、Windows フォームに近い形でもアプリケーションを作成することができます。本書での開発例も、あくまでも一例です。

題材は「電卓」です。アプリケーションの実行画面は、右の図のようになります。

電卓アプリの機能は、通常の電卓のように数字や計算のボタンをクリックすると、計算結果が表示されるというものです。このように、データの入力があって、そのデータを処理（計算）して、結果のデータを出力するという流れは、アプリケーションの基本フローといえます。

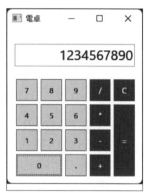

▲図13-2　電卓アプリ

### 13.2.2　テンプレートを使ったプロジェクトの作成

最初にプロジェクトから作成します。Visual Studio で、［ファイル］メニューの［新規作成］－［プロジェクト］を選択します。画面右側のテンプレートの一覧で、言語に［C#］、プラットフォームに［Windows］を選択し、表示された一覧から［WPF アプリケーション］を選択して［次へ］をクリックします。プロジェクトの構成画面では、プロジェクトの名前や保存場所を指定して［次へ］をクリックします。ここではプロジェクト名を「WpfCalc」としました。

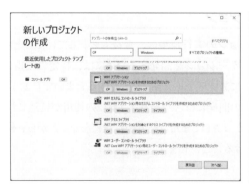

▲図13-3　プロジェクトテンプレートの一覧（左）とプロジェクトの構成（右）

次の追加情報の画面では、フレームワークを［.NET 6.0］のまま［作成］をクリックします。

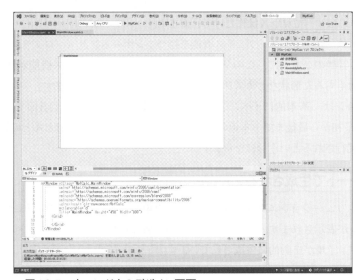

▲図13-4　追加情報（.NET の選択）

　プロジェクトが作成されると、アプリケーションのベースとなるウィンドウのデザイン画面が表示されます。

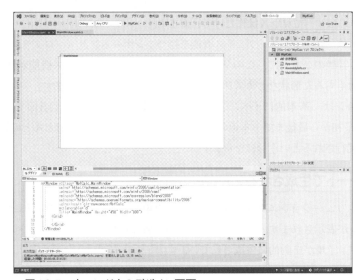

▲図13-5　ウィンドウのデザイン画面

**13**

　このまま［デバッグ］メニューの［デバッグなしで開始］をクリックしてみましょう。次のようなウィンドウが表示されるはずです。

▲図13-6　空のウィンドウ

　このウィンドウはマウスでドラッグして動かしたりサイズを変更したりすることができ、最小化ボタンや最大化ボタン、閉じるボタンも機能します。つまり、ここまで動作するプログラムが、Visual Studioによって自動的に生成されているということです。動作の確認後は閉じるボタンで終了してください。

　次に、このウィンドウを編集していきます。ウィンドウのサイズを変更したり、ボタンやテキストボックスなどの**コントロール**と呼ばれる部品を配置したりして、アプリケーションの画面を作っていきます。これらはすべてマウス操作だけで行えます。

　コントロールとは、ユーザーインターフェイス機能を持つコンポーネント（プログラムの部品）のことです。WPFの特徴のひとつに、このWPFコントロールのカスタマイズ機能が強力な点があります。背景色はもちろん形状などカスタマイズできる部分が数多くあります。

　GUIアプリケーションは、基本的にイベントドリブンでの開発になります。11.3節でも触れたように、プログラムは最初から最後まで一本道のように実行されるのではなく、ほとんどの処理が、イベントの発生時に実行されるという形になります。

### 13.2.3　テンプレートで生成されるファイル

　Visual Studioのソリューションエクスプローラー（2.4.3項を参照）には、プロジェクトに含まれるソースファイルが表示されます。プロジェクトの作成時に選択したテンプレートの種類に応じて、いくつかのファイルが自動的に生成されています。

プログラムソースとしては、自動で生成された「App.xaml」や「MainWindow.xaml」があります。これが、XAML で記述されたファイルです。また、XAML では、主に画面デザインなどの GUI 要素を定義した .xaml ファイルだけでなく、画面のイベント処理などの部分を分離コードファイル（拡張子 .xaml.cs の同名ファイル）として作成することができます。このように、GUI のデザイン部分とイベント処理などを分離コードファイルで定義することを、**コードビハインド**（code-behind）と言います（分離コードファイル自体をコードビハインドと呼ぶ場合もあります）。テンプレートでは、分離コードファイルも自動で生成されています。

XAML では、XML 形式の定義ファイルと分離コードを使って 1 つのクラスを定義します。つまり、このテンプレートでは、App クラスと MainWindow クラスが定義されているということです。

なお、プログラムのエントリポイントである Main メソッドは、App クラス内に自動で生成されています。

これらの自動生成されたファイルを編集し、さらに独自のクラスを追加してアプリケーションを作成していきます。

### 13.2.4　WPF の基本のプログラム構成

テンプレートで生成されたファイルの編集や電卓アプリのコアとなるクラス作成の前に、WPF アプリケーションのプログラム構成について説明しておきましょう。

WPF では、**MVVM**（Model-View-ViewModel）という考え方でアプリケーションを作成することが基本になります。

MVVM では次の図のように、プログラムを Model、View、ViewModel という 3 つの要素に分割します。

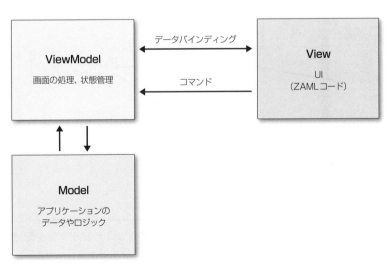

▲図13-7　WPF での MVVM パターン概要

　Viewは、画面のユーザーインターフェイスなど目に見える部分となります。電卓アプリで言えば、ボタンのデザインやレイアウト、文字のデザインなどです。

　一方のModelは、アプリケーションのデータやロジック部分で、目には見えない処理です。電卓アプリなら、ボタンを押した後の計算処理や、計算結果の表示になるでしょう。

　ViewModelは、その名のとおり、Viewをモデル化（抽象化、単純化）して画面操作を行うものです。といっても、これだけではイメージがつかめにくいでしょうから、この後具体的にViewModelを作成して説明することにします。

　なお、MVVMなどのGUIのためのプログラム構成では、「アプリケーションのUI部分と、アプリケーションの内部的なロジック部分を分離する」ということが最も重要な点となります。

　今回の電卓アプリでは、次のようなプログラム構成とします。

▼表13-1　電卓アプリのプログラム構成

| 要素 | クラス名（ファイル名） | 備考 |
|---|---|---|
| | アプリケーションクラス（App.xaml） | 自動生成 |
| View | メイン画面クラス（MainWindow.xaml） | 自動生成 |
| Model | 電卓クラス（ClassCalc.cs） | |
| ViewModel | ViewModelクラス（CalcViewModel.cs） | |

　また全体の処理フローは、次のようになります。

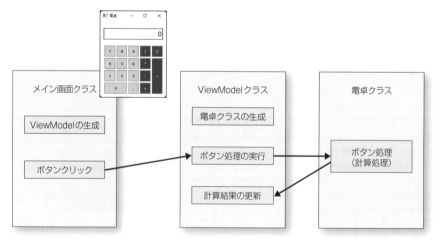

▲図13-8　電卓アプリの処理フロー

## 13.2.5　ユーザーインターフェイスの作成

　最初にユーザーインターフェイス部分を作成します。まずウィンドウにボタンを配置してみましょう。なお、WPFには、次のようなコントロールが提供されています。

▼表13-2　主な WPF コントロール

| 機能 | コントロール<br>（クラス）名 | 説明 |
|---|---|---|
| データの表示 | DataGrid | データを表形式で表示する |
| テキストの編集 | TextBox | テキストの表示、入力を行う |
| | TextBlock | テキストの表示を行う |
| | RichTextBox | 書式付きテキスト（RTF）形式のテキストも表示可能な TextBox |
| 情報の表示<br>（読み取り専用） | Label | テキストを表示する |
| | StatusBar | フレーム付きの領域を使用してアプリケーションの現在の状態に関する情報を表示する |
| | ProgressBar | 操作の現在の進行状況を表示する |
| Web ページの表示 | Frame | Web ページを表示する |
| 一覧からの選択 | ComboBox | ドロップダウンリストを表示する |
| | ListBox | テキスト項目およびグラフィカル項目（アイコン）の一覧を表示する |
| | TreeView | ツリー状に表示する |
| | ListView | リスト形式で表示する |
| グラフィックスの表示 | Image | ビットマップやアイコンなどの画像ファイルを表示する |
| 値の設定 | CheckBox | チェックボックスとテキストのラベルを表示する |
| | RadioButton | オンまたはオフにできるボタンを表示する |
| 日付の設定 | DateTimePicker | 日付または時刻を選択できるカレンダーを表示する |
| | Calendar | 日付の範囲を選択できるカレンダーを表示する |
| ダイアログボックス | OpenFileDialog | ファイルを参照して選択できるダイアログボックスを表示する |
| | PrintDialog | プリンターを選択してその属性を設定できるダイアログボックスを表示する |
| | SaveFileDialog | ファイル保存用のダイアログボックスを表示する |
| コマンド | Button | ボタンを表示する |
| | ToolBar | ツールバーを作成する |
| 他のコントロールのグループ化 | GroupBox | コントロール（オプションボタンなど）のセットをグループ化する |
| | TabControl | タブ付きページを作成する |
| | GridSplitter | 移動可能なバーによって区切られた2つのパネルを表示する |
| パネル<br>（レイアウト<br>コントロール） | Grid | 行と列から動的にレイアウトするパネルを表示する |
| | StackPanel | 子要素を縦または横一列に整列するパネルを表示する |
| | WrapPanel | 子要素を左から右に順番に並べ、幅を超えた分は右端で折り返すパネルを表示する |
| | DockPanel | 上下左右に子要素をドッキングさせるパネルを表示する |
| | Canvas | 子要素を固定的にレイアウトするパネルを表示する |

**13**

　［MainWindow.xaml］タブをクリックするか、ソリューションエクスプローラーで［MainWindow.xaml］をダブルクリックして、XAML の編集画面に切り替えます。
　画面の左端に［ツールボックス］が表示されている場合はそれをポイントし、表示されていない場合は［表示］メニューの［ツールボックス］をクリックします。ツールボックスは、既定ではマウスポインターがツールボックスの外に出たときに自動的に左端に隠れます。ここではツー

ルボックスの上のピンの形をした［自動的に隠す］ボタンをクリックして、隠れないようにして
おきます。

　ツールボックスの［コモン WPF コントロール］をクリックして展開し、Button コントロール
［Button］をウィンドウの上にドラッグアンドドロップしてみましょう。

▲図13-9　ボタンをウィンドウに追加

　この操作だけでボタンがウィンドウに追加されます。画面下の XAML ファイルにも、次のよ
うな Button コントロールの定義が追加されるはずです。この定義は、前述したように XML 形
式で書かれています。

```
<Button Content="Button" HorizontalAlignment="Left" Margin="122,113,0,0"
VerticalAlignment="Top"/>
```

　XML は、汎用的なデータ記述言語です。記号の「<」と「>」で囲んだ**タグ**（tag）という
形式でデータの要素を記述します。XML の基本的な構造は、「< タグ名 > 要素 </ タグ名 >」
のように、開始と終了を示すタグで要素をはさんだ形です。

　先ほどの Button コントロールの例では、「Button」がタグの名前となりますが、要素自体は
空です。要素が空の場合は、「< タグ名 />」という形になります。

　また Button コントロールでは、**属性**（プロパティ）と呼ばれる付加的な情報が付いています。
属性は、「プロパティ名 =" 値"」のように、名前と値のペアとなっています。Button コントロー
ルの例では、Content や HorizontalAlignment がプロパティ名で、Button や Left がそのプロパ
ティの値ということになります。

　なお、Margin（相対位置）プロパティの値は、ボタンを配置する位置で変わります。

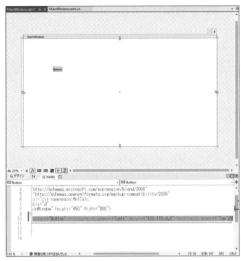

▲図13-10　ボタンを追加した後の画面

　このように、XAML ファイルとデザイン画面は同期しており、どちらかを編集すると、もう一方にも即座に反映されます。

　次に、ボタンに表示されている文字を変更してみましょう。ボタンをクリックすると、右下のプロパティウィンドウにボタンのプロパティが表示されます（プロパティウィンドウが表示されていない場合は［表示］メニューの［プロパティウィンドウ］をクリックします）。［共通］カテゴリの中にある［Content］という項目を「1」に変更します。XAML ファイルのButton 定義にも、自動的に「Content="1"」と追加されます。このボタンが、電卓の「1」の数字ボタンになります。

▲図13-11　ボタンの Content プロパティを変更した後の画面

プロパティウィンドウでは、コントロールに表示される文字以外にも、大きさや位置、色など、さまざまな設定を変更できます。

同様の手順で、9までの数字ボタン、「*」や「=」といった計算ボタンを配置します。ボタンの機能に合わせて、プロパティで背景色などを変更しましょう。大きさや位置も自由に配置してかまいません。

ここでは、ボタンをキーボードのテンキーのようにレイアウトしました。また、計算ボタンの背景（Backgroundプロパティ）、文字色（Foregroundプロパティ）を既定から変更しています。

▲図13-12　ボタンを配置した後の画面

### 13.2.6　テキストボックス

ボタンの次は、計算結果を表示するためのテキストボックス用にTextBoxコントロールを追加します。TextBoxコントロールは、文字列の入力、表示を行うコントロールです。

ボタンと同様に、ツールボックスの［コモンWPFコントロール］から［TextBox］をウィンドウ上にドラッグアンドドロップします。計算結果を表示するものなので、表示が右詰めになるよう、プロパティウィンドウでTextAlignmentプロパティを［Right］に変更します（このとき、プロパティウィンドウの表示順を［カテゴリ］から［名前］に変更しておくと、目的のプロパティを見つけやすくなります）。また、電卓アプリではテキストの入力は不要なので、IsReadOnlyプロパティにチェックを入れておきます（XAMLの定義では「IsReadOnly="True"」となります）。また、FontSizeプロパティの値を大きくして、文字のサイズを大きくするほうが見やすいでしょう。

最後に、メインウィンドウのタイトルも変更しておきましょう。デザイン画面でウィンドウをクリックして選択し、Titleプロパティを「電卓」などにします。

▲図13-13　ボタンとテキストボックスを配置した画面

この電卓アプリでは、メインウィンドウのXAMLファイルを次のような値としました。

▼表13-3　XAMLファイルの設定値一覧

▼Buttonタグの設定値

| プロパティ | 値 | | | | | | | | |
|---|---|---|---|---|---|---|---|---|---|
| Content | 7 | 8 | 9 | / | C | 4 | 5 | 6 | * |
| HorizontalAlignment | Left | Left | Left | Left | Left | Left | Left | Left | Left |
| Margin | 14,79,0,0 | 53,79,0,0 | 92,79,0,0 | 131,79,0,0 | 170,79,0,0 | 14,118,0,0 | 53,118,0,0 | 92,118,0,0 | 131,118,0,0 |
| VerticalAlignment | Top | Top | Top | Top | Top | Top | Top | Top | Top |
| Width | 34 | 34 | 34 | 34 | 34 | 34 | 34 | 34 | 34 |
| Height | 34 | 34 | 34 | 34 | 34 | 34 | 34 | 34 | 34 |
| Background | | | | #FF52595F | #FF52595F | | | | #FF52595F |
| Foreground | | | | #FFF9F6F6 | #FFF9F6F6 | | | | #FFF9F6F6 |

| プロパティ | 値 | | | | | | | |
|---|---|---|---|---|---|---|---|---|
| Content | 1 | 2 | 3 | - | . | + | 0 | = |
| HorizontalAlignment | Left | Left | Left | Left | Left | Left | Left | Left |
| Margin | 14,157,0,0 | 53,157,0,0 | 92,157,0,0 | 131,157,0,0 | 92,196,0,0 | 131,196,0,0 | 14,196,0,0 | 170,118,0,0 |
| VerticalAlignment | Top | Top | Top | Top | Top | Top | Top | Top |
| Width | 34 | 34 | 34 | 34 | 34 | 34 | 73 | 34 |
| Height | 34 | 34 | 34 | 34 | 34 | 34 | 34 | 112 |
| Background | | | | #FF52595F | | #FF52595F | | #FF52595F |
| Foreground | | | | #FFF9F6F6 | | #FFF9F6F6 | | #FFF9F6F6 |

▼TextBoxタグの設定値

| プロパティ | 値 |
|---|---|
| Text | TextBox |
| HorizontalAlignment | Left |
| Margin | 14,24,0,0 |
| VerticalAlignment | Top |
| Width | 192 |
| Height | 35 |
| TextWrapping | Wrap |
| IsReadOnly | True |
| TextAlignment | Right |
| FontSize | 22 |

▼Window x:Class（メインウィンドウ）の設定値

| プロパティ | 値 |
|---|---|
| Title | 電卓 |
| Width | 232 |
| Height | 280 |

13

## 13.2.7　ViewModelの設計

画面のデザインが完了したので、次はViewModelクラスを作成していきます。

ViewModelは、Viewをモデル化（抽象化・単純化）して画面操作を行うものです。ここでもう一度、Visual Studioのデザイン画面を見てください。電卓なので、多くのボタンと、計算結果を表示するテキストボックスがあります。では、この画面の操作を単純化すると、どうなるでしょうか。

　ボタンをクリックすることと、結果を表示することの2つですね。ただしボタンは、単に数字を入力するだけのボタンと、計算などを行うボタンがありますので、2つに分けたほうがわかりやすいでしょう。つまり、この電卓アプリで作成するViewModelは、「2種類のボタンを押した後の処理を行う」、「計算結果をテキストボックスに表示する」という内容のクラスにすればよいことになります。

## 13.2.8　データバインディングとコマンド

　先ほどのMVVMパターンの図では、ViewとViewModelを結ぶ線に、**データバインディングとコマンド**と書いています。この2つの技術は、WPFの特徴的な要素となります。

　WPFのデータバインディングとは、ViewModelのデータと、View上のUIコントロールを紐付ける仕組みです。「バインディング」（binding：結合）という名前が示すとおり、単にコントロールに値を設定するだけでなく、双方向で値を同期することが可能になっています。

　WPFのコマンドとは、UIのイベントを抽象化して操作するための仕組みです。たとえば、「ファイルを開く」、「印刷を行う」といった処理を行う場合、View上から直接そのような処理を呼び出すのではなく、ViewModelのコマンドを呼び出すようにします。実際には、Modelで定義された処理が実行されるのですが、Viewでは、Modelでの処理内容に関知することなく、統一的にコマンドを呼び出すだけで、さまざまなイベントの処理を実行できるようになります。

## 13.2.9　ViewModelの作成

　実際にViewModelを作成してみましょう。ソリューションエクスプローラーでプロジェクト名を選択して右クリックするとメニューが表示されます。メニューの［追加］-［クラス］を選択すると、次のようなダイアログボックスが表示されます。

▲図13-14　新しい項目（クラス）の作成

　画面中央の一覧で［クラス］が選択されていることを確認し、ファイル名を「CalcViewModel.
cs」として［追加］ボタンをクリックします。これで空のViewModelクラスが作成されます。

　次に、テキストボックスに計算結果を表示するための文字列を、プロパティとしてクラスに追
加します。ここでは「Label」という名前にして、初期値に「0」を設定しています。

［サンプル］CalcViewModel.csの一部

```
namespace WpfCalc
{
    internal class CalcViewModel
    {
        // 計算結果のプロパティ
        public string Label { get; private set; } = "0";
    }
}
```

　これで、画面のテキストボックスに表示する文字列の準備ができたのですが、これだけで
はデータバインディングとはなりません。データバインディングの相手となるView側にも、
CalcViewModelクラスがデータの元となることを設定する必要があります。

## 13.2.10 Viewの設定追加

　データバインディングを行うためには、まずView（ここではMainWindowクラス）に、デー
タ元の設定を追加します。

　ソリューションエクスプローラーで［MainWindow.xaml］を選択して右クリックし、表示さ
れたメニューから［コードの表示］を選択します。そして、MainWindowクラスのコンストラクター
に、次のようにコードを追加します（太字部分）。

［サンプル］MainWindow.xaml.csの一部

```
public partial class MainWindow : Window
{
    // ViewModelオブジェクトの生成
    readonly CalcViewModel ViewModel = new();

    public MainWindow()
    {
        InitializeComponent();

        // データ元の設定
        DataContext = this.ViewModel;
    }
}
```

MainWindow クラスにあらかじめ定義されている DataContext プロパティに、CalcViewModel クラスのインスタンスを設定しています。DataContext プロパティは、既定のデータ元を設定するプロパティです。

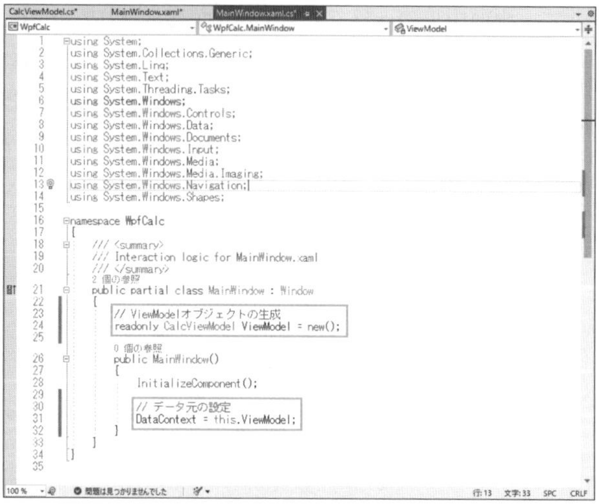

▲図13-15　MainWindow.xaml.cs の編集

---

**Column**　**DataContext プロパティ**

　本書では、Window クラスの DataContext プロパティの設定を、コードビハインドとして記述しました。この設定は、XAML ファイルに記述することも可能です。

　XAML ファイルに定義する場合は、MainWindow.xaml の Window タグ内で、次のように記述します。

［サンプル］MainWindow.xaml

```
<Window.DataContext>
    <local:CalcViewModel />
</Window.DataContext>
```

CalcViewModel クラスの前にある local は、名前空間の識別子です。

　XAML ファイルでクラスを参照する場合は、別途、名前空間を宣言する必要があります。名前空間の宣言は、Window タグの xmlns 属性で行います。テンプレートから作成した場合、「xmlns:local="clr-namespace:WpfCalc"」として、作成するアプリケーション用の名前空間が「local」という識別子で宣言されているので、「local」と記述しています。

　なお、今回のアプリでは MainWindow.xaml.cs ファイルのコマンドハンドラー内で CalcViewModel オブジェクトを参照してるので、XAML ファイルに CalcViewModel を設定した場合は、次のように DataContext プロパティをキャストする必要があります。

```
private void Num_Click(object sender, RoutedEventArgs e)
{
    var btn = (Button)sender;
    // DataContextプロパティをキャストしてCalcViewModelオブジェクトを参照する
    ((CalcViewModel)DataContext).NumCommand(btn.Content);
}
```

　そして次に、.xaml ファイルを編集します。MainWindow.xaml の編集画面で、XAML コードの TextBox タグの Text 属性を、次のように変更します。

```
<TextBox ...(中略)... Text="{Binding Path=Label, Mode=OneWay}" ...(中略)
... />
```

　Binding の最初の Path プロパティに、データ元（CalcViewModel クラス）のプロパティ名（Label）を指定します。Mode プロパティは、値の同期方法の指定です。TextBox は入出力のコントロールなので、この Mode プロパティが必須になっています。

▲図 13-16　MainWindow.xaml の編集

　なお、Mode プロパティは、次のような値が設定可能です。

▼表 13-4　Mode プロパティの設定値

| 設定値 | 概要 |
| --- | --- |
| OneWay | データ元から View への一方通行同期 |
| TwoWay | データ元と View の双方向同期 |
| OneWayToSource | View からデータ元の一方通行同期 |
| OneTime | データ元から View へ一度だけ同期 |

**13**

　電卓アプリでは、計算結果を表示するだけでテキスト入力は使用していないため、OneWay を指定しています。なお、この段階で電卓アプリをビルドして実行すると、テキストボックスには Label プロパティの初期値である 0 が表示されるはずです。

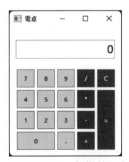

▲図 13-17　初期値の表示

## 13.2.11 コマンドとイベントハンドラー

　次は、ボタンをクリックしたときの処理を追加してみましょう。

　前述したように、このような処理には、WPF にはコマンドという機能が用意されています。ですが、実はこの機能を利用するには、かなり冗長なコードを追加する必要があります[*3]。特に、ここで作成している電卓アプリのようなシンプルなアプリには不釣り合いなので、ここではコマンドではなく、従来の Windows フォームと同様のイベントハンドラーを利用することにします。

　ボタンをクリックしたときのイベントハンドラーを追加するには、まずいずれかの数値ボタンを選択し、そのボタンのプロパティウィンドウでイベントハンドラーのアイコンをクリックします。プロパティウィンドウがイベントハンドラーの入力画面に切り替わるので、［Click］にメソッド名として Num_Click（任意の名称でかまいません）と入力して Enter キーを押します。

▲図13-18　イベントハンドラーの入力画面

　すると、MainWindow.xaml.cs ファイルが開き、Num_Click メソッドが追加されます。

---

　[*3]　オープンソースのWPF用クラスライブラリ（Prism や MVVM Light Toolkit など）を利用すれば、少ないコード量で作成可能です。

▲図13-19　追加されたイベントハンドラー

　このメソッドが、数値ボタンをクリックすると呼び出されるイベントハンドラーになります。
同様に、その他の数値ボタンに Num_Click メソッドを設定します。数値以外のボタンでは計算
処理を行うので、数値ボタンとは別の Cmd_Click メソッドを Click イベントに設定します。設
定後のコードは次のようになります（太字部分）。

[サンプル] MainWindow.xaml.cs の一部

```csharp
public partial class MainWindow : Window
{
    // ViewModelオブジェクトの生成
    CalcViewModel ViewModel = new CalcViewModel();

    public MainWindow()
    {
        InitializeComponent();

        // データ元の設定
        DataContext = this.ViewModel;
    }
    // イベントハンドラー
    private void Num_Click(object sender, RoutedEventArgs e)
    {

    }
    // イベントハンドラー
    private void Cmd_Click(object sender, RoutedEventArgs e)
    {

    }
}
```

**13**

### 13.2.12 データバインディングの通知

　それでは、データバインディングとイベントハンドラーの動作を確認してみましょう。
MainWindow クラスの Num_Click メソッドに、次のように CalcViewModel クラスのメソッド
を呼び出すコードを追加します（太字部分）。

[サンプル] MainWindow.xaml.cs の一部

```
private void Num_Click(object sender, RoutedEventArgs e)
{
    // 各ボタンのインスタンスを取得
    var btn = (Button)sender;
    this.ViewModel.NumCommand(btn.Content);
}
```

　ボタンをクリックした後の処理は ViewModel クラスに記述すべきなので、MainWindow クラ
スの Num_Click メソッドでは、単に ViewModel クラスのメソッドを呼び出しているだけです。
イベントハンドラーの sender パラメーターには、クリック元のコントロールのインスタンスが格
納されています。また、RoutedEventArgs クラスの e パラメーターには、発生したイベントに
関する情報が格納されています。
　ここでの sender パラメーターは、実際には Button オブジェクトなので、Button クラスにキャ
ストしています。そして、Content プロパティをパラメーターにして、ViewModel クラスに定
義する NumCommand メソッドを呼び出しています。
　CalcViewModel クラスに NumCommand メソッドを作成し、次のコードを追加します（太
字部分）。

[サンプル] CalcViewModel.cs の一部

```
internal class CalcViewModel
{
    // 計算結果のプロパティ
    public string Label { get; private set; } = "0";

    // 数字ボタンが押されたときの処理
    public void NumCommand(object content)
    {
        // Labelプロパティにボタンの表示文字列を設定
        Label = (string)content;
    }
}
```

　このメソッドでは、Button クラスの Content プロパティをパラメーターにしています。
Content プロパティも object 型なので、string にキャストして、Label プロパティに設定します。

　ビルドして実行してみましょう。数値ボタンをクリックすると、計算結果のテキストボックスに、ボタンの数値が表示されるはずです。

　なのですが、このコードではテキストボックスの表示は更新されません。実は、Labelプロパティが更新されたことを、イベントを使ってViewに通知する必要があるのです。

　更新を通知するには、System.ComponentModel名前空間のINotifyPropertyChangedインターフェイスを実装して、OnPropertyChangedメソッドを定義する必要があります。

　たとえば、次のような抽象クラスを定義し、ViewModelでこれを継承します。抽象クラスではなく、CalcViewModelクラスでINotifyPropertyChangedインターフェイスを実装してもいいのですが、更新の通知は汎用的な処理（CalcViewModelクラス固有ではない）なので、このような形にしてみました。

　更新を通知したい場面で、更新通知を行いたいプロパティ名を指定してOnPropertyChangedメソッドを呼び出すと、Viewの表示が更新されます。OnPropertyChangedメソッドのパラメーターには文字列表現のプロパティ名が必要なので、nameof演算子を使って取得しています。

［サンプル］CalcViewModel.csの一部

```
abstract class ViewModelBase : INotifyPropertyChanged
{
    // プロパティの変更通知
    public event PropertyChangedEventHandler? PropertyChanged;
    protected void OnPropertyChanged(string name)
    {
        PropertyChanged?.Invoke(
            this, new PropertyChangedEventArgs(name));
    }
}

internal class CalcViewModel : ViewModelBase
{
    // 計算結果のプロパティ
    public string Label { get; private set; } = "0";

    // 数字ボタンが押されたときの処理
    public void NumCommand(object content)
    {
        // Labelプロパティにボタンの表示文字列を設定
        Label = (string)content;

        // 更新を通知する
        OnPropertyChanged(nameof(Label));
    }
}
```

**13**

### 13.2.13 Model の設計

　次は、電卓アプリのコアとなる Model を作成しましょう。Model は、UI 処理とは分離すべきなので、コンソールアプリでも利用できるものとします。

　電卓の機能を実現するには、いろいろな実装方法が考えられます。今回は四則演算のみの電卓を作成するため、ごく単純なアルゴリズムにしています。この章の目的は GUI アプリケーションの作成方法を説明することなので、コードの詳細については、ダウンロードしたサンプルプログラム全体やコードに記載されているコメントを参照してください。ここでは、ポイントとなる部分だけを説明します。

　Model として、計算処理を「ClassCalc」という電卓クラスにまとめます。先ほど同様にプロジェクトに新しいクラスを追加します。ファイル名は「ClassCalc.cs」とします。

　電卓クラスでは、「+」や「*」などの計算ボタンの処理、数字ボタンの処理、小数点ボタンの処理、データをクリアする「C」ボタンの処理を行います。

### 13.2.14 計算処理

　ClassCalc クラスのコードについて、ポイントを絞って解説します。電卓機能の処理で最も難しいのは、計算処理のタイミングです。これは、実際に電卓を操作するとわかりますが、基本的に「+」や「*」の計算ボタンを押した段階では、その計算は行われません。次の計算ボタンまたは「=」ボタンを押したときに計算することになるため、それまでどの計算を行うかを覚えておく必要があります。

　今回の電卓では、この処理にデリゲートを使用しました。演算ボタンがクリックされたときに、計算処理をラムダ式としてデリゲートに設定します。次のように ClassCalc クラスで計算用のデリゲートを定義して、計算の処理の保存や参照を行えるようにしています。

　なおデリゲートは、.NET のクラスライブラリで定義されている Func<T, TResult> を利用しています。これは引数、戻り値とも 1 つのデリゲートで、電卓アプリでは、Func<Decimal, Decimal> としています。

［サンプル］ClassCalc.cs のデリゲート処理部分を抜粋
```
// 計算結果のプロパティ
public string Result { get; private set; } = "";

（中略）

// デリゲートのインスタンス化
Func<Decimal, Decimal> DeleCalc = d => d;

（中略）

// 計算ボタンが押されたときの処理
```

```
void CmdKeyMethod(Func<Decimal, Decimal> p)
{
    decimal result = 0;
```

（中略）

```
    // 現在表示されている数値をパラメーターとして計算処理を呼び出す
    result = DeleCalc(decimal.Parse(Result));
```

（中略）

```
    // 次回の計算処理を設定
    DeleCalc = p;
```

（中略）
```
}
```

　たとえば「+」ボタンの処理を行うメソッドでは、加算を行うラムダ式をパラメーターとして、CmdKeyMethod メソッドを呼び出します。変数 operand には、それまでの計算の結果が格納されています。変数 d は、「+」ボタンがクリックされる直前に計算結果として保存している数値です。

［サンプル］ClassCalc.cs の一部
```
// 「+」ボタン
public void plus()
{
    // +計算のラムダ式を渡す
    CmdKeyMethod((d) => operand += d);
}
```

## 13.2.15 ViewModel クラスの変更

　計算結果の文字列は、ClassCalc クラスの Result プロパティとして参照できるように定義しています。したがって、この ClassCalc クラスの Result プロパティを、先ほどの ViewModel クラスの Label プロパティに設定すればよいことになります。
　CalcViewModel クラスを次のように変更します（太字部分）。

［サンプル］CalcViewModel.cs の一部
```
// 電卓クラスのインスタンス化
readonly ClassCalc Calc = new();

// 計算結果のプロパティ
public string Label { get; private set; } = "0";
```

```
// 数字ボタンが押されたときの処理
public void NumCommand(object content)
{
    // ボタン名を数値に変換
    var n = int.Parse((string)content);

    // 電卓クラスの数字ボタン処理を呼び出す
    Calc.NumKey(n);

    // 計算結果の設定
    Label = Calc.Result;
    OnPropertyChanged(nameof(Label));
}
```

　このコードでは、CalcViewModel クラス内で、Model である電卓クラスをインスタンス化しています。そしてイベントハンドラーで、電卓クラスのメソッドを呼び出しています。

　計算後は、計算結果を Label プロパティに設定し、OnPropertyChanged メソッドで View に更新を通知するようにしています。

### 13.2.16 終わりに

　Visual Studio のデザイン画面を使えば、WPF の画面はブロックを組み合わせるような感覚で編集することができます。ただ、WPF そのものについて、ここではほんの基礎的な部分を説明しただけです。もちろん、必ずしも豊富な機能をすべて使う必要はありません。アプリケーションの規模や内容に応じて、機能を取捨選択することも大切です。

　本書で学習した C# の構文や機能を組み合わせながら、独自のアプリケーション作成に挑戦してみましょう。

# 練習問題の解答

 ## 第1章の解答

**1** ①プログラミング ②プログラマ ③コード

**2** ライブラリ

**3** GUI と CUI

**4** 静的型付け言語

**5** ②リファクタリング ④手続き型

　リファクタリングは、プログラムの内部構造を改善することです。手続き型は、コンピューターの情報処理を順番に記述していくプログラミング手法です。

 ## 第2章の解答

**1** コンソールアプリケーションとウィンドウアプリケーション

**2** コメントの終わりが行末となる、複数行のコメントが書ける、という点が異なります。

**3** ブロック

**4** プログラムの開始位置。C# では「Main」というメソッドがエントリポイントになります。

**5** ①using ②完全修飾名 ③名前 ④識別子

**第 3 章の解答**

**1** ①宣言　②初期値

**2** ［サンプル］Practice3_1.cs

```
namespace Practice3_1
{
    class Practice
    {
        static void Main()
        {
            int a = 123;
            float b = 1.23f; // float型とサフィックス
            Console.WriteLine(a);
            Console.WriteLine(b);
        }
    }
}
```

**3** 円マークのエスケープシーケンスは¥¥ で、改行は¥n となります。

［サンプル］Practice3_2.cs

```
namespace Practice3_2
{
    class Practice
    {
        static void Main()
        {
            // 逐語的文字列リテラル
            string s1 = @"¥1,000
¥20,000";
            Console.WriteLine(s1);
            string s2 = "¥¥1,000¥n¥¥20,000";
            Console.WriteLine(s2);
        }
    }
}
```

**4** 列挙子名は、一例です。たとえば、Autumn はFall でも問題ありません。

［サンプル］Practice3_3.cs

```
// 四季を表す列挙型
enum FourSeasons
{
    Spring, Summer, Autumn, Winter
```

```
}
static void Main()
{
    Console.WriteLine(FourSeasons.Spring);       // 出力値:Spring
    Console.WriteLine((int)FourSeasons.Spring);  // 出力値:0
}
```

**5**　配列の初期化では、new 演算子が必要ですが、型名を省略することができます。
　　この問題では、「new string[]」でも、型名を省略した「new []」でも正解です。

[サンプル] Practice3_4.cs

```
// [3]のmainメソッドに以下を追加
// 四季を表す文字列型配列
var s = new [] { "春", "夏", "秋", "冬" };
Console.WriteLine(s[(int)FourSeasons.Spring]); // 出力値:春
```

# 第4章の解答

**1**　①式　②文（ステートメント）　③評価　④最小

**2**　[サンプル] Practice4_1.cs

```
namespace Practice4_1
{
    class Practice
    {
        static void Main()
        {
            int x = 5;
            int y = 10;
            Console.WriteLine((x + y) * (x + y));
        }
    }
}
```

**3**　偶数か奇数かは、その数値が2の倍数かどうかで判断でき、次のような方法があります。

● 2で除算した余りが、0かどうかを調べます。

● 2の倍数は、2進数で表現した場合、1ビット目が0なので、1ビット目が0かどうかを調べます。
　あるビットが1かどうかは、& 演算子（論理 AND）を利用します。「x & 1」の値が0なら
　1ビット目が0で、1なら1ビット目が1です。

[サンプル] Practice4_2.cs

```
namespace Practice4_2
{
    class Practice
    {
        static void Main()
        {
            int x = 10;
            Console.WriteLine(((x % 2) == 0) ? "even" : "odd");
            Console.WriteLine(((x & 1) == 0) ? "even" : "odd");
        }
    }
}
```

# 第5章の解答

**1** for ループ、foreach ループ、while ループ、do ループ

**2** [サンプル] Practice5_1.cs

```
namespace Practice5_1
{
    class Practice
    {
        static void Main()
        {
            // forループ
            int a = 0;
            for (int i = 1; i <= 10; i++)
            {
                a += i;
            }
            Console.WriteLine(a);

            // whileループ
            int b = 0;
            int j = 1;
            while (j <= 10)
            {
                b += j;
                j++;
            }
            Console.WriteLine(b);
        }
    }
}
```

3　3の倍数は、3で割ったときの余りが0になります。3を含むかどうかは、1の位と10の位の値が3かどうかで判定します。1の位は、10で割ったときの余りで、10の位は、10で割ったときの商となります。

[サンプル] Practice5_2.cs

```csharp
namespace Practice5_2
{
    class Practice
    {
        static void Main()
        {
            for (int i = 1; i <= 50; i++)
            {
                if ((i % 3 == 0) || (i % 10 == 3) || (i / 10 == 3))
                {
                    Console.WriteLine(i);
                }
            }
        }
    }
}
```

4　[サンプル] Practice5_3.cs

```csharp
// 元号名の文字列型配列
var gstr = new [] { "明治", "大正", "昭和", "平成", "令和" };

foreach (var s in gstr)
{
    Console.WriteLine(s);
}
```

# 第6章の解答

1　①メンバー　②定義　③宣言　④インスタンス　⑤ドット

2　階乗を求めるには、ループして積を行います。解答例は for ループを使った場合です。

[サンプル] Practice6_1.cs

```csharp
// 指定した数の階乗を求める
int Sample(int p)
```

```
{
    int fact = 1;
    for (int i = 1; i <= p; i++)
    {
        fact *= i;
    }
    return fact;
}
```

**3** 参照渡しのメソッドのパラメーターは、呼び出し側にも ref と out のキーワードが必要です。

[サンプル] Practice6_2.cs

```
class TestClass
{
    public void TestFunc(ref int a, out int b)
    {
        b = a * a;
        a = a * a * a;
    }
}
static void Main()
{
    TestClass test = new();
    int a = 3;
    test.TestFunc(ref a, out int b);
}
```

**4** 静的なクラスとするには、class の宣言に static キーワードを付けます。またメンバーには、非静的なものを含められないので、各メンバーの宣言に static キーワードを付けます。なお、静的コンストラクターにはアクセス修飾子を指定できないので、削除します。

[サンプル] Practice6_3.cs

```
public static class Sample
{
    private static int Code;
    public static string Name;

    static Sample()
    {
        Name = "my name";
    }
}
```

**第 7 章の解答**

**1** ①継承　②1つ　③カプセル

**2** 犬の足は4本なので、コンストラクター内でLegsを4に初期化します。

[サンプル] Practice7_1.cs

```
class Animal
{
    // 足の数
    protected int Legs;

    public void PrintLegs()
    {
        Console.WriteLine(Legs);
    }
}

class Dog : Animal
{
    public Dog()
    {
        // コンストラクターでLegsを初期化
        this.Legs = 4;
    }
}
```

**3** 参照専用なので、getのみのプロパティLegsをpublicとして追加します。またLegsフィールドの名称は、解答例では_Legsフィールドとしました。

[サンプル] Practice7_2.cs

```
class Animal
{
    // 足の数
    protected int _Legs;

    public void PrintLegs()
    {
        Console.WriteLine(_Legs);
    }
}

class Dog : Animal
{
    // プロパティ
```

```
        public int Legs
        {
            get
            {
                return _Legs;
            }
        }

        public Dog()
        {
            // コンストラクターでLegsを初期化
            this._Legs = 4;
        }
}
```

**4**　Animal クラスのフィールドを自動プロパティに変更します。なお、set アクセサーには、派生クラス内で書き換え可能にするため、protected を付けます。

［サンプル］Practice7_3.cs

```
class Animal
{
    // 足の数
    public int Legs { get; protected set; }

    public void PrintLegs()
    {
        Console.WriteLine(Legs);
    }
}
```

**5**　Legs プロパティを、public に変更します。

［サンプル］Practice7_4.cs

```
class Animal
{
    // 足の数
    public int Legs { get; set; }

    public void PrintLegs()
    {
        Console.WriteLine(Legs);
    }
}
class Practice
{
```

```
    static void Main()
    {
        var a = new Animal { Legs = 8 };
        Console.WriteLine(a.Legs); // 出力値:8
    }
}
```

## ▶ 第 8 章の解答

**1** ①オーバーライド　②ポリモーフィズム　③アップキャスト　④暗黙　⑤ダウンキャスト　⑥インターフェイス　⑦実装

**2** メソッドをオーバーライドするには、親クラスのメソッドに①virtual キーワード、継承したクラスのメソッドに②override キーワードを付けます。

[サンプル] Practice8_1.cs

```
class Animal
{
    public virtual void Cry()
    {
        Console.WriteLine("none");
    }
}

class Dog : Animal
{
    public override void Cry()
    {
        Console.WriteLine("bow-wow");
    }
}
```

**3** 次のように、デフォルト実装を含むインターフェイスに変更します。

[サンプル] Practice8_2.cs

```
interface IAnimal
{
    void Cry() => Console.WriteLine("none");
}
```

**4**　①is　②int

[サンプル] Practice8_3.cs
```
object val = 1;

if (val is int n)
{
    Console.WriteLine($"値は{n}です");
}
```

**5**　次のように、switch 文でint 型、文字列型、その他の型を判定するようにします。

[サンプル] Practice8_4.cs
```
object val = 23;

switch (val)
{
    case int n:
        Console.WriteLine($"値は{n}です");
        break;
    case string s:
        Console.WriteLine(s);
        break;
    default:
        Console.WriteLine("不明");
        break;
}
```

## 第 9 章の解答

**1**　①例外　②キャッチ　③throw

**2**　例外が発生するコードを、try ブロックに移動します。

[サンプル] Practice9_1.cs
```
static void Main()
{
    int a = 10;

    try
```

```
    {
        int b = a / 0;
        Console.WriteLine(b);
    }
    catch
    {
        Console.WriteLine("例外発生");
    }
}
```

**3** オーバーフローが発生するように checked ブロックを追加した上で、例外処理を追加します。

[サンプル] Practice9_2.cs

```
static void Main()
{
    int a = 50;
    int b = 10;
    try
    {
        checked
        {
            byte result = (byte)(a * b);
            Console.WriteLine("{0} x {1} = {2}", a, b, result);
        }
    }
    catch(Exception e)
    {
        Console.WriteLine(e.Message);
    }
}
```

# 第 10 章の解答

**1** ①参照 　②値 　③Length 　④Rank 　⑤null 許容 　⑥非許容参照型 　⑦null

**2** ①arr2.Length 　②arr1.Length 　③arr1.Length 　④ Array.Sort(arr3); 　⑤arr3.Length

　　arr1、arr2 の 2 つの配列をまとめるには、2 つの配列のサイズを合計したサイズの配列 arr3 を用意し、arr3 にループを使って代入します。配列を昇順にソートするには、Array.Sort メソッドを利用します。コード全体は次のようになります。

［サンプル］Practice10_1.cs

```
var arr1 = new int[] { 1, 3, 5 };
var arr2 = new int[] { 2, 4, 6 };

var arr3 = new int[arr1.Length + arr2.Length];
for (int i = 0; i < arr1.Length; i++)
{
    arr3[i] = arr1[i];
}
for (int i = 0; i < arr2.Length; i++)
{
    arr3[arr1.Length + i] = arr2[i];
}

// 昇順にソートする
Array.Sort(arr3);
for (int i = 0; i < arr3.Length; i++)
{
    Console.WriteLine(arr3[i]);
}
```

**3**　?.演算子、?? 演算子を使って、null のときの処理を行います。

［サンプル］Practice10_2.cs

```
static void Main()
{
    // 文字列の長さを求める
    int GetLength(string? str)
    {
        return str?.Length ?? 0;
    }

    // 実行例
    string s1 = "123";
    Console.WriteLine(GetLength(s1)); // 出力値:3

    string s2 = null;
    Console.WriteLine(GetLength(s2)); // 出力値:0
}
```

**4**　①Array.Sort(arr);　②(arr[arr.Length -1], arr[arr.Length - 2])

　　まず、Array.Sort メソッドで配列をソートします。すると、最大値とその次の数は、最後の要素とその次の要素となるので、その2つをまとめてタプル型で返します。コード全体は次のようになります。

[サンプル] Practice10_3.cs

```
static void Main()
{
    // 最大値とその次の数を求める
    (int, int)GetMaxNext(int[] arr)
    {
        // 要素数が2以上のとき
        if (arr.Length >= 2)
        {
            // 昇順に並べる
            Array.Sort(arr);
            return (arr[arr.Length -1], arr[arr.Length - 2]);
        }
        else
        {
            return (-1, -1);
        }
    }

    // 実行例
    var arr1 = new int[] { 1, 3, 5 };
    var (v1, v2) = GetMaxNext(arr1);
    Console.WriteLine("{0},{1}", v1, v2);
}
```

**5**  プロパティ City に set アクセサーを追加し、Year、Month、Day プロパティを追加します。

[サンプル] Practice10_4.cs

```
class Competition
{
    public string? City { get;  set; }
    readonly int Year;
    readonly int Month;
    readonly int Day;
    (中略)
}
```

**6**  Competition クラスに、次のようなメソッドを追加します。

[サンプル] Practice10_4.cs

```
class Competition
{
    (中略)
    public (string?, int, int, int) GetOpening()
    {
```

```
        return (City, Year, Month, Day);
    }
}
static void Main()
{
    var os = new Competition(2020, 7, 24) { City = ""東京"" };
    Console.WriteLine(os.GetOpening()); // 出力値:(東京, 2020, 7, 24)
}
```

## ▶ 第11章の解答

**1**　①メソッド　②ラムダ式　③イベント　④同期　⑤非同期

**2**　正しいのは③です。デリゲートは、呼び出されるメソッドと、戻り値とパラメーターリストを揃える必要があります。

**3**　[サンプル] Practice11_1.cs

```
class Sample
{
    // 指定の数までの乱数を返す(ラムダ式)
    public int Random(int s) => new Random().Next(s);
}
```

**4**　①async　②Task<int>　③await　④int

[サンプル] Practice11_2.cs

```
class Sample
{
    public async Task<int> SampleAsync()
    {
        // 非同期処理を実行
        return await Task.Run(new Func<int>(() =>
        {
            // int型の最大値までインクリメントする
            int i = 0;
            for (; i < int.MaxValue; i++) { };
            return i;
        }));
    }
```

```
    public void Do()
    {
        Task<int> t = SampleAsync();

        // タスクが完了するまでアプリケーションが終了しないように待機する
        t.Wait();

        Console.WriteLine("完了:{0}", t.Result);
    }
}
```

**5** ①int ②_ ③n ④s.Length ⑤0

[サンプル] Practice11_3.cs

```
static int Test(object? p)
{
    return p switch
    {
        (int n, _) when n < 10 => n,
        string s => s.Length,
        { } => 0,
        _ => -1
    };
}
```
(以下略)

# 第 12 章の解答

**1** ④ジェネリック

**2** [サンプル] Practice12_1.cs

```
var list = new List<int>();

// 1から10を格納する
for (int i = 1; i <= 10; i++)
{
    list.Add(i);
}

int sum = 0;
// 1から10を合計する
foreach (int i in list)
{
```

```
        sum += i;
    }
    Console.WriteLine(sum);
```

**3** ①string name, string contents ②using ③false ④async ⑤Task ⑥await ⑦
WriteContents

［サンプル］Practice12_2.cs

```
static readonly HttpClient Client = new HttpClient();

static void Main()
{
    // 指定のファイル名のファイルに文字列を上書きで書き込む
    static void WriteContents(string name, string contents)
    {
        using var sw = new StreamWriter(name, false,
            System.Text.Encoding.Default);
        sw.Write(contents);
    }

    // 非同期メソッド
    static async Task GetWebAsync(string url)
    {
        // Webページの内容を文字列で取得する
        string c = await Client.GetStringAsync(url);
        WriteContents("yahoo.txt", c);
    }
    try
    {
        Task t = GetWebAsync("http://www.yahoo.co.jp/");
        t.Wait();
    }
    catch (Exception e)
    {
        Console.WriteLine(e.Message);
    }
}
```

**4** ①num => (num % 2) == 0 ②evenQuery

［サンプル］Practice12_3.cs

```
static void Main()
{
    var numbers = new int[] { 5, 8, 2, 9, 4, 6 };
```

```
    // 偶数だけを取得する
    var evenQuery = numbers.Where(num => (num % 2) == 0);

    // 表示
    foreach (int n in evenQuery)
    {
        Console.WriteLine(n);
    }
}
```

# 索 引

## ●著者紹介

**WINGS プロジェクト　髙江 賢** (たかえ けん)
生粋の大阪人。プログラミング歴は四半世紀を超え、制御系から業務系、Web系と幾多の開発分野を経験。現在は、株式会社気象工学研究所に勤務し、気象や防災に関わるシステムの構築、保守に携わる。その傍ら、執筆コミュニティ「WINGSプロジェクト」のメンバーとして活動中。主な著書に『作って楽しむプログラミング Androidアプリ超入門 改訂新版』(日経BP)、『たのしいラズパイ電子工作ブック Zero W対応』(マイナビ出版)、『改訂新版C#ポケットリファレンス』(技術評論社)など。

## ●監修者紹介

**山田 祥寛** (やまだ よしひろ)
千葉県鎌ヶ谷市在住のフリーライター。Microsoft MVP for Visual Studio and Development Technologies。執筆コミュニティ「WINGSプロジェクト」代表。主な著書に『書き込み式SQLのドリル 改訂新版』(日経BP)、『改訂新版JavaScript本格入門』『Angularアプリケーションプログラミング』(以上、技術評論社)、『これからはじめるVue.js 実践入門』(SBクリエイティブ)、『はじめてのAndroidアプリ開発 Kotlin編』(秀和システム)、『独習』シリーズ(C#・Java・Python・PHP・Ruby、翔泳社)など。最近の活動内容はサポートサイト(https://wings.msn.to/)にて。

●本書についての最新情報、訂正情報、重要なお知らせについては、下記 Web ページを開き、書名もしくは ISBN で検索してください。ISBN で検索する際はハイフン (-) を抜いて入力してください。

　　　https://bookplus.nikkei.com/catalog/

●本書に掲載した内容についてのお問い合わせは、下記 Web ページのお問い合わせフォームからお送りください。郵便、電話、およびファクシミリによるご質問には一切応じておりません。なお、本書の範囲を超えるご質問にはお答えできませんので、あらかじめご了承ください。ご質問の内容によっては、回答に日数を要する場合があります。

　　　https://nkbp.jp/booksQA

●ソフトウェアの機能や操作方法に関するご質問は、製品パッケージに同梱の資料をご確認のうえ、日本マイクロソフト株式会社またはソフトウェア発売元の製品サポート窓口へお問い合わせください。

## 基礎からしっかり学ぶC#の教科書　第3版
### C# 10対応

2022 年 3 月 7 日　初版第 1 刷発行
2023 年 6 月 26 日　初版第 2 刷発行

| | | |
|---|---|---|
| 著　　　者 | WINGS プロジェクト　髙江 賢 | |
| 監 修 者 | 山田 祥寛 | |
| 執筆協力 | 矢吹 太朗 (第 1 章) | |
| 発 行 者 | 中川 ヒロミ | |
| 編　　集 | 生田目 千恵 | |
| 発　　行 | 日経 BP | |
| | 東京都港区虎ノ門 4-3-12　〒 105-8308 | |
| 発　　売 | 日経 BP マーケティング | |
| | 東京都港区虎ノ門 4-3-12　〒 105-8308 | |
| 装　　丁 | 株式会社ビーワークス | |
| DTP 制作 | 株式会社シンクス | |
| 印刷・製本 | 図書印刷株式会社 | |